LA GUERRE EUROPÉENNE

REPRODUCTION IN-EXTENSO

DES

DOCUMENTS DIPLOMATIQUES

1914

LA GUERRE EUROPÉENNE

REPRODUCTION IN-EXTENSO

DES

DOCUMENTS DIPLOMATIQUES

PIÈCES

RELATIVES AUX NÉGOCIATIONS

QUI ONT PRÉCÉDÉ LES DÉCLARATIONS DE GUERRE

DE L'ALLEMAGNE A LA RUSSIE (1er AOUT 1914)

ET A LA FRANCE (3 AOUT 1914)

DÉCLARATION DU 4 SEPTEMBRE 1914

SAIGON

IMPRIMERIE COMMERCIALE C. ARDIN

—

1914

TABLE DES MATIÈRES

NUMÉ-ROS	NOMS DES SIGNATAIRES	LIEUX et DATES D'ENVOI	SOMMAIRE	PAGES

CHAPITRE II

PRÉLIMINAIRES

DE LA MORT DE L'ARCHIDUC HÉRITIER (28 JUIN 1914)
A LA REMISE DE LA NOTE AUTRICHIENNE A LA SERBIE (23 JUILLET 1914)

CHAPITRE III

LA NOTE AUTRICHIENNE ET LA RÉPONSE SERBE

(Du vendredi 24 juillet au samedi 25 juillet)

CHAPITRE V

DE LA DÉCLARATION DE GUERRE DE L'AUTRICHE A LA SERBIE (28 juillet 1914) A L'ULTIMATUM DE L'ALLEMAGNE A LA RUSSIE (31 juillet 1914)

| NUMÉROS | NOMS DES SIGNATAIRES | LIEUX ET DATES D'ENVOI | SOMMAIRE | PAGES |

CHAPITRE VII

DÉCLARATION DE LA TRIPLE-ENTENTE

ANNEXES

ANNEXE I

EXTRAITS DU *Livre bleu* RELATIFS A LA POSITION PRISE PAR L'ANGLETERRE PENDANT LES POURPARLERS QUI ONT PRÉCÉDÉ LA GUERRE

ANNEXE III.

EXTRAITS DU *Livre bleu* VISANT LE REFUS DE L'ANGLETERRE D'ADMETTRE LE POINT DE VUE ALLEMAND

DANS LA QUESTION DE LA VIOLATION DE LA NEUTRALITÉ BELGE

ANNEXE IV.

EXTRAITS DU *Livre gris* INDIQUANT LES CONDITIONS DANS LESQUELLES L'ALLEMANGE

A VIOLÉ LA NEUTRALITÉ BELGE :

MINISTÈRE DES AFFAIRES ÉTRANGÈRES

DOCUMENTS DIPLOMATIQUES

GUERRE EUROPÉENNE

CHAPITRE PREMIER

AVERTISSEMENTS

(1913)

N° 1.

M. Jules Cambon, Ambassadeur de la République à Berlin,
à M. Jonnart, Ministre des Affaires Étrangères.

Berlin, le 17 mars 1913.

Nos attachés militaire et naval adressent à leurs Ministres respectifs des rapports sur la nouvelle loi militaire allemande. J'appelle l'attention de Votre Excellence sur ces importants documents.

L'étude des moyens financiers destinés à pourvoir aux mesures militaires que l'Allemagne a en vue retarde seule la publication des propositions définitives du Gouvernement. Malgré le patriotisme affecté avec lequel les classes riches acceptent le sacrifice qui leur sera demandé, elles n'en sont pas moins, particulièrement dans le monde des affaires, mécontentes des mesures financières annoncées, et elles sentent qu'une contribution forcée, imposée en pleine paix, crée pour l'avenir un précédent redoutable. D'autre part, les Gouvernements confédérés ont opposé une vive résistance à l'innovation qui attribuera à l'Empire des ressources tirées de l'impôt direct. Jusqu'ici les impôts de cette nature étaient réservés aux États confédérés, et ceux-ci voient dans l'abandon de cette règle une affirmation nouvelle de la personnalité de l'Empire, qui constitue une certaine diminution de leur propre souveraineté.

Quoi qu'il en soit, en augmentant la force de l'armée allemande, l'Empire veut ne rien laisser à l'imprévu, au cas où une crise éclaterait.

Les innovations de l'Allemagne ont fait surgir un fait inattendu pour elle : la proposition du Gouvernement de la République rétablissant le service de trois ans, et la résolution virile avec laquelle cette proposition a été accueillie en France. L'impression d'étonnement que ces projets ont produite a été mise à profit par le Gouvernement Impérial pour insister sur la nécessité absolue de l'augmentation des forces militaires de l'Allemagne ; ses projets ont été présentés comme une réponse. C'est le contraire de la vérité, puisque l'immense effort militaire que la France accepte n'est que la conséquence des initiatives de l'Allemagne.

Les Autorités Impériales ne cessent d'exalter le sentiment patriotique. L'Empereur se complaît à rappeler tous les jours les souvenirs de 1813. Hier soir une retraite militaire a parcouru les rues de Berlin et des discours ont été prononcés dans lesquels la situation présente était assimilée à celle d'il y a un siècle. L'entraînement de l'opinion aura sa répercussion dans les discussions qui s'ouvriront le mois prochain au Reichstag, et j'ai lieu de craindre que le Chancelier lui-même ne soit poussé à faire dans ses déclarations des allusions aux relations de la France et de l'Allemagne. Il fallait s'attendre à ce qu'on exaltât le patriotisme de la nation au moment où on lui demande de nouveaux sacrifices, mais c'est abuser du rapprochement historique que de comparer le temps présent à 1813. Si le mouvement qui, il y a un siècle, emportait le peuple allemand contre l'homme de génie qui aspirait à la domination universelle, pouvait trouver aujourd'hui quelque équivalent, c'est en France qu'il le faudrait chercher, puisque le peuple français ne songe qu'à se défendre contre la domination de la force.

Il n'en est pas moins vrai que cet état de l'opinion dans les deux pays rend la situation grave.

Jules Cambon.

Annexe I.

Rapport du Lieutenant-Colonel Serret, Attaché militaire près l'Ambassade de la République Française à Berlin, à M. Étienne, Ministre de la Guerre.

Berlin, le 15 mars 1913.

Le mouvement patriotique qui s'est manifesté en France a causé dans certains milieux une véritable colère.

Je ne prétends certes pas que l'article virulent de la *Gazette de Cologne* soit l'expression d'un sentiment général. C'est l'explosion de rage d'un journaliste impulsif, aussitôt désavoué par le Gouvernement.

Mais, malgré son inconvenance, la manifestation de la *Gazette de Cologne* n'est pas négligeable; elle a été approuvée dans son esprit, sinon dans sa forme, par plusieurs journaux assez importants, et elle me paraît correspondre à un sentiment réel, à une colère latente.

Il est intéressant de le constater, parce que le sens des armements actuels s'en trouve éclairé d'une lumière plus vive.

Depuis quelque temps déjà, on rencontre des gens qui déclarent les projets militaires de la France extraordinaires et injustifiés. Dans un salon, un membre du Reichstag et non un énergumène, parlant du service de trois ans en France, allait jusqu'à dire : « C'est une provocation, nous ne le permettrons pas ». De plus modérés, militaires ou civils, soutiennent couramment la thèse que la France, avec ses quarante millions d'âmes, n'a pas le droit de rivaliser ainsi avec l'Allemagne.

En somme, on est furieux, et cette colère ne résulte pas des criailleries de certaines feuilles françaises auxquelles les gens sérieux ne s'arrêtent guère. C'est du dépit. On enrage de voir que, malgré l'effort énorme entrepris l'année dernière, continué et accru encore cette année, on ne pourra probablement pas encore cette fois mettre la France hors de course.

Nous mettre définitivement hors de course, puisque nous ne voulons ni ne pouvons être avec elle, c'est cela, en effet, que poursuit l'Allemagne. On ne saurait trop le répéter et la prochaine loi, que l'opinion française regarde un peu trop comme une explosion spontanée, n'est que la suite fatale, attendue, de la loi de juin 1912.

Celle-ci, en effet, en créant deux corps d'armée nouveaux, avait laissé à dessein, suivant la manière allemande, de grandes unités et des régiments incomplets. Il était évident qu'on n'attendrait pas longtemps pour combler les lacunes (1). La crise balkanique a fourni une merveilleuse occasion, éclatant juste à point voulu, pour permettre d'exploiter le centenaire des guerres de délivrance, d'obtenir plus facilement des sacrifices au souvenir de ceux consentis naguère, déjà contre nous.

Pour bien montrer la genèse de ce programme militaire, je me permets de rappeler ce qu'écrivait, il y a un an, lors de l'apparition de la loi de 1912, mon prédécesseur, le colonel Pellé :

« Nous découvrons tous les jours combien sont profonds et durables les sentiments d'orgueil froissé et de rancunes contre nous provoqués par les événements de l'an dernier.

« Le traité du 4 novembre 1911 est une profonde désillusion.

« Le ressentiment éprouvé dans toutes les parties du pays est le même. Tous les Allemands, jusqu'aux socialistes, nous en veulent de leur avoir pris leur part au Maroc.

« Il semblait, il y a un ou deux ans, que les Allemands fussent partis à la conquête du monde. Ils s'estimaient assez forts pour que personne n'osât entamer la lutte contre eux. Des possibilités indéfinies s'ouvraient à l'industrie allemande, au commerce allemand, à l'expansion allemande.

« Naturellement, ces idées et ces ambitions n'ont pas disparu aujourd'hui. Les Allemands ont toujours besoin de débouchés, d'expansion économique et coloniale. Ils estiment qu'ils y ont droit parce qu'ils grandissent tous les jours, parce que l'avenir leur appartient. Ils nous regardent, avec nos 40 millions d'habitants, comme une nation secondaire.

« Dans la crise de 1911, cette nation secondaire leur a tenu tête, et l'Empereur et le Gouvernement ont cédé. L'opinion publique ne l'a pardonné ni à eux, ni à nous. *Elle ne veut pas qu'un pareil fait puisse se reproduire.* »

Et au moment où la seconde et formidable partie du programme va être réalisée, où la force militaire allemande est sur le point d'acquérir cette supériorité définitive qui nous forcerait à subir, le cas échéant, l'humiliation ou l'écrasement, voici que soudain la France refuse d'abdiquer, et qu'elle montre, comme disait Renan, « son pouvoir éternel de renaissance et de résurrection ». On comprend à merveille le dépit allemand.

Sans doute le Gouvernement invoque la situation générale de l'Europe et parle du péril slave. Pour ma part, l'opinion me semble en réalité indifférente au péril slave et cependant elle a accepté avec une très belle tenue, sinon plus, les charges énormes de ces deux lois consécutives.

Le 10 mars dernier, centenaire de l'organisation de la levée en masse de l'Allemagne contre nous, une foule énorme s'est pressée, malgré une pluie battante, à la

---

(1) Le problème qui nous est posé aujourd'hui se serait donc posé quelques années plus tard et d'une manière plus angoissante encore, puisque la diminution de nos contingents amoindrit sans cesse le chiffre de notre effectif de paix.

parade militaire devant le château, au milieu du Tiergarten devant les statues de la reine Louise et de Frédéric-Guillaume III, entourées de monceaux de fleurs.

Ces anniversaires, rappelant la lutte contre la France, vont se répéter toute l'année. En 1914 on célébrera le centenaire de la première campagne de France, de la première entrée des Prussiens à Paris.

En résumé, si l'opinion publique allemande ne montre pas la France du doigt, comme le fait la *Gazette de Cologne*, c'est cependant contre nous qu'elle est et restera longtemps braquée. Elle trouve que pour nos 40 millions d'habitants nous tenons au soleil une place vraiment trop grande.

Les Allemands désirent la paix, ne cesse-t-on de proclamer, et l'Empereur plus que tout autre, mais ils ne l'entendent pas dans le sens de concessions mutuelles ni d'équilibre des armements. Ils veulent qu'on les craigne et ils sont en train de faire les sacrifices nécessaires. Si, à quelque occasion, leur orgueil national se trouve blessé, la confiance que pourra avoir le pays dans l'énorme supériorité de son armée favorisera une explosion de colère nationale devant laquelle la modération du Gouvernement impérial sera peut-être impuissante.

Il faut constater d'ailleurs que le Gouvernement met tout en œuvre pour chauffer le sentiment national, en fêtant avec éclat tous les anniversaires de 1813.

Au reste, la tournure de l'opinion n'aurait pour effet que de donner à une guerre un caractère plus ou moins national. Par quelque prétexte que l'Allemagne justifie une conflagration européenne, nul ne peut faire que les premiers coups décisifs ne soient pas portés contre la France.

―――

Annexe II.

M. DE FARAMOND, Attaché naval près l'Ambassade de France à Berlin,
   à M. BAUDIN, Ministre de la Marine.

Berlin, le 15 mars 1913.

En vous rendant compte de l'examen du budget de la marine par la Commission du Reichstag, j'ai dit qu'aucune loi navale ayant pour objet un accroissement de la flotte ne serait présentée cette année et que tout l'effort militaire serait dirigé contre nous.

Bien que le nouveau projet de loi destiné à augmenter les effectifs allemands ne soit pas encore déposé devant le Reichstag, nous savons qu'il s'agit d'un « renforcement militaire de grande envergure », suivant l'expression de la *Gazette de l'Allemagne du Nord*.

Les journaux officieux ont d'ailleurs commenté le projet militaire dans des termes qui permettent de tenir pour exact le communiqué du *Lokal Anzeiger*.

Les effectifs allemands s'élèvent actuellement à 720.000 hommes ; nous sommes autorisés à conclure que, le 1ᵉʳ octobre 1914, l'armée impériale sera portée à un chiffre voisin de 860.000 hommes.

L'importance du chiffre serait moindre si les prévisions de la nouvelle loi (d'après ce que nous ont laissé entrevoir les feuilles officielles) n'avaient pas pour tendance, comme du reste les dispositions de la loi de 1912, de mettre les corps d'armée voisins de notre frontière dans un état aussi rapproché que possible du pied de guerre, afin de pouvoir, le jour même de l'ouverture des hostilités, nous attaquer brusquement avec des forces très supérieures aux nôtres. C'est pour le Gouvernement impérial une nécessité impérieuse d'obtenir un succès dès le début des opérations.

Les conditions dans lesquelles l'Empereur allemand engagerait aujourd'hui une lutte contre la France ne sont plus les mêmes qu'il y a quarante ans. Au début de la guerre de 1870, l'État-Major prussien avait envisagé la possibilité d'une offensive victorieuse des Français et Moltke, prévoyant que nous pourrions à la rigueur parvenir jusqu'à Mayence, avait dit à son souverain : « Là, ils se heurteront ». Guillaume II ne peut pas admettre une retraite dans ses calculs, quoique le soldat allemand ne soit plus aujourd'hui, comme il y a quarante ans, un homme simple, religieux et prêt à mourir sur un ordre de son roi. Tenant compte des quatre millions de suffrages socialistes exprimés aux dernières élections et du fait que le droit de vote n'est acquis en Allemagne qu'à 25 ans, on peut penser que l'armée active, composée de jeunes gens de 20 à 25 ans, doit comporter dans ses rangs une proportion sérieuse de socialistes.

Certes, ce serait folie de croire que les socialistes allemands lèveront la crosse en l'air le jour où la France et l'Allemagne en viendront aux mains ; mais il sera extrêmement important, pour le Gouvernement impérial, de leur persuader, d'une part que nous sommes les agresseurs, et d'autre part qu'ils peuvent avoir pleine confiance dans le commandement et le résultat.

Lors du dernier serment des recrues de la garde à Potsdam, j'ai été frappé d'entendre l'Empereur prendre pour thème de son discours aux jeunes soldats « le devoir d'être plus courageux et plus discipliné dans la mauvaise fortune que dans la bonne ».

Et c'est parce qu'une première défaite allemande aurait pour l'Empire une portée incalculable que l'on trouve dans tous les projets militaires élaborés par le grand État-Major l'objectif d'une offensive foudroyante contre la France.

En réalité, le Gouvernement impérial veut se mettre en état de faire face à toutes les éventualités possibles. C'est du côté de la France que le danger lui paraît le plus grand. La *Gazette de Cologne* l'a dit dans un article haineux et violent dont la Wilhelmstrasse a désavoué la forme plutôt que le fond.

Mais nous devons nous persuader que l'opinion exprimée par la *Gazette de Cologne* est, à l'heure actuelle, celle de l'immense majorité du peuple allemand.

A cet égard, je crois intéressant de citer une conversation qu'un membre de notre ambassade a eue l'autre soir avec le vieux prince Henckel de Donnersmark, parce qu'elle pourrait bien refléter la pensée qui domine dans les milieux de la Cour.

Faisant allusion au nouveau projet militaire allemand, le prince de Donnersmark a dit : « Les Français ont tout à fait tort de croire que nous nourrissons de sombres desseins et que nous désirons une guerre Mais nous ne pouvons pas oublier qu'en 1870 l'opinion populaire a forcé le Gouvernement Français à nous attaquer follement, sans être prêt. Qui peut nous assurer que l'opinion publique, si prompte à s'enflammer en France, ne mettra pas quelque jour le Gouvernement de la République dans l'obligation de nous faire la guerre ? C'est contre ce danger que nous voulons nous prémunir.

Et le prince a ajouté : « On m'a souvent regardé en France comme un des artisans de la guerre de 1870. Cela est tout à fait faux. Si j'ai travaillé aux conséquences de la guerre, j'avais au contraire fait mon possible pour en empêcher l'explosion. Quelque temps avant la guerre, me trouvant à un dîner où étaient réunies les personnalités les plus considérables du régime impérial, je pris la parole pour déplorer les sentiments d'inimitié qui se manifestaient déjà entre la France et la Prusse. On me répondit que si je parlais ainsi, c'est que j'avais peur d'une lutte dont l'issue serait certainement défavorable à la Prusse. Je répliquai : « Non, ce n'est pas parce que j'ai peur que je répudie l'idée d'une guerre entre la France et la Prusse, mais bien parce que je crois qu'il est de l'intérêt des deux pays de l'éviter. Et puisque vous avez fait allusion aux chances d'une telle lutte, je vais vous dire mon opinion. J'ai la conviction que vous serez battus pour la raison que voici : en dépit des brillantes qualités que je reconnais aux Français et que j'admire, vous n'êtes pas exacts. Par exactitude, je n'entends pas le fait d'arriver à l'heure à un rendez-vous, mais j'entends la ponctualité dans toute l'étendue du mot. Le Français, qui a une grande facilité de travail, n'est pas aussi ponctuel que l'Allemand dans l'accomplissement de ses devoirs. Dans la prochaine guerre, la nation victorieuse sera celle dont tous les serviteurs du haut en bas de l'échelle seront exacts à remplir leur devoir, si important ou si infime que soit ce devoir ». Et le prince de Donnersmark a ajouté : « La ponctualité, qui a joué un si grand rôle lorsqu'il s'est agi, il y a quarante ans, de mouvoir une armée de 500.000 hommes, aura une importance encore bien plus grande au cours de la prochaine guerre où l'on devra mettre en action des masses autrement nombreuses ».

Sous cette forme, le vieux prince a exprimé la confiance qu'ont tous les Allemands dans la supériorité de leur organisation militaire.

Lorsque j'ai parlé plus haut du nouveau projet allemand, je n'ai fait allusion qu'à un accroissement des effectifs. Mais le projet comportera aussi une augmentation du matériel et des ouvrages de défense dont le détail n'est pas connu, mais dont on peut se faire une idée par le chiffre des dépenses envisagées pour y faire face : 1.250.000.000 de francs.

L'exécution de la loi du quinquennat de 1911 n'avait pas nécessité de mesure financière spéciale.

La loi militaire et navale de 1912 avait été provisoirement couverte par les excédents budgétaires des années 1910 et 1911, par une réforme de la loi sur l'alcool et par l'ajournement de l'abaissement de l'impôt sur les sucres (ces deux dernières ressources ne représentent d'ailleurs ensemble qu'une somme d'une soixantaine de millions de francs).

Il faut en outre rappeler que de gros emprunts ont été fait récemment par l'Empire et la Prusse : cinq cents millions de marks le 29 janvier 1912 et trois cent cinquante millions de marks le 7 mars 1913. Une part assez importante de ces emprunts a dû être affectée aux dépenses militaires.

La loi militaire de 1913 exigera des mesures financières tout à fait exceptionnelles.

D'après les indications données par la presse officieuse, les dépenses dites « d'une fois » s'élèveraient à un milliard de marks et les dépenses « permanentes » annuelles résultant de l'augmentation des effectifs dépasseraient deux cent millions de marks.

Il paraît à peu près certain que les dépenses non renouvelables seront couvertes par une contribution de guerre prélevée sur le capital. On exempterait les petites fortunes et l'on frapperait d'une taxe progressive les fortunes supérieures à 20,000 marks. Présenté sous cette forme l'impôt de guerre ne saurait déplaire aux socialistes qui pourront ainsi, suivant leur tactique habituelle, repousser le principe de la loi militaire et voter les crédits qui en assurent l'exécution.

Le Gouvernement craint que parmi les classes riches et bourgeoises, cette imposition extraordinaire d'un milliard portant exclusivement sur la fortune acquise ne crée un durable mécontentement ; aussi fait-il tout ce qui est en son pouvoir pour persuader ceux qu'il va rançonner si durement que la sécurité de l'Empire est menacée et pour établir une analogie entre les temps belliqueux de 1813 et la période actuelle.

En fêtant bruyamment le centenaire de la guerre de l'Indépendance, on veut convaincre le peuple de la nécessité du sacrifice et lui rappeler que la France est, aujourd'hui comme il y a cent ans, l'ennemie héréditaire.

Si nous constatons que le Gouvernement allemand s'efforce d'obtenir que cette énorme taxe ne soit pas acquittée en plusieurs échéances, et si, comme le disent certains journaux, le payement intégral devait être réalisé avant le 1er juillet 1914, il y aurait là pour nous une indication redoutable, car rien ne saurait expliquer une telle hâte des autorités militaires à posséder un trésor de guerre liquide d'un milliard dans leur caisse.

En ce qui concerne la couverture des dépenses permanentes qui résulteront de l'application des lois de 1912, et 1913, rien n'a encore été dit. Une nouvelle législation sera évidemment nécessaire pour procurer les ressources annuelles.

Je conclus : en Allemagne l'exécution d'une réforme militaire suit toujours de très près la décision prise de l'accomplir. Toutes les dispositions nouvelles prévues par la loi du quinquennat de 1911 et par la loi de 1912 sont déjà mises en vigueur. Il est fort possible qu'une partie du matériel dont la nouvelle loi va autoriser l'achat soit en cours de fabrication. Les secrets militaires sont si bien gardés ici qu'il est extrêmement difficile de suivre les mouvements du personnel et du matériel.

Avec 700.000 hommes sous les armes (sans compter les réservistes fort nombreux qui sont actuellement en instruction) une organisation militaire parfaite et une opinion publique qui se laisse dominer par les appels belliqueux de la Ligue militaire et de la Ligue navale, le peuple allemand est à cette heure un voisin bien dangereux.

Si le service de trois ans est adopté et immédiatement appliqué en France, les conditions seront moins inégales l'an prochain. Les effectifs allemands seront encore sensiblement plus considérables que les nôtres, mais l'appel de tout le contingent disponible ne permettra plus la sélection et amènera dans les rangs de l'armée allemande des éléments de second ordre et même des unités peu désirables. La valeur morale de l'armée active y perdra.

Les Allemands ont voulu rompre l'équilibre des deux camps qui divisent l'Europe, par un grand effort suprême, au delà duquel ils ne peuvent plus grand'chose.

Ils n'avaient pas cru la France capable d'un grand sacrifice. L'adoption du service de trois ans chez nous déjouera leurs calculs.

FARAMOND.

N° 2.

M. ETIENNE, Ministre de la Guerre,

à M. JONNART, Ministre des Affaires étrangères.

Paris, le 2 avril 1913.

Je viens de recevoir d'une source sûre communication d'un rapport officiel et secret sur le renforcement de l'armée allemande : il se divise en deux parties : une première de généralités, et une seconde, d'ordre technique, précisant dans le plus grand détail, arme par arme, les mesures à prendre ; ce qui concerne l'emploi des automobiles et l'utilisation de l'aéronautique est particulièrement frappant.

J'ai l'honneur de vous adresser ci-joint une copie de la première partie de ce document, qui me paraît devoir retenir votre attention.

ÉTIENNE.

ANNEXE.

NOTE sur le renforcement de l'armée allemande.

Berlin, le 19 mars 1913.

I. — GÉNÉRALITÉS SUR LES NOUVELLES LOIS MILITAIRES.

L'augmentation a eu lieu en trois étapes :

1° La Conférence d'Algésiras a enlevé les derniers doutes sur l'existence d'une entente entre la France, l'Angleterre et la Russie. Nous avons vu, d'autre part, que l'Autriche-Hongrie était obligée d'immobiliser des forces contre la Serbie et l'Italie ; enfin, notre flotte n'était pas, à ce moment-là, assez forte. A la fin du conflit, on s'occupa donc en première ligne de renforcer la défense de nos côtes, d'augmenter notre force navale. Contre l'intention anglaise d'envoyer un corps d'expédition de 100.000 hommes sur le continent, on devait répondre par une meilleure formation des réserves qui devaient être employées, d'après les circonstances, au service sur les côtes, dans les forteresses et dans les sièges. Il était clair déjà à cette époque qu'il serait indispensable de faire un grand effort.

2° Les Français ayant violé les conventions marocaines, amenèrent l'incident d'Agadir. A cette époque, les progrès de l'armée française, le relèvement moral de la nation, l'avance technique prise dans le domaine de l'aviation et dans celui des mitrailleuses, rendait une attaque contre les Français moins facile que dans la période précédente. De plus, il fallait s'attendre à une attaque de la flotte anglaise. Cette situation difficile ouvrit les yeux sur la nécessité d'une augmentation de l'armée. Cette augmentation fut, dès cette époque, considérée comme un minimum.

3° La guerre des Balkans aurait pu nous entraîner à la guerre pour soutenir notre allié. La nouvelle situation au sud de l'Autriche-Hongrie diminuait la valeur de l'aide que cet allié pouvait nous apporter. D'autre part, la France s'était renforcée par une nouvelle loi des cadres ; il fallait donc avancer les dates d'exécution prévues pour la nouvelle loi militaire.

On prépare l'opinion à un renforcement nouveau de l'armée active, qui assurerait à l'Allemagne une paix honorable, et la possibilité de garantir comme il convient son influence dans les affaires du monde. La nouvelle loi militaire et le complément qui doit la suivre permettront presque complètement de répondre à ce but.

Ni les ridicules criailleries de revanche des chauvinistes français, ni les grincements de dents des Anglais, ni les gestes désordonnés des Slaves ne nous détourneront de notre but qui est de fortifier et d'étendre le Deutschthum (puissance germanique) dans le monde entier.

Les Français peuvent armer tant qu'ils voudront ; ils ne peuvent, du jour au lendemain, augmenter leur population. L'emploi d'une armée noire sur les théâtres d'opérations européens restera pour longtemps un rêve, du reste dépourvu de beauté.

II. — BUT ET DEVOIRS DE NOTRE POLITIQUE NATIONALE, DE NOTRE ARMÉE
ET DE NOS ORGANES SPÉCIAUX AU SERVICE DE L'ARMÉE.

Notre nouvelle loi militaire n'est qu'une extension de l'œuvre d'éducation militaire du peuple allemand. Nos ancêtres de 1813 ont fait de plus gros sacrifices. C'est notre devoir sacré d'aiguiser l'épée que l'on nous a mise en main, et de la tenir prête pour défendre comme pour porter des coups à notre ennemi. *Il faut faire pénétrer dans le peuple l'idée que nos armements sont une réponse aux armements et à la politique française.* Il faut l'habituer à penser qu'une guerre offensive de notre part est une nécessité pour combattre les provocations de l'adversaire. Il faudra agir avec prudence pour n'éveiller aucun soupçon, et éviter les crises qui pourraient nuire à notre vie économique. Il faut mener les affaires de telle façon que sous la pesante impression d'armements puissants, de sacrifices considérables, et d'une situation politique tendue, un déchaînement *(Loschlagen)* soit considéré comme une délivrance, parce qu'après lui viendraient des décades de paix et de prospérité comme après 1870. Il faut préparer la guerre au point de vue financier ; il y a beaucoup à faire de ce côté-là. Il ne faut pas éveiller la méfiance de nos financiers, mais bien des choses cependant ne pourront être cachées.

Il n'y aurait pas à s'inquiéter du sort de nos colonies. Le résultat final en Europe le réglera pour elles. Par contre, il faudra susciter des troubles dans le Nord de l'Afrique et en Russie. C'est un moyen d'absorber des forces de l'adversaire. Il est donc absolument nécessaire que nous nous mettions en relations, par des organes bien choisis, avec des gens influents en Égypte, à Tunis, à Alger et au Maroc, pour préparer les mesures nécessaires en cas de guerre européenne. Bien entendu, en cas de guerre, on reconnaîtrait ouvertement ces alliés secrets ; et on leur assurerait, à la conclusion de la paix, la conservation des avantages conquis. On peut réaliser ces désiderata. Un premier essai, qui a été fait il y a quelques années, nous avait procuré le contact voulu. Malheureusement, on n'a pas consolidé suffisamment les relations obtenues. Bon gré mal gré, il faudra en venir à des préparatifs de ce genre, pour mener rapidement à sa fin une campagne.

Les soulèvements provoqués en temps de guerre par des agents politiques demandent à être soigneusement préparés, et par des moyens matériels. Ils doivent éclater simultanément avec la destruction des moyens de communication ; ils doivent avoir une tête dirigeante que l'on peut trouver dans des chefs influents, religieux ou politiques. L'école égyptienne y est particulièrement apte ; elle relie de plus en plus entre eux les intellectuels du monde musulman.

Quoi qu'il en soit, nous devrons être forts pour pouvoir anéantir d'un puissant élan nos ennemis de l'Est et de l'Ouest. Mais dans la prochaine guerre européenne, il faudra aussi que les petits États soient contraints à nous suivre, ou soient domptés. Dans certaines conditions, leurs armées et leurs places fortes peuvent être rapidement vaincues ou neutralisées, ce qui pourrait être vraisemblablement le cas pour la Belgique et la Hollande, afin d'interdire à notre ennemi de l'Ouest un territoire qui pourrait lui servir de base d'opération dans notre flanc. Au Nord, nous n'avons à craindre aucune menace du Danemark ou des États scandinaves, d'autant plus que, dans tous les cas, nous pourvoirons à la concentration d'une forte armée du Nord, capable de répondre à toute mauvaise intention de ce côté. Au cas le plus défavorable, le Danemark pourrait être forcé par l'Angleterre à abandonner sa neutralité ;

mais à ce moment, la décision serait déjà intervenue sur terre et sur mer. Notre armée du Nord, dont les forces pourraient être notablement augmentées par les formations hollandaises, répondrait par une défensive extrêmement active à toute offensive de ce côté.

Au Sud, la Suisse forme un boulevard extrêmement solide, et nous pouvons compter qu'elle défendra énergiquement sa neutralité contre la France, protégeant ainsi notre flanc.

Comme on l'a dit plus haut, on ne peut considérer de même la situation vis-à-vis des petits États de notre frontière Nord-Ouest. Là, ce sera pour nous une question vitale, et le but vers lequel il faudra tendre, c'est de prendre l'offensive avec une grande supériorité dès les premiers jours. Pour cela, il faudra concentrer une grande armée, suivie de fortes formations de landwehr, qui détermineront les armées des petits États à nous suivre, ou tout au moins à rester inactives sur le théâtre de de la guerre, et qui les écraseraient en cas de résistance armée. Si l'on pouvait décider ces États à organiser leur système fortifié de telle façon qu'il constitue une protection efficace de notre flanc, on pourrait renoncer à l'invasion projetée. Mais, pour cela, il faudrait aussi, particulièrement en Belgique, qu'on réformât l'armée, pour qu'elle offrît des garanties sérieuses de résistance efficace. Si, au contraire, son organisation défensive était établie contre nous, ce qui donnerait des avantages évidents à notre adversaire de l'Ouest, nous ne pourrions, en aucune façon, offrir à la Belgique une *garantie de la sécurité de sa neutralité*. Un vaste champ est donc ouvert à notre diplomatie pour travailler, dans ce pays, dans le sens de nos intérêts.

Les dispositions arrêtées dans ce sens permettent d'espérer que l'offensive peut être prise aussitôt après la concentration complète de l'armée du Bas-Rhin. Un ultimatum à brève échéance, que doit suivre immédiatement l'invasion, permettra de justifier suffisamment notre action au point de vue du droit des gens.

Tels sont les devoirs qui incombent à notre armée, et qui exigent un effectif élevé. Si l'ennemi nous attaque, ou si nous voulons le dompter, nous ferons comme nos frères d'il y a cent ans ; l'aigle provoqué prendra son vol, saisira l'ennemi dans ses serres acérées, et le rendra inoffensif. Nous nous souviendrons alors que les provinces de l'ancien empire allemand : Comté de Bourgogne et une belle part de la Lorraine, sont encore aux mains des Francs ; que des milliers de frères allemands des provinces baltiques gémissent sous le joug slave. C'est une question nationale de rendre à l'Allemagne ce qu'elle a autrefois possédé.

———◆———

N° 3.

M. Jules CAMBON, Ambassadeur de France à Berlin,
à M. Stéphen PICHON, Ministre des Affaires étrangères.

Berlin, le 6 mai 1913.

Je parlais ce soir avec le Secrétaire d'État de la Conférence des Ambassadeurs et des résultats obtenus à la séance d'hier à Londres. La crise dont l'Europe était menacée, est, à ses yeux, écartée, mais seulement pour quelque temps : « Il semble, me disait M. de Jagow, que nous marchons dans un pays de montagnes. Nous venons de passer un col difficile et nous voyons d'autres hauteurs se dresser devant nous. » — « Celle que nous venons de surmonter, lui répondis-je, était peut-être la plus dure à passer. »

La crise que nous venons de traverser a été très sérieuse. Ici, on a considéré le danger de guerre comme imminent. J'ai eu la preuve des préoccupations de l'Allemagne par un certain nombre de faits qu'il importe que Votre Excellence connaisse.

J'ai reçu hier la visite d'un de mes collègues avec qui j'entretiens des relations particulières et cordiales. Lors de la visite qu'il a faite à M. de Jagow, celui-ci lui a demandé, à titre confidentiel quelle était exactement la situation de la Russie en Extrême-Orient et si cette Puissance a, en ce moment, quelque chose à redouter de ce côté qui y puisse retenir ses forces. L'Ambassadeur lui répondit qu'il ne voyait rien, absolument rien, qui pût être une cause de préoccupation pour le Gouvernement russe et que celui-ci avait les mains libres en Europe.

Je disais plus haut que le danger d'une guerre avait été envisagé ici comme très proche. Aussi, ne s'est-on pas contenté de tâter le terrain en Extrême-Orient, on s'est préparé ici-même.

La mobilisation de l'armée allemande ne se borne pas à l'appel des réservistes à la caserne. Il y a, en Allemagne, une mesure préparatoire qui n'existe pas chez nous et qui consiste à prévenir les officiers et les hommes de la réserve de se tenir prêts pour l'appel, afin qu'ils puissent prendre les arrangements qui leur sont nécessaires. C'est un « garde à vous » général, et il faut l'incroyable esprit de soumission, de discipline et de secret qui existe en ce pays, pour qu'une pareille disposition puisse exister. Si un pareil avertissement était donné en France, le pays frémirait tout entier et la presse le dirait le lendemain.

Cet avertissement a été lancé, en 1911, au cours de négociations que je poursuivais sur le Maroc.

Or, il a été lancé de nouveau, il y a une dizaine de jours, c'est-à-dire au moment de la tension austro-albanaise. Je le sais, et le tiens de plusieurs sources différentes, notamment d'officiers de réserve qui l'ont dit à des amis dans la plus stricte intimité. Ces messieurs ont pris les mesures nécessaires pour assurer à leur famille, en coffre-fort, les moyens de vivre pendant un an. On a même dit que c'était pour cette même raison que le Kronprinz, qui devait faire le voyage d'essai de l'*Imperator*, ne s'est pas embarqué.

La décision qui a fait prendre cette mesure préparatoire à la mobilisation répond aux idées du Grand État-Major général. Sur ce point, j'ai été mis au courant d'une conversation tenue dans un milieu allemand par le général de Moltke, qui est considéré ici comme l'officier le plus distingué de l'armée allemande.

La pensée de l'État-Major général est d'agir par surprise. « Il faut laisser de côté, a dit le général de Moltke, les lieux communs sur la responsabilité de l'agresseur. Lorsque la guerre est devenue nécessaire, il faut la faire en mettant toutes les chances de son côté. Le succès seul la justifie. L'Allemagne ne peut ni ne doit laisser à la Russie le temps de mobiliser; car elle serait obligée de maintenir sur sa frontière Est une force telle qu'elle se trouverait en situation d'égalité, sinon d'infériorité, avec la France. Donc, a ajouté le général, il faut prévenir notre principal adversaire dès qu'il y aura neuf chances sur dix d'avoir la guerre, et la commencer sans attendre pour écraser brutalement toute résistance. »

Voilà exactement l'état d'âme des milieux militaires, qui répond à l'état d'âme des milieux politiques, ceux-ci ne considérant pas la Russie, au contraire de nous, comme un ennemi nécessaire.

Voilà ce qu'on pensait et disait entre soi il y a quinze jours.

Il faut retenir de cette aventure la leçon que renferment les faits que j'ai présentés plus haut: ces gens-ci ne craignent pas la guerre, ils en acceptent pleinement la possibilité et ils ont pris leurs mesures en conséquence. *Il veulent être toujours prêts.*

Comme je le disais, cela exige des conditions de secret et de discipline et une volonté persévérante: l'enthousiasme ne suffit pas à tout. Cette leçon peut être utile à méditer dans le moment où le Gouvernement de la République demande au Parlement les moyens de fortifier le pays.

Jules CAMBON.

N° 4.

M. ALLIZÉ, Ministre de la République en Bavière,
à M. Stéphen PICHON, Ministre des Affaires étrangères.

Munich, le 10 juillet 1913.

Au point de vue politique, on se demande à quoi serviront les nouveaux armements. Reconnaissant que personne ne menace l'Allemagne, on considère que la diplomatie allemande disposait déjà de forces assez considérables et d'alliances assez puissantes pour défendre avec succès les intérêts allemands. Comme je le relevais déjà au lendemain de l'accord marocain de 1911, on estime que la Chancellerie impériale sera aussi incapable dans l'avenir que dans le passé d'adopter une politique extérieure active et de remporter, tout au moins sur ce terrain, des succès qui justifieraient les sacrifices que la nation s'impose.

Cet état d'esprit est d'autant plus inquiétant que le Gouvernement impérial se trouverait actuellement soutenu par l'opinion publique dans toute entreprise où il s'engagerait vigoureusement, même aux risques d'un conflit. L'état de guerre, auquel tous les événements d'Orient habituent les esprits depuis deux ans, apparaît, non plus comme une catastrophe lointaine, mais comme une solution aux difficultés politiques et économiques qui n'iront qu'en s'aggravant.

Puisse l'exemple de la Bulgarie exercer en Allemagne une influence salutaire. Comme me le disait naguère le Prince-Régent: « Le sort des armes est toujours incertain; toute guerre est une aventure, et bien fou est celui qui la court se croyant assuré de la victoire. »

ALLIZÉ.

N° 5.

Note à M. Stéphen Pichon, Ministre des Affaires étrangères

(sur l'opinion publique en Allemagne, d'après les rapports des agents diplomatiques et consulaires)

Paris, le 30 juillet 1913.

Des observations que nos agents en Allemagne ont pu recueillir auprès de personnes en mesure de pénétrer dans les milieux les plus divers, l'on peut tirer cette conclusion que deux sentiments dominent et irritent les esprits :

1° Le traité du 4 novembre 1911 serait, pour l'Allemagne, un déboire ;

2° La France — une France nouvelle — insoupçonnée jusqu'à l'été de 1911 — serait *belliqueuse*. Elle voudrait la guerre.

Députés de tous les partis du Reichstag, depuis les conservateurs jusqu'aux socialistes, et représentant les contrées les plus différentes de l'Allemagne, universitaires de Berlin, de Halle, d'Iéna et de Marbourg, étudiants, instituteurs, employés de commerce, commis de banque, banquiers, artisans, commerçants, industriels, médecins, avocats, rédacteurs de journaux démocrates et de journaux socialistes, publicistes juifs, membres des syndicats ouvriers, pasteurs et boutiquiers de la Marche de Brandebourg, hobereaux de Poméranie et cordonniers de Stettin fêtant le 505ᵉ anniversaire de leur association, châtelains, fonctionnaires, curés et gros cultivateurs de Westphalie sont unanimes sur ces deux points, sans nuances notables, selon les milieux et les partis. Voici la synthèse de toutes ces opinions :

Le traité du 4 novembre est une défaite diplomatique, une preuve de l'incapacité de la diplomatie allemande et de l'incurie du Gouvernement, si souvent dénoncées, la preuve que l'avenir de l'Empire n'est pas assuré sans un nouveau Bismarck, une humiliation nationale, une déconsidération européenne, une atteinte au prestige allemand, d'autant plus grave que, jusqu'en 1911, la suprématie militaire de l'Allemagne était incontestée et que l'anarchie française, l'impuissance de la République étaient une sorte de dogme allemand.

En juillet 1911, le « coup d'Agadir » posa vraiment, pour la première fois, la question marocaine comme une question nationale, important à la vie et à l'expansion de l'Empire. Les révélations et procès de presse qui suivirent ont suffisamment démontré comment la campagne avait été organisée, quelles convoitises pangermaniques elle avait allumées et quelles rancunes elle a laissées. Si l'Empereur est discuté, le Chancelier impopulaire, M. de Kiderlen, fut l'homme le plus haï de l'Allemagne, l'hiver dernier. Cependant il commence à n'être plus que déconsidéré, car il laisse entendre qu'il prendra sa revanche.

Donc, pendant l'été de 1911, l'opinion publique allemande se cabra en face de l'opinion française pour le Maroc. Et l'attitude de la France, son calme tranquille, son unité morale refaite, sa résolution de faire valoir son droit jusqu'au bout, le fait qu'elle a l'insolence de n'avoir pas peur de la guerre, sont le plus constant, le plus grave sujet d'inquiétude et de mauvaise humeur de l'opinion publique allemande.

Pourquoi donc l'Allemagne n'a-t-elle pas fait la guerre pendant l'été de 1911, puisque l'opinion publique, encore que moins unanime et résolue que l'opinion française, y était cependant favorable ? Outre la volonté pacifique de l'Empereur et du Chancelier, on fait valoir dans les milieux compétents des raisons militaires et financières.

Mais ces événements de 1911 ont causé une profonde désillusion en Allemagne. Une France nouvelle, unie, résolue, décidée à ne plus se laisser intimider, est sortie du suaire dans lequel on la contemplait s'ensevelissant depuis dix ans. Avec une surprise mêlée d'irritation, l'opinion publique allemande a découvert, de décembre à mai, à travers la presse de tous les partis qui reprochaient au Gouvernement impérial son incapacité, sa lâcheté : que la vaincue de 1870 n'avait cessé depuis de guerroyer, de promener en Asie et en Afrique son drapeau et le prestige de ses armes, de conquérir de vastes territoires ; que l'Allemagne avait vécu d'héroïsme honoraire, que la Turquie est le seul pays où elle ait fait, sous le règne de Guillaume II, des conquêtes morales, bien compromises maintenant par la honte de la solution marocaine. Chaque fois que la France faisait une conquête coloniale, on consolait cette même opinion en disant : « Oui, mais cela n'empêche pas la décadence, l'anarchie, la décomposition de la France à l'intérieur. »

On se trompait, et on trompait l'opinion.

Étant donné ces sentiments de l'opinion publique allemande, qui tient la France pour belliqueuse, que peut-on augurer de l'avenir au point de vue d'une guerre possible et prochaine ?

L'opinion publique allemande est divisée, sur la question de l'éventualité d'une guerre possible et prochaine, en deux courants.

Il y a dans le pays des forces de paix, mais inorganiques et sans chefs populaires. Elles considèrent que la guerre serait un malheur social pour l'Allemagne, que l'orgueil de caste, la domination prussienne et les fabricants de canons et de plaques de cuirassés en tireraient le meilleur bénéfice, que la guerre profiterait surtout à l'Angleterre.

Elles se décomposent ainsi qu'il suit :

La masse profonde des ouvriers, des artisans et des paysans qui sont pacifiques d'instinct.

La noblesse dégagée des intérêts de carrière militaire et engagée dans les affaires industrielles — tels les grands seigneurs de Silésie et quelques autres personnalités très influentes à la Cour — et assez éclairée pour se rendre compte des conséquences politiques et sociales désastreuses d'une guerre, même victorieuse.

Un grand nombre d'industriels, de commerçants et de financiers de moyenne importance, dont la guerre, même victorieuse, amènerait la banqueroute, parce que leurs entreprises vivent de crédit et sont surtout commanditées par des capitaux étrangers.

Les Polonais, les Alsaciens-Lorrains, les habitants du Schleswig-Holstein conquis, mais non assimilés, et en hostilité sourde contre la politique prussienne, soit environ 7 millions d'Allemands annexés.

Enfin, les Gouvernements et les classes dirigeantes des grands États du Sud, la Saxe, la Bavière, le Wurtemberg et le Grand-Duché de Bade, sont partagés entre ce double sentiment : une guerre malheureuse compromettrait la Confédération, dont ils ont tiré de grands avantages économiques ; une guerre victorieuse ne profiterait qu'à la Prusse et à la prussianisation, contre laquelle ils défendent avec peine leur indépendance politique et leur autonomie administrative.

Ces éléments préfèrent, par raison ou par instinct, la paix à la guerre ; mais ce ne sont que des forces politiques de contrepoids, dont le crédit sur l'opinion est limité, ou des forces sociales de silence, passives et sans défense contre la contagion d'une poussée belliqueuse.

Un exemple éclairera cette idée : les 110 députés socialistes sont des partisans de la paix. Ils ne sauraient empêcher la guerre, car elle ne dépend pas d'un vote du Reichstag, et, en présence de cette éventualité, le gros de leurs troupes ferait chorus dans la colère ou dans l'enthousiasme avec le reste du pays.

Il faut noter enfin que ces partisans de la paix dans la masse croient à la guerre, parce qu'ils ne voient pas de solution à la situation actuelle. Dans certains contrats, notamment dans les contrats d'éditeurs, on a introduit la clause de résiliation en cas de guerre. Ils espèrent cependant que la volonté de l'Empereur, d'une part, et les difficultés de la France au Maroc, d'autre part, sont pour quelque temps des garanties de paix. Quoi qu'il en soit, leur pessimisme laisse libre jeu aux partisans de la guerre.

On parle quelquefois de parti militaire allemand. L'expression est inexacte, même pour dire que l'Allemagne est le pays de la suprématie du pouvoir militaire, comme on dit que la France est le pays de la suprématie du pouvoir civil. Il y a un état d'esprit plus digne d'attention que ce fait historique, parce qu'il constitue un danger plus évident et plus prochain. Il y a un parti de la guerre, avec des chefs, des troupes, une presse convaincue ou payée pour fabriquer l'opinion, des moyens variés et redoutables pour intimider le Gouvernement. Il agit sur le pays avec des idées claires, des sentiments ardents, une volonté frémissante et tendue.

Les partisans de la guerre se divisent en plusieurs catégories, chacun tire de sa caste, de sa classe, de sa formation intellectuelle et morale, de ses intérêts, de ses rancunes, des raisons particulières qui créent en un état d'esprit général et accroissent la force et la rapidité du courant belliqueux.

Les uns veulent la guerre parce qu'elle est *inévitable* étant donné les circonstances actuelles. Et pour l'Allemagne, il vaux mieux plus tôt que plus tard.

D'autres la considèrent comme nécessaire pour des raisons économiques tirées de la surpopulation, de la surproduction, du besoin de marchés et de débouchés ; ou pour des raisons sociales : la diversion à l'extérieur peut seule empêcher ou retarder la montée vers le pouvoir des masses démocratiques et socialistes.

D'autres, insuffisamment rassurés sur l'avenir de l'Empire, et croyant que le temps travaille pour la France, pensent qu'il faut précipiter l'événement. Il n'est pas rare de rencontrer, à la traverse des conversations ou des brochures patriotiques, le sentiment obscur, mais profond, qu'une Allemagne libre et une France ressuscitée sont deux faits historiques incompatibles.

D'autres sont belliqueux par « Bismarckisme », si l'on peut ainsi dire. Ils se sentent humiliés d'avoir à discuter avec des Français, à parler droit, raison, dans des négociations ou des conférences où ils n'ont pas facilement eu toujours raison, alors qu'ils ont la force plus décisive. Ils tirent d'un passé récent un orgueil sans cesse alimenté par des souvenirs vécus, par la tradition orale et par les livres, et blessé par les événements de ces dernières années. Le dépit irrité caractérise l'esprit d'association des « Wehrvereine » et autres groupements de la Jeune Allemagne.

D'autres veulent la guerre par haine mystique de la France révolutionnaire. D'autres enfin, par rancune. Ce sont ces derniers qui amassent les prétextes.

Dans la réalité, ces sentiments se concrétisent ainsi : les hobereaux, représentés au Reichstag par le parti conservateur, veulent éluder à tout prix l'impôt sur les successions, inévitable si la paix se prolonge. Le Reichstag, dans la dernière séance de la session qui vient de se clore, en a voté le principe. C'est une atteinte grave aux intérêts et aux privilèges de la noblesse terrienne. D'autre part, cette noblesse est une aristocratie militaire, et il est instructif de comparer l'annuaire de l'armée avec l'annuaire de la noblesse. La guerre seule peut faire durer son prestige et servir ses intérêts familiaux. Dans la discussion de la loi militaire, un orateur du parti a fait valoir en faveur du vote la nécessité de l'avancement des officiers. Enfin, cette classe sociale, qui forme une hiérarchie dont le roi de Prusse est le couronnement suprême, constate avec terreur la démocratisation de l'Allemagne et la force grandissante du parti socialiste et considère que ses jours sont comptés. Non seulement ses intérêts matériels sont menacés par un formidable mouvement hostile au protectionnisme agraire, mais encore sa représentation politique diminue à chaque législature. Dans le Reichstag de 1878, il y avait 162 membres (sur 397) appartenant à la noblesse ; dans celui de 1898, 83 ; dans le Reichstag de 1912, 57. Sur ce dernier nombre, 27 seulement siègent à droite, 14 au centre, 7 à gauche, un sur les bancs socialistes.

La grande bourgeoisie, représentée par le parti national libéral, parti des satisfaits, n'a pas les mêmes raisons que les hobereaux de vouloir la guerre. Elle est belliqueuse cependant, sauf exceptions. Elle a ses raisons d'ordre social.

La grande bourgeoisie n'est pas moins affligée que la noblesse de la démocratisation de l'Allemagne. En 1871, elle avait 125 représentants au Reichstag ; 155 en 1874 ; 99 en 1887 ; en 1912, 45. Elle n'oublie pas qu'ils jouèrent le grand rôle parlementaire au lendemain de la guerre en servant les desseins de Bismarck contre les hobereaux. Aujourd'hui, mal assise entre des instincts conservateurs et des idées libérales, elle demande à la guerre des solutions que ne trouvent pas ses représentants incapables et pitoyables. En outre, les industriels doctrinaires professent que les difficultés qu'ils ont avec leurs ouvriers ont leurs origines en France, foyer révolutionnaire des idées d'émancipation ; — sans la France, l'industrie serait tranquille.

Enfin, fabricants de canons et de plaques d'acier, grands marchands qui demandent de plus grands marchés, banquiers qui spéculent sur l'âge d'or et la prochaine indemnité de guerre, pensent que la guerre serait une bonne affaire.

Parmi les « Bismarckiens », il faut compter les fonctionnaires de toutes carrières, représentés assez exactement au Reichstag par les conservateurs libres ou parti d'Empire, parti des retraités dont les idées fougueuses se déversent dans la *Post*. Ils font école et souche dans les groupements de jeunes gens dont l'esprit a été préparé et tendu par l'école ou l'université.

L'université, exception faite pour quelques esprits distingués, développe une idéologie guerrière. Les économistes démontrent à coups de statistiques la nécessité pour l'Allemagne d'avoir un empire colonial et commercial qui réponde au rendement industriel de l'Empire. Il y a des sociologues fanatiques qui vont plus loin. La paix armée, disent-ils, est un écrasant fardeau pour les nations; elle empêche l'amélioration du sort des masses et favorise la poussée socialiste. La France, en s'obstinant à vouloir la revanche, s'oppose au désarmement. Il faut une fois pour toutes la réduire à l'impuissance pour un siècle, c'est la meilleure et la plus rapide façon de résoudre la question sociale.

Historiens, philosophes, publicistes politiques et autres apologistes de la « deutsche Kultur » veulent imposer au monde une manière de sentir et de penser qui soit spécifiquement allemande. Ils veulent conquérir la suprématie intellectuelle qui, de l'avis des esprits lucides, reste à la France. C'est à cette source que s'alimente la phraséologie des pangermanistes comme aussi les sentiments et les contingents des *Kriegesvereine*, des *Wehrvereine* et autres associations de ce genre, trop connues pour qu'il soit nécessaire d'insister sur ce point. Il convient de noter seulement que le mécontentement causé par le traité du 4 novembre a considérablement accru le nombre des membres des sociétés coloniales.

Il y a enfin les partisans de la guerre par rancune, par ressentiment. Ce sont les plus dangereux. Ils se recrutent surtout parmi les diplomates. Les diplomates allemands ont très mauvaise presse dans l'opinion publique. Les plus acharnés sont ceux qui, depuis 1905, ont été mêlés aux négociations entre la France et l'Allemagne; ils accumulent et additionnent les griefs contre nous, et un jour, ils présenteront des comptes dans la presse belliqueuse. On a l'impression que c'est surtout au Maroc qu'ils les chercheront, bien qu'un incident soit toujours possible sur tous les points du globe où la France et l'Allemagne sont en contact.

Il leur faut une revanche, car ils se plaignent d'avoir été dupés. Pendant la discussion de la loi militaire, un de ces diplomates belliqueux déclarait : « L'Allemagne ne pourra causer sérieusement avec la France que quand elle aura tous ses hommes valides sous les armes ».

Comment s'engagera cette conversation ? C'est une opinion assez répandue, même dans les milieux pangermanistes, que l'Allemagne ne déclarerait pas la guerre étant donné le système d'alliances défensives et les dispositions de l'Empereur. Mais quand le moment sera venu, il devra, par tous les moyens, contraindre la France à l'attaquer. On l'offensera, s'il le faut. C'est la tradition prussienne.

Faut-il donc tenir la guerre pour fatale ?

Il est peu probable que l'Allemagne ose risquer l'aventure, si la France peut faire aux yeux de l'opinion la preuve décisive que l'entente cordiale et l'alliance russe ne sont pas seulement des fictions diplomatiques, mais des réalités qui existent et qui joueront. La flotte anglaise inspire une salutaire terreur. Mais on sait bien que la victoire sur mer laissera tout en suspens, que c'est sur terre que se régleront les comptes décisifs.

Quant à la Russie, si elle a dans l'opinion un poids plus considérable qu'il y a trois ou quatre ans, dans les milieux politiques et militaires, on ne croit pas que son concours soit assez rapide et énergique pour être efficace.

Les esprits s'habituent ainsi à considérer la prochaine guerre comme un duel entre la France et l'Allemagne.

———◆———

N° 6.

M. Jules CAMBON, Ambassadeur de la République française à Berlin,
à M. Stéphen PICHON, Ministre des Affaires étrangères.

Berlin, le 22 novembre 1913.

Je tiens d'une source absolument sûre la relation d'une conversation que l'Empereur aurait eue avec le Roi des Belges, en présence du Chef d'État-Major général de Moltke, il y a une quinzaine de jours, conversation qui aurait, paraît-il, vivement frappé le Roi Albert ; je ne suis nullement surpris de son impression, qui répond à celle que moi-même je ressens depuis quelque temps : l'hostilité contre nous s'accentue et l'Empereur a cessé d'être partisan de la paix.

L'interlocuteur de l'Empereur d'Allemagne pensait jusqu'ici, comme tout le monde, que Guillaume II, dont l'influence personnelle s'était exercée dans bien des circonstances critiques au profit du maintien de la paix, était toujours dans les mêmes dispositions d'esprit. Cette fois, il l'aurait trouvé complètement changé : l'Empereur d'Allemagne n'est plus à ses yeux le champion de la paix contre les tendances belliqueuses de certains partis allemands. Guillaume II en est venu à penser que la guerre avec la France est inévitable et qu'il faudra en venir là un jour ou l'autre. Il croit naturellement à la supériorité écrasante de l'armée allemande et à son succès certain.

Le général de Moltke parla exactement comme son souverain. Lui aussi, il déclara la guerre nécessaire et inévitable, mais il se montra plus assuré encore du succès, « car, dit-il au Roi, cette fois, il faut en finir, et Votre Majesté ne peut se douter de l'enthousiasme irrésistible qui, ce jour-là, entraînera le peuple allemand tout entier. »

Le Roi des Belges protesta que c'était travestir les intentions du Gouvernement français que les traduire de la sorte et se laisser abuser sur les sentiments de la nation française par les manifestations de quelques esprits exaltés ou d'intrigants sans conscience.

L'Empereur et son Chef d'Etat-major n'en persistèrent pas moins dans leur manière de voir.

Au cours de cette conversation, l'Empereur était, du reste, apparu surmené et irritable. A mesure que les années s'appesantissent sur Guillaume II, les traditions familiales, les sentiments rétrogrades de la Cour, et surtout l'impatience des militaires prennent plus d'empire sur son esprit. Peut-être éprouve-t-il on ne sait quelle jalousie de la popularité acquise par son fils, qui flatte les passions des pangermanistes et ne trouve pas la situation de l'Empire dans le monde égale à sa puissance. Peut-être aussi la réplique de la France à la dernière augmentation de l'armée allemande, dont l'objet était d'établir sans conteste la supériorité germanique, est-elle pour quelque chose dans ces amertumes, car, quoi qu'on dise, on sent qu'on ne peut guère aller plus loin.

On peut se demander ce qu'il y a au fond de cette conversation. L'Empereur et son Chef d'État-Major général ont pu avoir pour objectif d'impressionner le Roi des Belges et de le disposer à ne point opposer de résistance au cas où un conflit avec nous se produirait. Peut-être aussi voudrait-on la Belgique moins hostile à certaines ambitions qui se manifestent ici à propos du Congo belge, mais cette dernière hypothèse ne me paraît pas concorder avec l'intervention du général de Moltke.

Au reste, l'Empereur Guillaume est moins maître de ces impatiences qu'on ne le croit communément. Je l'ai vu plus d'une fois laisser échapper le fond de sa pensée. Quel qu'ait été son objectif dans la conversation qui m'a été rapportée, la confidence n'en a pas moins le caractère le plus grave. Elle correspond à la précarité de la situation générale et à l'état d'une certaine partie de l'opinion en France et en Allemagne.

S'il m'était permis de conclure, je dirais qu'il est bon de tenir compte de ce fait nouveau que l'Empereur se familiarise avec un ordre d'idées qui lui répugnait autrefois, et que, pour lui emprunter une locution qu'il aime à employer, nous devons tenir notre poudre sèche.

Jules CAMBON.

CHAPITRE II

PRÉLIMINAIRES

DE LA MORT DE L'ARCHIDUC HÉRITIER

(28 JUIN 1914)

A LA REMISE DE LA NOTE AUTRICHIENNE A LA SERBIE

(23 JUILLET 1914)

N° 7.

M. DUMAINE, Ambassadeur de France à Vienne,

à M. René VIVIANI, Président du Conseil, Ministre des Affaires étrangères.

Vienne, le 28 juin 1914.

La nouvelle vient de parvenir à Vienne que l'Archiduc héritier d'Autriche et sa femme ont été assassinés aujourd'hui à Serajevo par un étudiant originaire de Grahovo. Quelques instants avant l'attentat auquel ils ont succombé, ils avaient échappé à l'explosion d'une bombe qui a blessé plusieurs officiers de leur suite.

L'Empereur, en ce moment à Ischl, en a été aussitôt avisé télégraphiquement.

DUMAINE.

N° 8.

M. DUMAINE, Ambassadeur de France à Vienne,

à M. René VIVIANI, Président du Conseil, Ministre des Affaires étrangères.

Vienne, le 2 juillet 1914.

Le crime de Serajevo suscite les plus vives rancunes dans les milieux militaires autrichiens et chez tous ceux qui ne se résignent pas à laisser la Serbie garder dans les Balkans le rang qu'elle a conquis.

L'enquête sur les origines de l'attentat qu'on voudrait exiger du Gouvernement de Belgrade dans des conditions intolérables pour sa dignité, fournirait, à la suite d'un refus, le grief permettant de procéder à une exécution militaire.

DUMAINE.

N° 9.

M. DE MANNEVILLE, Chargé d'affaires de France à Berlin,
    à M. René VIVIANI, Président du Conseil, Ministre des Affaires
    étrangères.

Berlin, le 4 juillet 1914.

Le Sous-Secrétaire d'État des Affaires étrangères m'a dit hier, et a répété aujourd'hui à l'Ambassadeur de Russie, qu'il espérait que la Serbie donnerait satisfaction aux demandes que l'Autriche pouvait avoir à lui adresser en vue de la recherche et de la poursuite des complices du crime de Serajevo. Il a ajouté qu'il avait confiance qu'il en serait ainsi parce que la Serbie, si elle agissait autrement, aurait contre elle l'opinion de tout le monde civilisé.

Le Gouvernement allemand ne paraît donc pas partager les inquiétudes qui se manifestent dans une partie de la presse allemande au sujet d'une tension possible des rapports entre les Gouvernements de Vienne et de Belgrade, ou du moins il ne veut pas en avoir l'apparence.

DE MANNEVILLE.

N° 10.

M. PALÉOLOGUE, Ambassadeur de France à Saint-Pétersbourg,
    à M. René VIVIANI, Président du Conseil, Ministre des Affaires
    étrangères.

Saint-Pétersbourg, 6 juillet 1914.

Au cours d'un entretien qu'il avait tenu à avoir avec le Chargé d'affaires d'Autriche-Hongrie, M. Sazonoff a signalé amicalement à ce diplomate l'irritation inquiétante que les attaques de la presse autrichienne contre la Serbie risquent de produire dans son pays.

Le Comte Czernin ayant laissé entendre que le Gouvernement austro-hongrois serait peut-être obligé de rechercher sur le territoire serbe les instigateurs de l'attentat de Serajevo. M. Sazonoff l'interrompit : « Aucun pays plus que la Russie, a-t-il dit, n'a eu à souffrir des attentats préparés sur territoire étranger. Avons-nous jamais prétendu employer contre un pays quelconque les procédés dont vos journaux menacent la Serbie ? Ne vous engagez pas dans cette voie ».

Puisse cet avertissement n'être pas perdu.

Paléologue.

N° 11.

M. d'Apchier le Maugin, Consul général de France à Budapest,
à M. René Viviani, Président du Conseil, Ministre des Affaires étrangères.

Budapest, le 11 juillet 1914.

Interpellé à la Chambre sur l'état de la question austro-serbe, M. Tisza a déclaré qu'il fallait avant toute chose attendre le résultat de l'enquête judiciaire, dont il s'est refusé pour l'instant à révéler quoi que ce soit. Et la Chambre l'a approuvé hautement. Il s'est montré tout aussi discret sur les décisions prises dans la réunion des ministres à Vienne, et n'a pas laissé deviner si on donnerait suite au projet de démarche à Belgrade dont les journaux des deux mondes ont retenti. La Chambre s'est inclinée derechef.

En ce qui concerne cette démarche, il semble qu'il y ait un mot d'ordre pour en atténuer la portée : la colère hongroise s'est comme évaporée à travers les articles virulents de la presse, unanime maintenant à déconseiller ce pas qui pourrait être dangereux. Les journaux officieux notamment voudraient que l'on substituât à ce mot de « démarche », aux apparences comminatoires, le terme qui leur paraît plus amical et plus poli de « pourparlers ». Ainsi, officiellement, pour le quart d'heure, tout est à la paix.

Tout est à la paix, dans les journaux. Mais le gros public ici croit à la guerre et la craint. Et par ailleurs, des personnes en qui j'ai toute raison d'avoir confiance m'ont affirmé savoir que chaque jour des canons et des munitions étaient dirigés en masse vers la frontière. Vrai ou non, ce bruit m'a été rapporté de divers côtés avec des détails concordants ; il indique au moins quelles sont les préoccupations générales. Le Gouvernement, soit qu'il veuille sincèrement la paix, soit qu'il *prépare un coup,*

4.

fait maintenant tout son possible pour calmer ces inquiétudes. Et c'est pourquoi le ton des journaux gouvernementaux a baissé d'une note, puis de deux, pour être à l'heure actuelle presque optimiste. Mais ils avaient eux-mêmes propagé l'alarme à plaisir. Leur optimisme de commande est actuellement sans écho, la nervosité de la Bourse, baromètre que l'on ne saurait négliger, en est une preuve certaine ; les valeurs sans exception sont tombées à des cours invraisemblablement bas ; la rente hongroise 4 % était cotée hier 79,95, cours qui n'a jamais été coté depuis la première émission.

D'Apchier le Maugin.

N° 12.

M. Dumaine, Ambassadeur de France à Vienne,

à M. René Viviani, Président du Conseil, Ministre des Affaires étrangères.

Vienne, le 15 juillet 1914.

Certains organes de la presse viennoise, discutant l'organisation militaire de la France et de la Russie, présentent ces deux pays comme hors d'état de dire leur mot dans les affaires européennes, ce qui assurerait à la monarchie dualiste, soutenue par l'Allemagne, d'appréciables facilités pour soumettre la Serbie au régime qu'il plairait de lui imposer. La *Militarische Rundschau* l'avoue sans ambage. « L'instant nous est encore favorable. Si nous ne nous décidons pas à la guerre, celle que nous devrons faire dans deux ou trois ans au plus tard s'engagera dans des circonstances beaucoup moins propices. Actuellement, c'est à nous qu'appartient l'initiative : la Russie n'est pas prête, les facteurs moraux et le bon droit sont pour nous, de même que la force. Puisqu'un jour nous devrons accepter la lutte, provoquons-la tout de suite. Notre prestige, notre situation de grande Puissance, notre honneur sont en question : plus encore, car vraisemblablement il s'agirait de notre existence, d'être ou ne pas être, ce qui réellement est aujourd'hui la grande affaire. »

En renchérissant sur elle-même, la *Neue Freie Presse* de ce jour s'en prend au Comte Tisza de la modération de son second discours, où il a dit : « Nos relations avec la Serbie auraient toutefois besoin d'être clarifiées ». Ces mots provoquent son indignation. Pour elle, l'apaisement, la sécurité ne peuvent résulter que d'une *guerre au couteau* contre le panserbisme, et c'est au nom de l'humanité qu'elle réclame l'extermination de la maudite race serbe.

Dumaine.

N° 13.

M. Dumaine, Ambassadeur de France à Vienne,
à M. René Viviani, Président du Conseil, Ministre des Affaires étrangères.

Vienne, le 19 juillet 1914.

Le Chancelier du Consulat qui m'a remis son rapport semestriel résumant les faits divers d'ordre économique qui ont fait l'objet de ses études depuis le début de l'année, y a joint une partie d'information politique provenant d'une source sérieuse.

Je l'ai prié de rédiger brièvement les renseignements qu'il a recueillis sur la remise prochaine de la Note autrichienne à la Serbie, que les journaux annoncent depuis quelques jours avec insistance.

Vous trouverez ci-joint le texte de cette note d'information, intéressante en raison de sa précision.

DUMAINE.

N° 14.

Note.

(Extrait d'un rapport consulaire sur la situation économique et politique en Autriche.)

Vienne, le 20 juillet 1914.

Il résulte de renseignements fournis par une personnalité particulièrement au courant des nouvelles officielles que le Gouvernement français aurait tort de s'en rapporter aux semeurs d'optimisme: on exigera beaucoup de la Serbie, on lui imposera la dissolution de plusieurs sociétés de propagande, on la sommera de réprimer le nationalisme, de surveiller la frontière en collaboration avec des commissaires autrichiens, de faire la police des écoles au point de vue de l'esprit anti-autrichien, et il est bien difficile qu'un Gouvernement accepte de se faire ainsi le sergent de ville d'un Gouvernement étranger. On compte avec les échappatoires par lesquelles la Serbie voudra sans doute esquiver une réponse claire et directe; c'est

pourquoi on lui fixera peut-être un délai bref pour déclarer si elle accepte oui ou
non. La teneur de la Note et son allure impérative garantissent presque sûrement
que Belgrade refusera. Alors, on opérera militairement.

Il y a ici, et pareillement à Berlin, un clan qui accepte l'idée du conflit à dimen-
sions généralisées, en d'autres termes, la conflagration. L'idée directrice est probablement qu'il faudrait marcher avant que la Russie ait terminé ses grands perfec-
tionnements de l'armée et des voies ferrées, et avant que la France ait mis au point
son organisation militaire. Mais ici, il n'y a pas d'accord dans les hautes sphères :
du côté du comte Berchtold et des diplomates, on voudrait tout au plus une opération localisée contre la Serbie. Mais tout doit être envisagé comme possible. On signale
un fait singulier : généralement l'agence télégraphique officielle, dans ses résumés
et revues de presse étrangère, ne tient compte que des journaux officieux et des
organes les plus importants ; elle omet toute citation, toute mention des autres.
C'est une règle et une tradition. Or, depuis une dizaine de jours, l'agence officielle
fournit quotidiennement à la presse d'Autriche-Hongrie une revue complète de
toute la presse serbe, en donnant une large place aux journaux les plus ignorés,
les plus petits et insignifiants, qui par cela même ont un langage plus libre, plus
hardi, plus agressif et souvent injurieux. Ce travail de l'Agence officielle a visible-
ment pour but d'exciter le sentiment public et de créer une opinion favorable à la
guerre. Le fait est significatif.

———◆———

Nº 15.

M. Jules CAMBON, Ambassadeur de France à Berlin,
    à M. BIENVENU-MARTIN, Ministre des Affaires étrangères p. i.

Berlin, le 21 juillet 1914.

Il me revient que le représentant de la Serbie à Berlin aurait fait hier une
démarche à la Wilhelmstrasse pour dire que son Gouvernement était prêt à accueillir
la requête de l'Autriche motivée par l'attentat de Serajevo, pourvu qu'elle ne
demandât que des concours judiciaires en vue de la répression et de la prévention
des attentats politiques, mais il aurait été chargé de prévenir le Gouvernement
allemand qu'il serait dangereux de chercher par cette enquête à porter atteinte au
prestige de la Serbie.

Confidentiellement, je puis dire également à Votre Excellence que le Chargé
d'affaires de Russie, à l'audience diplomatique aujourd'hui, a parlé de cette ques-

tion à de M. Jagow. Il lui a dit qu'il supposait que le Gouvernement allemand connaissait actuellement très bien la Note préparée par l'Autriche et était par suite à même de donner l'assurance que les difficultés austro-serbes seraient localisées. Le Secrétaire d'État a protesté qu'il ignorait absolument le contenu de cette Note et s'est exprimé de même avec moi. Je n'ai pu que m'étonner d'une déclaration aussi peu conforme à ce que les circonstances conduisent à penser.

Il m'a été assuré d'ailleurs que, dès maintenant, les avis préliminaires de mobilisation qui doivent mettre l'Allemagne dans une sorte de « garde à vous » pendant les époques de tension, ont été adressés ici aux classes qui doivent les recevoir en pareil cas. C'est là une mesure à laquelle les Allemands, étant donné leurs habitudes, peuvent recourir sans s'exposer à des indiscrétions et sans émouvoir la population. Elle ne revêt pas un caractère sensationnel, et n'est pas forcément suivie de mobilisation effective ainsi que nous l'avons déjà vu, mais elle n'en est pas moins significative.

Jules CAMBON.

N° 16.

M. BIENVENU-MARTIN, Ministre des Affaires étrangères p. i.,
à Londres, Saint-Pétersbourg, Vienne, Rome.

Paris, le 21 juillet 1914.

J'attire spécialement votre attention sur des informations que je reçois de Berlin : l'Ambassadeur de France signale l'extrême faiblesse de la Bourse de Berlin d'hier, et l'attribue aux inquiétudes que la question serbe commence à provoquer.

M. Jules Cambon a des raisons très sérieuses de croire que lorsque l'Autriche fera à Belgrade la démarche qu'elle juge nécessaire à la suite de l'attentat de Serajevo, l'Allemagne l'appuiera de son autorité, sans chercher à jouer un rôle de médiation.

BIENVENU-MARTIN.

N° 17.

M. Bienvenu-Martin, Ministre des Affaires étrangères p. i.,
à MM. les Ambassadeurs de France à Londres, Saint-Pétersbourg,
Vienne, Rome.

Paris, le 22 juillet 1914.

M. Jules Cambon ayant interrogé M. de Jagow sur la teneur de la Note autrichienne à Belgrade, ce dernier lui a répondu qu'il n'en connaissait nullement le libellé; notre Ambassadeur en a marqué toute sa surprise. Il constate que la baisse de la Bourse de Berlin continue et que des nouvelles pessimistes circulent.

M. Barrère a également entretenu de la même question le Marquis de San Giuliano, qui s'en montre inquiet et assure qu'il agit à Vienne pour qu'il ne soit demandé à la Serbie que des choses réalisables, par exemple la dissolution du Club bosniaque et non une enquête judiciaire sur les causes de l'attentat de Serajevo.

Dans les circonstances présentes, la supposition la plus favorable qu'on puisse faire est que le Cabinet de Vienne, se sentant débordé par sa presse et par le parti militaire, cherche à obtenir le maximum de la Serbie par une intimidation préalable, directe et indirecte, et s'appuie sur l'Allemagne à cet effet.

J'ai prié l'Ambassadeur de France à Vienne d'user de toute son influence sur le Comte Berchtold pour lui représenter, dans une conversation amicale, combien la modération du Gouvernement autrichien serait appréciée en Europe, et quelle répercussion risquerait d'avoir une pression brutale sur la Serbie.

BIENVENU-MARTIN.

N° 18.

M. Dumaine, Ambassadeur de France à Vienne,
à M. Bienvenu-Martin, Ministre des Affaires étrangères p. i.

Vienne, le 22 juillet 1914.

On ne sait rien encore des décisions que le Comte Berchtold, prolongeant son séjour à Ischl, tente d'obtenir de l'Empereur. On attribuait au Gouvernement l'intention d'agir avec la plus grande rigueur envers la Serbie, d'en finir avec elle, « de la traiter comme une autre Pologne ». Huit corps d'armée seraient prêts à entrer en campagne, mais M. Tisza, très inquiet de l'agitation en Croatie, serait intervenu activement dans un sens modérateur.

En tous cas, on croit que la démarche à Belgrade aura lieu cette semaine. Les demandes du Gouvernement austro-hongrois relativement à la répression de l'attentat et à certaines garanties de surveillance et de police paraissent acceptables pour la dignité des Serbes ; M. Jovanovich croit qu'elles seront accueillies. M. Pachitch désire un arrangement pacifique, mais se déclare prêt à toute résistance. Il a confiance dans la force de l'armée serbe ; il compte, en outre, sur l'union de tous les Slaves de la Monarchie pour paralyser l'effort dirigé contre son pays.

A moins d'un aveuglement absolu, on devrait reconnaître ici qu'un coup de force a les plus grandes chances d'être funeste, aussi bien aux troupes austro-hongroises qu'à la cohésion déjà si compromise des nationalités gouvernées par l'Empereur.

L'Ambassadeur d'Allemagne, M. de Tchirsky, se montre partisan des résolutions violentes, tout en laissant volontiers entendre que la Chancellerie impériale ne serait pas entièrement d'accord avec lui sur ce point. L'Ambassadeur de Russie, parti hier pour la campagne, en raison des déclarations rassurantes qui lui ont été faites au Ministère des Affaires étrangères, m'a confié que son Gouvernement n'aura pas d'objection contre des démarches visant la punition des coupables et la dissolution des associations notoirement révolutionnaires, mais ne pouvait admettre des exigences humiliantes pour le sentiment national serbe.

Dumaine.

N° 19.

M. Paul Cambon, Ambassadeur de France à Londres,

à M. Bienvenu-Martin, Ministre des Affaires étrangères p. i.

Londres, le 22 juillet 1914.

Votre Excellence a bien voulu me faire part des impressions recueillies par notre Ambassadeur à Berlin, relativement aux conséquences de la démarche que le Gouvernement austro-hongrois se propose de faire à Belgrade.

Ces impressions m'ont été confirmées par une conversation que j'ai eue hier avec le Principal Secrétaire d'État pour les Affaires étrangères. Sir E. Grey m'a dit avoir reçu la visite de l'Ambassadeur d'Allemagne, qui lui a déclaré qu'à Berlin on s'attendait à une démarche du Gouvernement austro-hongrois auprès du Gouvernement serbe. Le Prince Lichnowski a assuré que le Gouvernement allemand s'employait à retenir et à modérer le Cabinet de Vienne, mais que jusqu'à présent il n'y réussissait pas et qu'il n'était pas sans inquiétude sur les suites d'une telle démarche. Sir E. Grey a répondu au Prince Lichnowski qu'il voulait croire qu'avant d'intervenir à Belgrade, le Gouvernement austro-hongrois se serait bien renseigné sur les circonstances du complot dont l'Archiduc héritier et la Duchesse de Hohenberg ont été victimes, se serait assuré que le Gouvernement serbe en avait eu connaissance et n'avait pas fait tout ce qui dépendait de lui pour en prévenir les effets. Car s'il ne pouvait pas être prouvé que la responsabilité du Gouvernement serbe fût impliquée dans une certaine mesure, l'intervention du Gouvernement austro-hongrois ne se justifierait pas et soulèverait contre lui l'opinion européenne.

La communication du Prince Lichnowski avait laissé Sir E. Grey sous une impression d'inquiétude qu'il ne m'a pas dissimulée. La même impression m'a été donnée par l'Ambassadeur d'Italie qui redoute, lui aussi, l'éventualité d'une nouvelle tension des rapports austro-serbes.

Ce matin, j'ai reçu la visite du Ministre de Serbie, qui partage également les appréhensions de Sir E. Grey. Il craint que l'Autriche ne mette le Gouvernement serbe en présence d'une demande que la dignité de celui-ci et surtout la susceptibilité de l'opinion publique ne lui permettent pas d'accueillir sans protestation. Comme je lui objectais le calme qui paraît régner à Vienne et dont témoignent tous les Ambassadeurs accrédités dans cette capitale, il m'a répondu que ce calme officiel n'était qu'apparent et recouvrait les dispositions les plus foncièrement hostiles contre la Serbie. Or, a-t-il ajouté, si ces dispositions viennent à se manifester par une démarche dépourvue de la mesure désirable, il y aura lieu de tenir compte de l'opinion publique serbe, surexcitée par les mauvais procédés dont l'Autriche a abreuvé ce pays et rendue moins patiente par le souvenir encore tout frais de deux guerres victorieuses. Malgré les sacrifices dont la Serbie a payé ses récentes victoires, elle peut mettre encore sur pied 400.000 hommes et l'opinion publique, qui le sait, n'est pas disposée à tolérer une humiliation.

Sir E. Grey, dans un entretien avec l'Ambassadeur d'Autriche-Hongrie, l'a prié de recommander à son Gouvernement de ne pas s'écarter de la prudence et de la modération nécessaires pour éviter de nouvelles complications, de ne demander à la Serbie que des mesures auxquelles celle-ci puisse raisonnablement se prêter et de ne pas se laisser entraîner au delà.

Paul CAMBON.

N° 20

M. Bienvenu-Martin, Ministre des Affaires étrangères p. i.,
à Londres, Berlin, Saint-Pétersbourg et Rome.

Paris, le 23 juillet 1914.

Les premières intentions du Gouvernement austro-hongrois avaient été, selon les informations recueillies par l'Ambassadeur de France à Vienne, d'agir avec la plus grande rigueur contre la Serbie, en tenant huit corps d'armée prêts à entrer en campagne.

Ses dispositions actuelles seraient plus conciliantes : en réponse à une question que lui posait M. Dumaine, à qui j'avais prescrit d'appeler l'attention du Gouvernement autrichien sur les inquiétudes éveillées en Europe, le baron Macchio a affirmé à notre Ambassadeur que le ton et les demandes qui seront formulées dans la Note autrichienne permettent de compter sur un dénouement pacifique. Je ne sais quelle foi il faut accorder à ces assurances, en raison des habitudes de la Chancellerie impériale.

Dans tous les cas, la Note autrichienne sera remise dans un très bref délai. Le Ministre de Serbie estime que M. Pachitch acceptera, par désir d'un arrangement, les demandes relatives à la répression de l'attentat et à des garanties de surveillance et de police, mais qu'il résistera à ce qui attenterait à la souveraineté et à la dignité de son pays.

Dans les cercles diplomatiques de Vienne, l'Ambassadeur d'Allemagne préconise des résolutions violentes, tout en convenant que peut-être la Chancellerie impériale n'est pas entièrement d'accord avec lui sur ce point ; l'Ambassadeur de Russie, se fiant aux assurances qui lui ont été données, s'est absenté de Vienne et a confié, avant son départ, à M. Dumaine, que son Gouvernement n'élèvera pas d'objections contre la punition des coupables et la dissolution des associations révolutionnaires, mais qu'il ne pourrait tolérer des exigences humiliantes pour le sentiment national de la Serbie.

BIENVENU-MARTIN.

N° 21.

M. Allizé, Ministre de France à Munich,
à M. Bienvenu-Martin, Ministre des Affaires étrangères p. i.

Munich, le 23 juillet 1914.

La presse bavaroise paraît croire qu'une solution pacifique de l'incident austro-serbe est non seulement possible, mais même vraisemblable ; dans les sphères offi-

cielles, au contraire, on affecte, depuis quelque temps, avec plus ou moins de sincérité, un réel pessimisme.

Le Président du Conseil notamment m'a dit aujourd'hui que la note autrichienne, *dont il avait connaissance*, était, à son avis, rédigée dans des termes acceptables pour la Serbie, mais que la situation actuelle ne lui en paraissait pas moins très sérieuse.

ALLIZÉ.

CHAPITRE III

LA NOTE AUTRICHIENNE ET LA RÉPONSE SERBE

(DU VENDREDI 24 JUILLET AU SAMEDI 25 JUILLET)

N° 22.

M. René VIVIANI, Président du Conseil,
à M. BIENVENU-MARTIN, Ministre des Affaires étrangères p. i.

Je vous serais obligé de transmettre d'urgence à M. Dumaine les informations et instructions suivantes :

Reval, le 24 juillet 1914, à 1 heure du matin.

Au cours de mes entretiens avec le Ministre des Affaires étrangères russe, nous avons été amenés à envisager les dangers qui pourraient résulter d'une démarche éventuelle de l'Autriche-Hongrie à l'égard de la Serbie, relativement à l'attentat dont a été victime l'Archiduc héritier. Nous sommes tombés d'accord pour penser qu'il convenait de ne rien négliger pour prévenir une demande d'explications ou quelque mise en demeure qui équivaudraient à une intervention dans les affaires intérieures de la Serbie, et que celle-ci pourrait considérer comme une atteinte à sa souveraineté et à son indépendance.

En conséquence, nous avons estimé qu'il y avait lieu, dans une conversation amicale avec le Comte Berchtold, de lui donner des conseils de modération, propres à lui faire comprendre combien serait mal inspirée une intervention à Belgrade, où l'on pourrait voir une menace de la part du Cabinet de Vienne.

L'Ambassadeur d'Angleterre, mis au courant par M. Sazonow, a exprimé l'idée que son Gouvernement se joindrait sans doute à une démarche tendant à écarter un danger qui peut menacer la paix générale, et a télégraphié dans ce sens à son Gouvernement.

M. Sazonow a adressé des instructions à cet effet à M. Schebeko. Sans qu'il s'agisse ici d'une action collective ou concertée des représentants de la Triple Entente à Vienne, je vous prie de vous entretenir de la question avec les Ambassadeurs de Russie et d'Angleterre, et de vous entendre avec eux sur le meilleur moyen, pour chacun de vous, de faire entendre sans retard au Comte Berchtold les conseils de modération que nous paraît réclamer la situation présente.

J'ajoute qu'il y aurait lieu de prier M. Paul Cambon de faire valoir auprès de Sir E. Grey l'utilité de cette démarche, et d'appuyer la suggestion que l'Ambassadeur d'Angleterre en Russie a dû présenter à cet effet au Foreign Office. Le Comte Benckendorff est chargé de faire une recommandation analogue.

René VIVIANI.

N° 23.

M. Bienvenu-Martin, Ministre des Affaires étrangères p. i.
à M. René Viviani, Président du Conseil, à bord de la *France.*

Paris, le 24 juillet 1914.

J'ai transmis d'urgence à Vienne vos instructions, mais il résulte des informations de presse de ce matin que la Note autrichienne a été remise hier soir à six heures à Belgrade.

Cette note, dont l'Ambassadeur d'Autriche-Hongrie ne nous a pas encore remis le texte officiel, paraît très accentuée ; elle tendrait non seulement à obtenir la poursuite des Serbes mêlés directement à l'attentat de Serajevo, mais demanderait la répression immédiate dans la presse et dans l'armée serbe de toute propagande anti-autrichienne. Elle donnerait jusqu'à samedi soir, à six heures, à la Serbie pour s'exécuter.

En transmettant vos instructions à M. Dumaine, je l'ai prié de se concerter avec ses collègues anglais et russe.

BIENVENU-MARTIN.

N° 24.

Texte de la Note autrichienne

(Note communiquée par le Comte Szecsen, Ambassadeur d'Autriche-Hongrie, à M. Bienvenu-Martin, Ministre des Affaires étrangères p. i., le vendredi 24 juillet 1914, à 10 h. 1/2 du matin.)

Vienne, le 24 juillet 1914.

Le Gouvernement impérial et royal s'est vu obligé d'adresser jeudi 23 juillet courant, par l'entremise du Ministre impérial et royal, à Belgrade, la note suivante au Gouvernement royal de Serbie :

« Le 31 mars 1909 le Ministre de Serbie à Vienne a fait, d'ordre de son Gouvernement au Gouvernement impérial et royal, la déclaration suivante :

« La Serbie reconnaît qu'elle n'a pas été atteinte dans ses droits par le fait accompli créé en Bosnie-Herzégovine et qu'elle se conformera par conséquent à telle décision que les Puissances prendront par rapport à l'article XXV du Traité de Berlin. Se rendant aux conseils des grandes Puissances, la Serbie s'engage, dès à présent, à abandonner l'attitude de protestation et d'opposition qu'elle a observée à l'égard de l'annexion depuis l'automne dernier et elle s'engage, en outre, à changer le cours de sa politique actuelle envers l'Autriche-Hongrie pour vivre désormais avec cette dernière sur le pied d'un bon voisinage. »

Or, l'histoire des dernières années, et notamment les événements douleureux du 28 juin ont démontré l'existence en Serbie d'un mouvement subversif dont le but est de détacher de la Monarchie austro-hongroise certaines parties de ses territoires. Ce mouvement, qui a pris jour sous les yeux du Gouvernement serbe est arrivé à se manifester au delà du territoire du royaume par des actes de terrorisme, par une série d'attentats et par des meurtres.

Le Gouvernement royal serbe, loin de satisfaire aux engagements formels contenus dans la déclaration de 31 mars 1909, n'a rien fait pour supprimer ce mouvement. Il a toléré l'activité criminelle des différentes sociétés et affiliations dirigées contre la Monarchie, le langage effréné de la presse, la glorification des auteurs d'attentats, la participation d'officiers et de fonctionnaires dans les agissements subversifs, une propagande malsaine dans l'instruction publique, toléré enfin toutes les manifestations qui pouvaient induire la population serbe à la haine de la Monarchie et au mépris de ses institutions.

Cette tolérance coupable du Gouvernement royal de Serbie n'avait pas cessé au moment où les événements du 28 juin dernier en ont démontré au monde entier les conséquences funestes.

Il résulte des dépositions et aveux des auteurs criminels de l'attentat du 28 juin que le meurtre de Serajevo a été tramé à Belgrade, que les armes et explosifs dont les meurtriers se trouvaient être munis, leur ont été donnés par des officiers et fonctionnaires serbes faisant partie de la « Narodna Odbrana » et enfin que le passage en Bosnie des criminels et de leurs armes a été organisé et effectué par des chefs du service-frontière serbe.

Les résultats mentionnés de l'instruction ne permettent pas au Gouvernement impérial et royal de poursuivre plus longtemps l'attitude de longanimité expectative qu'il avait observée pendant des années vis-à-vis des agissements concentrés à Belgrade et propagés de là sur les territoires de la Monarchie ; ces résultats lui imposent, au contraire, le devoir de mettre fin à des menées qui forment une menace perpétuelle pour la tranquillité de la Monarchie.

C'est pour atteindre ce but que le Gouvernement impérial et royal se voit obligé de demander au Gouvernement serbe l'énonciation officielle qu'il condamne la propagande dirigée contre la Monarchie austro-hongroise, c'est-à-dire l'ensemble des tendances qui aspirent en dernier lieu à détacher de la Monarchie des territoires qui en font partie, et qu'il s'engage à supprimer, par tous les moyens, cette propagande criminelle et terroriste.

Afin de donner un caractère solennel à cet engagement le Gouvernement royal de Serbie fera publier à la première page du *Journal officiel*, en date du 13/26 juillet, l'énonciation suivante :

« Le Gouvernement royal de Serbie condamne la propagande dirigée contre l'Autriche-Hongrie, c'est-à-dire l'ensemble des tolérances qui aspirent en dernier lieu à détacher de la Monarchie austro-hongroise des territoires qui en font partie, et il déplore sincèrement les conséquences funestes de ces agissements criminels.

Le Gouvernement royal regrette que des officiers et fonctionnaires serbes aient participé à la propagande sus-mentionnée et compromis par là les relations de bon voisinage auquel le Gouvernement royal s'était solennellement engagé par ses déclarations du 31 mai 1909.

Le Gouvernement royal qui désapprouve et répudie toute idée ou tentative d'immixtion dans les destinées des habitants de quelque partie de l'Autriche-Hongrie que ce soit, considère de son devoir d'avertir formellement les officiers, les fonctionnaires et toute la population du royaume que, dorénavant, il procédera avec la dernière rigueur contre les personnes qui se rendraient coupables de pareils agissements, agissements qu'il mettra tous ses efforts à prévenir et à réprimer. »

Cette énonciation sera portée simultanément à la connaissance de l'armée royale par un ordre du jour de Sa Majesté le Roi et sera publiée dans le *Bulletin officiel de l'armée.*

Le Gouvernement royal serbe s'engage en outre :

1° A supprimer toute publication qui excite à la haine et au mépris de la Monarchie, et dont la tendance générale est dirigée contre son intégrité territoriale.

2° A dissoudre immédiatement la société dite « Narodna Odbrana », à confisquer tous ses moyens de propagande, et à procéder de la même manière contre les autres sociétés et affiliations en Serbie qui s'adonnent à la propagande contre la Monarchie austro-hongroise; le Gouvernement royal prendra les mesures nécessaires pour que les sociétés dissoutes ne puissent pas continuer leur activité sous un autre nom et sous une autre forme.

3ʲ A éliminer sans délai de l'instruction publique en Serbie, tant en ce qui concerne le corps enseignant que les moyens d'instruction, tout ce qui sert ou pourrait servir à fomenter la propagande contre l'Autriche-Hongrie.

4° A éloigner du service militaire et de l'administration en général tous les officiers et fonctionnaires coupables de la propagande contre la Monarchie austro-hongroise et dont le Gouvernement impérial et royal se réserve de communiquer les noms et les faits au Gouvernement royal.

5° A accepter la collaboration en Serbie des organes du Gouvernement impérial et royal dans la suppression du mouvement subversif dirigé contre l'intégrité territoriale de la Monarchie.

6° A ouvrir une enquête judiciaire contre les partisans du complot du 28 juin se trouvant sur territoire serbe ; des organes délégués par le Gouvernement impérial et royal prendront part aux recherches y relatives.

7ʲ A procéder d'urgence à l'arrestation du commandant Voija Tankosic et du nommé Milan Ciganovic, employé de l'État serbe, compromis par les résultats de l'instruction de Serajevo.

8° A empêcher, par des mesures efficaces, le concours des autorités serbes dans le trafic illicite d'armes et d'explosifs à travers la frontière ;

A licencier et punir sévèrement les fonctionnaires du service-frontière de Schabatz et de Loznica coupables d'avoir aidé les auteurs du crime de Serajevo en leur facilitant le passage de la frontière.

9° A donner au Gouvernement impérial et royal des explications sur les propos injustifiables de hauts fonctionnaires serbes tant en Serbie qu'à l'étranger qui, malgré leur position officielle, n'ont pas hésité, après l'attentat du 28 juin, de s'exprimer dans des interwiews d'une manière hostile envers la Monarchie austro-hongroise. Enfin,

10° D'avertir sans retard, le Gouvernement impérial et royal de l'exécution des mesures comprises dans les points précédents.

Le Gouvernement impérial et royal attend la réponse du Gouvernement royal au plus tard jusqu'au samedi 25 de ce mois à cinq heures du soir (1).

Un mémoire concernant les résultats de l'instruction de Serajevo à l'égard des fonctionnaires mentionnés aux points 7 et 8, est annexé à cette Note.

J'ai l'honneur d'inviter votre Excellence de vouloir bien porter le contenu de cette Note à la connaissance du Gouvernement après duquel vous êtes accrédité, en accompagnant cette communication du commentaire que voici :

Le 31 mars 1909, le Gouvernement royal serbe a adressé à l'Autriche-Hongrie la déclaration dont le texte est reproduit ci-dessus.

Le lendemain même de cette déclaration, la Serbie s'est engagée dans une politique tendant à inspirer des idées subversives aux ressortissants serbes de la Monarchie austro-hongroise et à préparer ainsi la séparation des territoires austro-hongrois, limitrophes à la Serbie.

La Serbie devient le foyer d'une agitation criminelle :

Des sociétés et affiliations ne tardèrent pas à se former qui, soit ouvertement, soit clandestinement, étaient destinées à créer des ordres sur le territoire austro-hongrois. Ces sociétés et affiliations comptent parmi leurs membres des généraux et des diplomates, des fonctionnaires d'État et des juges, bref, les sommités du monde officiel et inofficiel du royaume.

Le journalisme serbe est presque entièrement au service de cette propagande, dirigée contre l'Autriche-Hongrie, et pas un jour ne passe sans que les organes de la presse serbe n'excitent leurs lecteurs à la haine et au mépris de la Monarchie voisine ou à des attentats dirigés plus ou moins ouvertement contre sa sûreté et son intégrité.

Un grand nombre d'agents est appelé à soutenir par tous les moyens l'agitation contre l'Autriche-Hongrie et à corrompre dans les provinces limitrophes la jeunesse de ces pays.

L'esprit conspirateur des politiciens serbes, esprit dont les annales du royaume portent les sanglantes empreintes, a subi une recrudescence depuis la dernière crise balkanique ; des individus ayant fait partie des bandes jusque-là occupées en Macédoine, sont venus se mettre à la disposition de la propagande terroriste contre l'Autriche-Hongrie.

---

(1) L'Ambassadeur d'Autriche-Hongrie a adressé au Ministre des Affaires étrangères, par lettre particulière, la rectification suivante, dans la journée du 24 juillet : « Dans la copie de la dépêche que j'ai eu l'honneur de remettre ce matin à Votre Excellence, il était dit que mon Gouvernement attendait la réponse du Cabinet de Belgrade au plus tard jusqu'au samedi 25 de ce mois à *cinq* heures du soir. Notre Ministre à Belgrade n'ayant remis sa note hier qu'à *six* heures du soir, le délai pour la réponse se trouve prorogé de ce fait jusqu'à demain samedi *six* heures du soir.

« J'ai cru de mon devoir d'informer Votre Excellence de cette légère modification dans l'expiration du délai fixé pour la réponse du Gouvernement serbe. »

En présence de ces agissements auxquels l'Autriche-Hongrie est exposée depuis des années, le Gouvernement de la Serbie n'a pas cru devoir prendre la moindre mesure. C'est ainsi que le Gouvernement serbe a manqué au devoir que lui imposait la déclaration solennelle du 31 mars 1909, et c'est ainsi qu'il s'est mis en contradiction avec la volonté de l'Europe et avec l'engagement qu'il avait pris vis-à-vis de l'Autriche-Hongrie.

La longanimité du Gouvernement impérial et royal à l'égard de l'attitude provocatrice de la Serbie était inspirée du désintéressement territorial de la Monarchie austro-hongroise et de l'espoir que le Gouvernement serbe finirait tout de même par apprécier à sa juste valeur l'amitié de l'Autriche-Hongrie. En observant une attitude bienveillante pour les intérêts politiques de la Serbie, le Gouvernement impérial et royal espérait que le royaume se déciderait finalement à suivre de son côté une ligne de conduite analogue. L'Autriche-Hongrie s'attendait surtout à une pareille évolution dans les idées politiques en Serbie, lorsque, après les événements de l'année 1912, le Gouvernement impérial et royal rendit possible, par une attitude désintéressée et sans rancune, l'agrandissement si considérable de la Serbie.

Cette bienveillance manifestée par l'Autriche-Hongrie à l'égard de l'État voisin n'a cependant aucunement modifié les procédés du royaume, qui a continué à tolérer sur son territoire une propagande dont les funestes conséquences se sont manifestées au monde entier le 28 juin, dernier jour où l'héritier présomptif de la Monarchie et son illustre épouse devinrent les victimes d'un complot tramé à Belgrade.

En présence de cet état de choses, le Gouvernement impérial et royal a dû se décider à entreprendre de nouvelles et pressantes démarches à Belgrade, afin d'amener le Gouvernement serbe à arrêter le mouvement incendiaire menaçant la sûreté et l'intégrité de la Monarchie austro-hongroise.

Le Gouvernement impérial et royal est persuadé qu'en entreprenant cette démarche, il se trouve en plein accord avec les sentiments de toutes les nations civilisées qui ne sauraient admettre que le régicide devînt une arme dont on puisse se servir impunément dans la lutte politique, et que la paix européenne fût continuellement troublée par les agissements partant de Belgrade.

C'est à l'appui de ce qui précède que le Gouvernement impérial et royal tient à la disposition du Gouvernement de la République française un dossier élucidant les menées serbes et les rapports existant entre ces menées et le meurtre du 28 juin.

Une communication identique est adressée aux représentants impériaux et royaux auprès des autres Puissances signataires.

Vous êtes autorisé de laisser une copie de cette dépêche entre les mains de M. le Ministre des Affaires étrangères.

----------◆----------

ANNEXE.

L'instruction criminelle ouverte par le tribunal de Serajevo contre Gravillo Princip et consorts du chef d'assassinat et de complicité y relative, crime commis par eux le 28 juin dernier, a jusqu'ici abouti aux constatations suivantes :

1º Le complot ayant pour but d'assassiner, lors de son séjour à Serajevo, l'Archiduc François-Ferdinand fut formé à Belgrade par Gravillo Princip, Nedeljko Cabrinovic, le nommé Milan Ciganovic et Trifko Grabez avec le concours du commandant Voija Tankosic.

2º Les six bombes et les quatre pistolets Browning avec munitions, moyennant lesquels les malfaiteurs ont commis l'attentat, furent livrés à Belgrade à Princip, Cabrinovic et Grabez par le nommé Milan Ciganovic et le commandant Voija Tankosic.

3º Les bombes sont des grenades à main provenant du dépôt d'armes de l'armée serbe à Kragujevaks.

4º Pour assurer la réussite de l'attentat, Ciganovic enseigna à Princip, Cabrinovic et Grabez la manière de se servir des grenades et donna, dans une forêt près du champ de tir à Topschider, des leçons de tir avec pistolets Browning à Princip et à Grabez.

5º Pour rendre possible à Princip, Cabrinovic et Grabez de passer la frontière de Bosnie-Herzégovine et d'y introduire clandestinement leur contrebande d'armes, un système de transport secret fut organisé par Ciganovic.

D'après cette organisation, l'introduction en Bosnie-Herzégovine des malfaiteurs et de leurs armes fut opérée par les capitaines-frontières de Sabac (Popovic) et de Loznica, ainsi que par le douanier Rudivoj Grbic de Loznica, avec le concours de divers particuliers.

———◆———

N° 25.

M. BIENVENU-MARTIN, Ministre des Affaires étrangères p. i.,

à M. René VIVIANI, Président du Conseil, à bord de la *France,* et à Londres, Berlin, Vienne, Saint-Pétersbourg, Rome, Belgrade.

Paris, le 24 juillet 1914.

J'ai l'honneur de vous informer que la Note autrichienne, remise à Belgrade jeudi soir, m'a été laissée en copie, ce matin, par l'Ambassadeur d'Autriche-Hongrie. Le comte Szecsen m'a fait connaître que le Gouvernement austro-hongrois attend la réponse du Gouvernement serbe jusqu'à samedi 25, à cinq heures du soir (1).

La Note s'appuie sur l'engagement pris par la Serbie, le 31 mars 1909, de reconnaître l'annexion de la Bosnie-Herzégovine et reproche au Gouvernement serbe d'avoir toléré une propagande anti-autrichienne, à laquelle ont pris part les fonctionnaires, l'armée et la presse, propagande menaçante pour la sécurité et l'intégrité de l'Autriche, et dont le crime du 28 juin, tramé à Belgrade, selon les constatations de l'instruction, a démontré les dangers.

Le Gouvernement autrichien se déclare obligé de mettre fin à une propagande qui constitue un danger permanent pour sa tranquillité, et d'exiger du Gouvernement serbe une énonciation officielle de sa volonté de la condamner et réprimer, par la publication, au *Journal officiel* du 26, d'une déclaration dont les termes sont indiqués, réprouvant, regrettant et menaçant de sévir. Un ordre du jour du Roi à l'armée serbe porterait également cette déclaration à sa connaissance. En outre, le Gou-

____

(1) Voir note, page 43.

vernement serbe s'engagerait à supprimer les publications, à dissoudre les sociétés, à révoquer les officiers et fonctionnaires dont les noms seraient communiqués par le Gouvernement autrichien, à accepter la collaboration de fonctionnaires autrichiens pour la suppression de l'action subversive signalée, ainsi que pour l'enquête sur l'attentat de Serajevo, enfin à procéder à l'arrestation immédiate d'un officier et d'un employé serbes qui y sont compromis.

Au mémorandum autrichien est annexée une Note, résumant les constatations de l'instruction du crime de Serajevo et affirmant qu'il a été tramé à Belgrade, que les bombes ont été fournies aux assassins et émanent d'un dépôt de l'armée serbe, enfin que les assassins ont été exercés et aidés par des officiers et employés serbes.

En rendant visite, aussitôt après cette communication au Directeur politique p. i. le Comte Szecsen l'a informé, sans aucun commentaire, de la remise de la Note. M. Berthelot n'a pu que signaler, sur mes indications à l'Ambassadeur d'Autriche-Hongrie, l'impression d'inquiétude éveillée par les informations parues dans la matinée sur le contenu de la Note autrichienne, et le sentiment pénible que ne manquerait pas d'éveiller, dans l'opinion française, le moment choisi pour une démarche si impérative et de si court délai ; c'est-à-dire l'heure où le Président de la République et le Président du Conseil, Ministre des Affaires étrangères de la République avaient quitté Pétersbourg et se trouvaient en mer, par conséquent hors d'état d'exercer, d'accord avec les Puissances qui n'étaient pas directement intéressées, l'action apaisante si désirable entre la Serbie et l'Autriche, dans l'intérêt de la paix générale.

Le Ministre de Serbie n'a encore aucune donnée sur les intentions de son Gouvernement.

L'Ambassadeur d'Allemagne a demandé à être reçu par moi, cet après-midi, à cinq heures.

Bienvenu-Martin.

N° 26.

M. Bienvenu-Martin, Ministre des Affaires étrangères p. i.,

> à M. Thiébaut, Ministre de France à Stockholm (pour le Président du Conseil) et à Belgrade, Vienne, Londres, Berlin, Rome, Pétersbourg.

Paris, le 24 juillet 1914.

M. Vesnitch n'avait, ce matin encore, reçu de son Gouvernement aucun télégramme de nature à le renseigner sur ses intentions et ne connaissait pas le contenu de la Note autrichienne.

A la demande de conseil qu'il formu'ait à la Direction politique, M. Berthelot lui a dit, à titre tout personnel, que la Serbie devait chercher à gagner du temps, le terme de 48 heures constituant peut-être plutôt une « mise en demeure » qu'un ultimatum proprement dit; qu'il pouvait y avoir lieu, par exemple, d'offrir immédiatement satisfaction sur tous les points qui n'étaient pas inconciliables avec la dignité et la souveraineté de la Serbie; il lui a été conseillé de faire remarquer que les constatations de l'instruction autrichienne de Serajevo étaient unilatérales, et que la Serbie tout en étant prête à sévir contre tous les complices d'un crime qu'elle réprouvait hautement, demandait à être mise au courant des preuves, pour pouvoir les vérifier rapidement ; de chercher surtout à échapper à la prise directe de l'Autriche, en se déclarant prête à se soumettre à l'arbitrage de l'Europe.

J'ai demandé à Londres et à Pétersbourg les vues et les intentions des Gouvernements anglais et russe. Il résulte, d'autre part, de nos informations, que l'Italie n'a reçu qu'aujourd'hui communication de la Note autrichienne, au sujet de laquelle n'avait été ni pressentie ni même avertie.

BIENVENU-MARTIN.

N° 27

M. BIENVENU-MARTIN, Ministre des Affaires étrangères p. i.,
à Stockholm (pour le Président du Conseil), Belgrade, Londres,
Saint-Pétersbourg, Berlin, Rome.

Paris, le 24 juillet 1914.

L'Ambassadeur de France à Vienne me fait savoir que l'opinion a été surprise par la soudaineté et l'exagération des demandes autrichiennes, mais que le parti militaire paraît craindre surtout que la Serbie ne cède.

Le Ministre de Serbie en Autriche pense que son Gouvernement se montrera très conciliant en ce qui concerne la punition des complices de l'attentat et les garanties à donner en vue de la suppression de la propagande anti-autrichienne, mais qu'il ne saurait accepter un ordre du jour à l'armée dicté au Roi, ni le licenciement d'officiers suspects à l'Autriche, ni l'intervention de fonctionnaires étrangers en Serbie. M Jovanovitch estime que s'il était possible d'engager une discussion, le conflit pourrait encore s'arranger, avec le concours des Puissances.

Notre Ambassadeur à Berlin rend compte de l'émotion provoquée par la Note autrichienne et de l'état d'esprit du Chargé d'affaires de Russie, qui pense qu'une grande partie de l'opinion en Allemagne souhaiterait la guerre. Le ton de la presse est menaçant et paraît avoir pour but d'intimider la Russie. Notre Ambassadeur doit voir ce soir M. de Jagow.

M. Barrère informe que l'Italie agit à Vienne dans un sens modérateur et cherche à éviter des complications.

BIENVENU-MARTIN.

N° 28.

M. Bienvenu-Martin, Ministre des Affaires étrangères p. i.

> à Stockholm (pour le Président du Conseil), et à Belgrade, Londres, Saint-Pétersbourg, Berlin, Vienne, Rome.

Paris, le 24 juillet 1914.

M. de Schoen est venu me communiquer, sans vouloir m'en laisser une copie, mais en m'en donnant lecture à deux reprises, sur ma demande, une Note de son Gouvernement.

Cette Note s'exprime presque textuellement de la manière suivante :

« Les déclarations des journaux austro-hongrois relatives aux circonstances dans lesquelles l'attentat sur la personne de l'héritier du trône d'Autriche et de son épouse a eu lieu, dévoilent nettement le but que la propagande panserbe s'était proposé et les moyens dont elle s'est servie pour l'atteindre. D'après les faits connus, il ne peut non plus y avoir aucun doute, que c'est à Belgrade qu'il faut chercher le centre d'action des agitations qui tendaient à détacher de l'Autriche-Hongrie les provinces slaves du Sud pour les réunir au royaume de Serbie et que c'est là tout au moins que s'est développée son activité, avec la connivence de membres du Gouvernement et de l'armée.

« Les menées serbes remontent à un grand nombre d'années. Le chauvinisme panserbe s'est particulièrement manifesté pendant la crise bosniaque. C'est à la modération du Gouvernement austro-hongrois, à son grand empire sur lui-même, à l'intervention énergique des Puissances que l'on est redevable si les provocations auxquelles l'Autriche-Hongrie a été, à cette époque, en butte de la part de la Serbie, n'ont pas suscité un conflit. La promesse faite alors par le Gouvernement serbe d'adopter une attitude irréprochable n'a pas été tenue. Sous les yeux, tout au moins avec la tolérance tacite de la Serbie officielle, la propagande panserbe a continué, dans l'entretemps, à croître en étendue et intensité. C'est sur son compte qu'il faut mettre ce dernier forfait, dont on doit rechercher la trame à Belgrade. Il est indubitable qu'il ne serait conciliable ni avec la dignité, ni avec l'esprit de conservation de la Monarchie austro-hongroise, de rester plus longtemps inactive en présence de l'agitation qui se poursuit de ce côté-là de sa frontière et qui constitue une menace perpétuelle pour la sûreté et l'intégrité de ses territoires. En raison de cet état de choses, la conduite de même que les revendications du Gouvernement austro-hongrois doivent être considérées comme justifiées. Cependant l'attitude que l'opinion publique aussi bien que le Gouvernement ont adoptée dans ces derniers temps en Serbie, n'exclut pas la crainte que le Gouvernement serbe se refusera à accéder à ces réclamations et même qu'il se laissera entraîner à une attitude provocatrice à l'égard de l'Autriche-Hongrie. Si celle-ci ne veut pas renoncer définitivement à son rang de Grande Puissance, il ne restera au Gouvernement austro-hongrois plus rien d'autre à faire qu'à poursuivre ses revendications auprès du Gouvernement serbe en exerçant une forte pression et, au besoin, en prenant des mesures militaires dont le choix des moyens doit lui être laissé. »

L'Ambassadeur d'Allemagne a appelé particulièrement mon attention sur les deux derniers paragraphes de sa Note, indiquant avec insistance, avant de les lire, que c'était là le point capital. J'en ai noté littéralement le texte, que voici : « Le Gouvernement allemand estime que la question actuelle est une affaire à régler exclusivement entre l'Autriche-Hongrie et la Serbie et que les Puissances ont le plus sérieux intérêt à la restreindre aux deux Parties intéressées.

« Le Gouvernement allemand désire ardemment que le conflit soit localisé, toute intervention d'une autre Puissance devant, par le jeu naturel des alliances, provoquer des conséquences incalculables. »

J'ai fait remarquer à l'Ambassadeur d'Allemagne qu'autant il paraîtrait légitime qu'on demandât la punition de tous les complices de l'attentat de Serajevo, autant, au contraire, il semblait difficile d'exiger des mesures inacceptables pour la dignité et la souveraineté de la Serbie : le Gouvernement serbe, même s'il voulait s'y soumettre, risquerait d'être emporté par une révolution.

J'ai également fait observer à M. de Schoen que sa Note n'envisageait que deux hypothèses : celle d'un refus pur et simple, ou celle d'une attitude de provocation de la Serbie. Une troisième hypothèse (qui laisserait la porte ouverte à un accommodement) devrait, en tous cas, être envisagée : celle d'une acceptation de la Serbie, qui consentirait à donner immédiatement toutes les satisfactions pour la punition des complices et toutes les garanties pour la répression de la propagande anti-autrichienne, compatibles avec sa souveraineté et sa dignité.

J'ai ajouté que si, dans cette limite, les satisfactions poursuivies par l'Autriche étaient admissibles, les modalités de leur application pourraient être examinées ; si la Serbie donnait des preuves évidentes de bonne volonté, on ne pourrait comprendre que l'Autriche refusât de se prêter à la conversation.

Peut-être ne fallait-il pas rendre trop difficile à de tierces Puissances. qui ne sauraient ni moralement ni sentimentalement se désintéresser de la Serbie, une attitude conforme au désir exprimé par l'Allemagne de localiser le conflit.

M. de Schoen a reconnu la valeur de ces considérations et a déclaré vaguement que l'espoir restait toujours possible. Comme je lui demandais s'il fallait attribuer à la Note autrichienne le caractère d'une simple mise en demeure, permettant une discussion, ou d'un ultimatum, il a répondu qu'il n'avait pas de sentiment personnel.

BIENVENU-MARTIN.

N° 29.

M. Jules CAMBON, Ambassadeur de France à Berlin,
     à M. BIENVENU-MARTIN, Ministre des Affaires étrangères p. i.

Berlin, le 24 juillet 1914.

La remise de la Note autrichienne à la Serbie a causé une profonde émotion. L'Ambassadeur d'Autriche déclare que son Gouvernement ne saurait rien retrancher de ses exigences. A la Wilhelmstrasse, ainsi que dans la presse, on tient le même langage.

La plupart des Chargés d'affaires présents à Berlin sont venus me voir ce matin. Ils manifestent peu d'espoir dans une issue pacifique. Le Chargé d'affaires de Russie a remarqué avec amertume que l'Autriche avait remis sa Note au moment même où le Président de la République et le Président du Conseil avaient quitté Pétersbourg. Il incline à penser qu'une grande partie de l'opinion en Allemagne souhaite la guerre et voudrait saisir cette occasion dans laquelle l'Autriche se montrera sans doute plus unie que par le passé et où l'Empereur d'Allemagne, par un sentiment de solidarité monarchique et par horreur de l'attentat, est moins porté à se montrer conciliant.

M. de Jagow doit me recevoir à la fin de l'après-midi.

Jules CAMBON.

N° 30.

M. Jules CAMBON, Ambassadeur de la République française à Berlin,
à M. BIENVENU-MARTIN, Ministre des Affaires étrangères p. i.

Berlin, le 24 juillet 1914.

J'ai demandé au Secrétaire d'État, dans l'entrevue que j'ai eue avec lui, aujourd'hui, s'il était exact, comme l'annonçaient les journaux, que l'Autriche eût remis une Note aux Puissances sur son différend avec la Serbie, s'il l'avait reçue, et comment il l'appréciait.

M. de Jagow m'a répondu affirmativement, ajoutant que la note était énergique, et qu'il l'approuvait, le Gouvernement Serbe ayant depuis longtemps lassé la patience autrichienne. Il considère d'ailleurs cette question comme d'ordre intérieur pour l'Autriche et il espère qu'elle sera localisée.

J'ai continué en lui disant que, n'ayant reçu encore aucune instruction, je ne voulais échanger avec lui que des vues toutes personnelles. Je lui ai demandé alors si vraiment le Cabinet de Berlin avait totalement ignoré les exigences autrichiennes avant qu'elles fussent communiquées à Belgrade et, comme il me l'affirmait, je lui ai manifesté ma surprise de le voir ainsi s'engager à soutenir des prétentions dont il ignorait la limite et la portée.

C'est bien, m'a dit M. de Jagow en m'interrompant, parce que nous causons entre nous personnellement que je vous laisse me dire cela. »

« Certainement, ai-je dit ; mais si Pierre Ier s'humilie, la Serbie sera probablement livrée à des troubles intérieurs ; cela ouvrira la porte à de nouvelles éventualités, et savez-vous où vous serez conduit par Vienne?» J'ai ajouté que le langage des journaux allemands n'était pas le langage de gens indifférents et étrangers à l'affaire, mais annonçait un appui actif. Enfin, j'ai remarqué que la brièveté du délai imparti à la Serbie pour se soumettre, impressionnerait fâcheusement l'Europe.

M. de Jagow me répondit qu'il s'attendait bien à « un peu d'émotion » de la part des amis de la Serbie, mais qu'il comptait qu'ils lui donneraient de bons conseils.

« Je ne doute pas, lui dis-je alors, que la Russie fasse effort auprès du Cabinet de Belgrade pour l'amener aux concessions acceptables ; mais ce qu'on demande à l'un pourquoi ne pas le demander à l'autre ; et si l'on compte que des conseils seront donnés à Belgrade, n'est-il pas légitime de compter que, d'un autre côté, des conseils seront aussi donnés à Vienne ? »

Le Secrétaire d'État se laissa aller à dire que cela dépendait des circonstances, mais se reprenant aussitôt, il répéta que l'affaire devait être localisée. Il me demanda si vraiment je trouvais la situation grave. « Assurément, lui répondis-je, car, si ce qui se passe a été réfléchi, je ne comprends pas qu'on ait coupé les ponts derrière soi. »

Tout indique que l'Allemagne se dispose à appuyer d'une façon singulièrement énergique l'attitude de l'Autriche. La faiblesse, manifestée depuis quelques années par l'alliée austro-hongroise, affaiblissait la confiance que l'on avait ici en elle. On la trouvait lourde à traîner. Les mauvais procès, comme l'affaire d'Agram et l'affaire Friedjung, rendaient sa police odieuse en la couvrant de ridicule. On ne lui demandait que d'être forte, mais l'on est satisfait qu'elle soit brutale.

Un article paru dans le *Lokal Anzeiger* de ce soir indique aussi dans la Chancellerie allemande un état d'esprit dont, à Paris, nous sommes naturellement portés à ne pas tenir assez de compte, je veux parler du sentiment de la solidarité monarchique. Je suis convaincu que ce point de vue doit être grandement considéré pour apprécier l'attitude de l'Empereur Guillaume, dont la nature impressionnable a dû être sensible à l'assassinat d'un Prince qui l'avait reçu quelques jours auparavant.

Il n'en est pas moins frappant de voir le soin avec lequel M. de Jagow, et tous les fonctionnaires placés sous ses ordres, affectent de dire à tout le monde qu'ils ignoraient la portée de la Note autrichienne remise à la Serbie.

Jules CAMBON.

———•———

N° 31.

M. PALÉOLOGUE, Ambassadeur de France à Saint-Pétersbourg,
à M. BIENVENU-MARTIN, Ministre des Affaires étrangères p. i.

Pétersbourg, le 24 juillet 1914.

L'Ambassadeur d'Autriche-Hongrie a donné communication à M. Sazonoff d'une note comminatoire à la Serbie.

Les dispositions de l'Empereur de Russie et de ses Ministres sont des plus pacifiques, ainsi que le Président de la République et le Président du Conseil ont pu s'en assurer directement ; mais l'ultimatum que le Gouvernement austro-hongrois vient de remettre au Cabinet de Belgrade apporte dans la situation un élément nouveau et inquiétant.

L'opinion publique russe ne tolérerait pas que l'Autriche fit violence à la Serbie. La brièveté du délai assigné pour l'ultimatum rend plus difficile encore l'action modératrice que les Puissances de la Triple Entente pourraient exercer à Vienne.

D'autre part, M. Sazonoff présume que l'Allemagne voudra soutenir son alliée, et je crains que cette impression ne soit exacte. La solidarité de la Triple Entente, en s'affirmant, peut seule empêcher les Puissances germaniques d'accentuer leur attitude provocante.

PALÉOLOGUE.

———•———

N° 32.

M. Paul CAMBON, Ambassadeur de France à Londres,
à M. BIENVENU-MARTIN, Ministre des Affaires étrangères p. i.

Londres, le 24 juillet 1914.

Sir Ed. Grey m'ayant entretenu de son désir de ne rien négliger pour conjurer la crise, nous avons été d'accord pour penser que le Cabinet anglais pourrait demander au Gouvernement allemand de prendre l'initiative d'une démarche à Vienne pour offrir une médiation, entre l'Autriche et la Serbie, des quatre Puissances non directement intéressées. Si l'Allemagne s'y prête, on gagnera du temps et c'est l'essentiel.

Sir Ed. Grey m'a dit qu'il entretiendrait le Prince Lichnowsky du projet que je viens d'exposer. J'en ai fait part à mon collègue de Russie, qui appréhende une surprise de l'Allemagne et suppose que l'Autriche n'aurait pas envoyé son ultimatum sans accord préalable avec Berlin.

Le Comte Benckendorff m'a dit que le Prince Lichnowsky, à son retour de congé, il y a un mois environ, lui avait témoigné des vues pessimistes au sujet des rapports entre Pétersbourg et Berlin. Il avait noté l'inquiétude causée dans cette dernière capitale par les bruits d'entente navale entre la Russie et l'Angleterre, par la visite du Tzar à Bucarest et par le renforcement de l'armée russe. Le Comte Benckendorff en avait conclu qu'on envisagerait volontiers en Allemagne une guerre avec la Russie.

Le Sous-Secrétaire d'État a été frappé, comme nous tous, de l'air soucieux du Prince Lichnowsky depuis son retour de Berlin et il pense que si l'Allemagne l'avait voulu, elle aurait pu empêcher la remise de l'ultimatum.

La situation est donc des plus graves, et nous ne voyons aucun moyen d'enrayer la marche des événements.

Cependant le Comte Benckendorff croit bon de tenter la démarche sur laquelle je me suis mis d'accord avec Sir Ed. Grey.

Paul CAMBON.

N° 33.

M. Paul CAMBON, Ambassadeur de France à Londres,

à M. BIENVENU-MARTIN, Ministre des Affaires étrangères p. i.

Londres, le 24 juillet 1914.

Le Ministre serbe a reçu cette nuit de M. Pachitch un télégramme disant que le Gouvernement austro-hongrois lui avait adressé son ultimatum dont le délai expire demain, soit samedi à 6 heures. M. Pachitch ne donne pas les termes de la communication autrichienne, mais, si elle est telle que le *Times* de ce jour le rapporte, il semble impossible que le Gouvernement serbe puisse l'accepter.

Nous nous sommes demandé avec mon collègue russe, qui considère comme extrêmement difficile pour son Gouvernement de ne pas soutenir la Serbie, quelle intervention pourrait arrêter le conflit.

Sir Ed. Grey m'ayant convoqué pour cet après-midi, je me propose de lui suggérer de réclamer l'intervention officieuse du Gouvernement allemand à Vienne pour empêcher une attaque subite.

Paul CAMBON.

N° 34.

M. BIENVENU-MARTIN, Ministre des Affaires étrangères p. i.,

à Stockholm (pour le Président du Conseil), Belgrade, Saint-Pétersbourg, Berlin, Vienne, Rome.

Paris, le 24 juillet 1914.

L'Ambassadeur d'Autriche ayant communiqué la Note de son Gouvernement à Sir Ed. Grey, celui-ci a fait observer que jamais déclaration aussi formidable n'avait été adressée par un Gouvernement à un autre ; il a attiré l'attention du Comte Mensdorff sur les responsabilités assumées par l'Autriche.

Envisageant une possibilité de conflit entre l'Autriche et la Russie, Sir Ed. Grey se propose de réclamer le concours du Gouvernement allemand en vue d'une médiation des quatre Puissances non intéressées directement dans l'affaire Serbe : Angleterre, France, Italie et Allemagne ; cette médiation s'exercerait à la fois à Vienne et à Pétersbourg.

J'ai donné au Ministre de Serbie des conseils de prudence et suis disposé à m'associer à toute action conciliante à Vienne, dans l'espoir que l'Autriche ne maintiendra pas l'intégralité de ses exigences vis-à-vis d'un petit État, si celui-ci se montre disposé à donner toutes les satisfactions jugées compatibles avec son indépendance et sa souveraineté.

BIENVENU-MARTIN.

N° 35.

M. Jules CAMBON, Ambassadeur de France à Berlin,
à M. BIENVENU-MARTIN, Ministre des Affaires étrangères p. i.

Berlin, le 25 juillet 1914.

Le Ministre de Belgique se montre très préoccupé des événements.

Il considère que l'Autriche et l'Allemagne ont voulu profiter du concours de circonstances qui fait qu'en ce moment la Russie et l'Angleterre leur paraissent menacées de troubles intérieurs, et qu'en France le régime militaire est discuté ; aussi ne croit-il pas à l'ignorance que le Gouvernement de Berlin affecte au sujet de la démarche de l'Autriche.

Il pense que si la forme n'en a pas été soumise au cabinet de Berlin, le moment en a été habilement choisi avec lui pour surprendre la Triple Entente dans un moment de désorganisation.

Il a vu l'Ambassadeur d'Italie qui vient d'interrompre son congé pour rentrer. Il paraîtrait que l'Italie serait surprise, pour ne pas dire plus, d'avoir été tenue à l'écart de toute l'affaire par ses deux alliées.

Jules CAMBON.

N° 36.

M. Bienvenu-Martin, Ministre des Affaires étrangères p. i.,
à Stockholm (pour le Président du Conseil), et à Londres, Berlin,
Pétersbourg, Vienne.

Paris, le 25 juillet 1914.

L'Ambassadeur d'Allemagne est venu protester à midi contre un article de *L'Echo de Paris*, qui qualifiait de « menace allemande » sa démarche d'hier. M. de Schoen a dit à un certain nombre de journalistes, et est venu affirmer à la Direction politique, qu'il n'y a pas eu « concert » entre l'Autriche et l'Allemagne pour la Note autrichienne et que le Gouvernement allemand ignorait celle-ci, bien qu'il l'eût approuvée ultérieurement, quand elle lui a été communiquée en même temps qu'aux autres Puissances.

Le Baron de Schoen a ajouté qu'il n'y avait pas davantage « menace » : le Gouvernement allemand s'était contenté d'indiquer qu'il estimait désirable de localiser le conflit et que l'intervention d'autres Puissances risquerait de l'aggraver.

Le Directeur Politique p. i. a pris acte de la démarche du Baron de Schoen. L'ayant prié de répéter les termes mêmes des deux derniers paragraphes de sa Note, il lui a fait remarquer que les termes indiquaient la volonté de l'Allemagne de s'interposer entre les Puissances et l'Autriche. M. Berthelot a ajouté qu'aucune confidence n'ayant d'ailleurs été faite à aucun journaliste, l'information de *L'Echo de Paris* n'engageait que ce journal, et marquait seulement que la démarche allemande paraissait avoir été connue autre part qu'au Quai d'Orsay, et en dehors de lui. L'Ambassadeur d'Allemagne n'a pas relevé l'allusion.

D'autre part, l'Ambassadeur d'Autriche à Londres est venu également rassurer Sir Edward Grey, en lui disant que la Note autrichienne ne constituait pas un « ultimatum », mais une « demande de réponse avec limitation de temps » ; ce qui signifiait que, si les demandes autrichiennes ne sont pas acceptées ce soir à six heures, le Ministre d'Autriche quittera Belgrade, et le Gouvernement austro-hongrois commencera les actes de « préparation » militaire, mais non les « opérations » militaires

Le Cabinet de Londres, comme ceux de Paris et de Pétersbourg, a fait donner à Belgrade le conseil d'exprimer des regrets pour les complicités qui pourraient être prouvées dans l'attentat de Serajevo et de promettre à cet égard les plus larges satisfactions. Il a ajouté que, pour le reste, c'est à la Serbie qu'il appartient de répondre, dans les termes que l'intérêt du pays lui paraîtra conseiller. Le Ministre d'Angleterre à Belgrade doit consulter ses collègues français et russe et conseiller au Gouvernement serbe, si ceux-ci en ont également l'instruction, de donner satisfaction sur tous les points où il jugera pouvoir le faire.

Sir E. Grey a dit au Prince Lichnowsky (qui ne lui a fait jusqu'ici aucune communication analogue à celle de M. de Schoen à Paris) que, si la note autrichienne n'amenait aucune difficulté entre l'Autriche et la Russie, le Gouvernement anglais n'aurait pas à s'en occuper, mais qu'il était à craindre que la raideur de la Note et la brièveté du délai indiqué n'amenassent une tension. Dans ces conditions, la seule chance qu'on aperçoive d'éviter un conflit consisterait dans une médiation de la France, de l'Allemagne, de l'Italie et de l'Angleterre, l'Allemagne seule pouvant exercer dans ce sens une action sur le Gouvernement de Vienne.

L'Ambassadeur d'Allemagne a répondu qu'il transmettrait cette suggestion à Berlin, mais a laissé entendre à l'Ambassadeur de Russie, qui est son parent, que l'Allemagne ne se prêterait à aucune démarche à Vienne.

BIENVENU-MARTIN.

N° 37.

M. DE FLEURIAU, Chargé d'Affaires de France à Londres,
    à M. BIENVENU-MARTIN, Ministre des Affaires étrangères p. i.

Londres, le 25 juillet 1914.

L'Ambassadeur d'Allemagne est venu au Foreign Office affirmer que son Gouvernement refuserait de s'immiscer dans le conflit qui divise l'Autriche et la Serbie.

Sir E. Grey a répondu que, sans le concours de l'Allemagne à Vienne, l'Angleterre ne saurait agir à Pétersbourg. Si cependant l'Autriche et la Russie mobilisaient toutes deux, ce serait bien l'occasion d'une intervention des quatre autres Puissances. Le Gouvernement allemand maintiendrait-il alors son attitude passive et refuserait-il de se joindre à l'Angleterre, à la France et à l'Italie ?

Le Prince Lichnowsky ne le pense pas, puisqu'il ne s'agirait plus de difficultés entre Vienne et Belgrade, mais d'un conflit entre Vienne et Pétersbourg.

Sir E. Grey a ajouté cette observation que, si la guerre venait à éclater, aucune Puissance en Europe ne pourrait s'en désintéresser.

DE FLEURIAU.

N° 38.

M. PALÉOLOGUE, Ambassadeur de France à Saint-Pétersbourg,
    à M. BIENVENU-MARTIN, Ministre des Affaires étrangères p. i.

Pétersbourg, le 25 juillet 1914.

Le Gouvernement Russe va s'efforcer d'obtenir du Gouvernement austro-hongrois une prolongation du délai assigné par l'ultimatum, afin que les Puissances puissent se former une opinion sur le dossier judiciaire dont la communication leur est offerte.

M. Sazonoff a prié l'Ambassadeur d'Allemagne de signaler à son Gouvernement le danger de la situation ; il s'est abstenu toutefois de faire allusion aux mesures que la Russie serait sans doute amenée à prendre, si la Serbie était menacée dans son indépendance nationale ou dans l'intégrité de son territoire ; les réponses évasives et les récriminations du Comte de Pourtalès ont laissé à M. Sazonoff une impression défavorable.

Un Conseil des ministres sera tenu demain sous la présidence de l'Empereur. M. Sazonoff garde toute sa modération : « Il faut éviter, m'a-t-il dit, tout ce qui pourrait précipiter la crise. J'estime que, même si le Gouvernement austro-hongrois passait à l'action contre la Serbie, nous ne devrions pas rompre les négociations ».

PALÉOLOGUE.

N° 39.

M. BIENVENU-MARTIN, Ministre des Affaires étrangères p. i.,
à M. DUMAINE, Ambassadeur de France à Vienne.

Paris, le 25 juillet 1914.

Le Gouvernement russe a donné comme instructions à son représentant à Vienne de demander au Gouvernement autrichien une prolongation du délai fixé à la Serbie, pour permettre aux Puissances de se faire une opinion sur le dossier que l'Autriche a offert de leur communiquer, et en vue d'éviter des conséquences regrettables pour tous.

Un refus opposé par l'Autriche-Hongrie à cette demande ôterait toute signification à la démarche qu'elle a faite auprès des Puissances, en leur communiquant sa Note, et la mettrait en contradiction avec la morale internationale.

Le Gouvernement russe a demandé que vous fassiez d'urgence une démarche analogue auprès du Comte Berchtold ; je vous prie d'appuyer la demande de votre collègue. Le Gouvernement russe a adressé la même demande à Londres, Rome, Berlin et Bucarest.

BIENVENU-MARTIN.

N° 40.

M. de Fleuriau, Chargé d'affaires de France à Londres,
à **M. Bienvenu-Martin**, Ministre des Affaires étrangères p. i.

Londres, le 25 juillet 1914.

Sir Ed. Grey a reçu communication ce matin des instructions qui prescrivent à l'Ambassadeur de Russie à Vienne, de demander la prolongation du délai donné à la Serbie par la Note autrichienne d'avant-hier. M. Sazonoff demandait que la démarche russe fût appuyée par l'Ambassade d'Angleterre.

Sir Ed. Grey a télégraphié à Sir M. de Bunsen de s'exprimer dans le même sens que son collègue russe et de rappeler la communication autrichienne qui lui a été faite hier soir tard par le Comte Mensdorf, communication aux termes de laquelle le défaut d'adhésion de la Serbie aux conditions de l'ultimatum n'entraînerait, dès aujourd'hui, qu'une rupture diplomatique et non des opérations militaires immédiates.

Sir Ed. Grey en concluait que le temps serait laissé aux Puissances pour intervenir et chercher les moyens de dénouer la crise.

DE FLEURIAU.

N° 41.

M. Jules Cambon, Ambassadeur de France à Berlin,
à **M. Bienvenu-Martin**, Ministre des Affaires étrangères p. i.

Berlin, le 25 juillet 1914.

Ce matin, le Chargé d'affaires d'Angleterre a demandé à M. de Jagow, d'après les ordres de son Gouvernement, si l'Allemagne voudrait se joindre à l'Angleterre, à la France et à l'Italie, pour intervenir auprès de l'Autriche et de la Russie afin d'empêcher un conflit et, en premier lieu, pour demander à Vienne une prolongation du délai imparti à la Serbie par l'ultimatum.

Le Secrétaire d'État aux Affaires étrangères a répondu qu'il avait déjà, dès la réception de la dépêche du Prince Lichnowsky lui faisant part des intentions de Sir E. Grey, télégraphié ce matin même à l'Ambassadeur de la Grande-Bretagne à Vienne pour qu'il demandât cette prolongation au Comte Berchtold. Malheureusement le Comte Berchtold est à Ischl. Au reste, M. de Jagow ne croit pas que cette demande soit accueillie.

Le Chargé d'affaires d'Angleterre s'est également enquis auprès de M. de Jagow, comme je l'avais fait hier, si l'Allemagne n'avait eu aucune connaissance de la Note autrichienne avant qu'elle fût lancée, et a reçu une réponse si nettement négative qu'il ne pourrait insister; mais il n'a pu s'empêcher de s'étonner du blanc-seing donné par l'Allemagne à l'Autriche.

M. de Jagow lui ayant répondu que la question était pour l'Autriche une question intérieure, il a remarqué qu'elle était devenue au premier chef internationale.

Jules CAMBON.

N° 42.

M. Jules CAMBON, Ambassadeur de France à Berlin,
à M. le Ministre des Affaires étrangères p. i.

Berlin, le 25 juillet 1914.

Le Chargé d'affaires de Russie a reçu pour instruction de demander au Gouvernement allemand d'insister auprès du Cabinet de Vienne, en vue de faire prolonger le délai de l'ultimatum.

M. de Jagow ne lui ayant donné rendez-vous qu'à la fin de l'après-midi, c'est-à-dire au moment où l'ultimatum viendra à échéance, M. Broniewski a envoyé d'urgence une note écrite au Secrétaire d'État, dans laquelle il marque que le retard de la communication faite par l'Autriche aux Puissances rend l'effet de cette communication illusoire, puisqu'elle ne leur laisse pas le temps de prendre connaissance des faits allégués, avant l'expiration du délai fixé. Il insiste très vivement sur la nécessité de le prolonger, si l'on n'a pas en vue de créer une grande crise.

Jules CAMBON.

N° 43.

M. Jules CAMBON, Ambassadeur de France à Berlin,
à M. BIENVENU-MARTIN, Ministre des Affaires étrangères p. i.

Berlin, le 25 juillet 1914.

Le Chargé d'affaires de Russie a fait auprès du Secrétaire d'État la démarche qui lui était prescrite, en vue d'une prolongation du délai de l'ultimatum; M. de Jagow lui a répondu qu'il avait déjà transmis une indication de ce genre à Vienne, mais qu'il estimait que toutes ces démarches étaient trop tardives.

M. Broniewski a insisté, en disant que, si le délai ne pouvait être prolongé, les mesures d'exécution pouvaient au moins être retardées, de manière à permettre aux Puissances de s'employer à éviter un conflit. Il a ajouté que la Note autrichienne était conçue dans des termes calculés pour blesser la Serbie et la forcer à la guerre.

M. de Jagow lui a répondu qu'il ne s'agissait pas d'une guerre, mais d'une « exécution » dans une affaire locale.

Le Chargé d'affaires a repris, en exprimant le regret que le Gouvernement allemand ne mesurât pas ses responsabilités dans le cas où des hostilités se produiraient, qui pourraient s'étendre au reste de l'Europe : à quoi, M. de Jagow a répondu qu'il se refusait à croire à de pareilles conséquences.

Le Chargé d'affaires de Russie a recueilli comme moi le bruit que l'Autriche, tout en déclarant ne vouloir aucune annexion de territoire, occuperait des parties de la Serbie jusqu'à ce qu'elle ait complète satisfaction. « On sait, m'a-t-il dit, ce que signifie ce mot satisfaction ». Les impressions de M. Broniewski sur les arrière-pensées de l'Allemagne sont très pessimistes.

Jules CAMBON.

———◆———

N° 44.

M. BARRÈRE, Ambassadeur de France à Rome,
à M. BIENVENU-MARTIN, Ministre des Affaires étrangères p. i.

Rome, le 25 juillet 1914.

L'Ambassadeur de Russie a fait à la Consulta la démarche prescrite par M. Sazonoff aux représentants de la Russie à Paris, Berlin, Rome, Bucarest, et qui tendait à obtenir de ces différents Cabinets qu'ils associent leur action à celle de la Russie à Vienne en vue d'obtenir une prolongation du délai imparti à la Serbie.

En l'absence du Marquis de San Giuliano, M. Salandra et M. de Martino ont répondu qu'ils se mettraient en rapport avec le Ministre des Affaires étrangères, mais que sa réponse ne pourrait leur parvenir que vers six heures, c'est-à-dire trop tard pour entreprendre une démarche à Vienne.

BARRÈRE.

———◆———

N° 45.

M. DUMAINE, Ambassadeur de France à Vienne,
à M. BIENVENU-MARTIN, Ministre des Affaires étrangères p. i.

Vienne, le 25 juillet 1914.

Le Chargé d'affaires de Russie a reçu de son Gouvernement l'ordre de demander un délai pour l'ultimatum à la Serbie, au moment même où le Comte Berchtold partait pour Ischl avec l'intention, au dire des journaux, d'y rester près de l'Empereur jusqu'à la fin de la crise.

Le prince Koudacheff l'a néanmoins informé de la démarche qu'il avait à remplir par deux télégrammes en clair, l'un en cours de route, l'autre à destination. Il n'en attend aucun effet.

Le Baron Macchio, Secrétaire général du Ministère des Affaires étrangères, à qui le Prince a communiqué le sens de ses instructions et de sa démarche télégraphique, a témoigné une froideur glaciale quand son interlocuteur lui a représenté que donner à juger des griefs avec pièces justificatives, sans laisser le temps d'étudier le dossier, est contraire à la courtoisie internationale ; le Baron Macchio a répliqué que parfois l'intérêt dispense d'être courtois.

Le Gouvernement autrichien est résolu à infliger à la Serbie une humiliation : il n'acceptera l'intervention d'aucune Puissance, jusqu'à ce que le coup ait été porté et reçu en pleine face par la Serbie.

DUMAINE.

N° 46.

M. BOPPE, Ministre de France à Belgrade,

à M. BIENVENU-MARTIN, Ministre des Affaires étrangères p. i.

Belgrade, le 25 juillet 1914.

M. Pachitch vient de me donner connaissance de la réponse qui sera remise ce soir au Ministre d'Autriche.

Le Gouvernement serbe accepte de publier demain au *Journal officiel* la déclaration qui lui est demandée ; il la communiquera également à l'armée, par un ordre du jour ; il dissoudra les sociétés de défense nationale et toutes autres associations susceptibles d'agir contre l'Autriche-Hongrie ; il s'engage à modifier la loi sur la presse, à renvoyer du service de l'armée, de l'instruction publique et des autres administrations, tous fonctionnaires dont la participation dans la propagande sera prouvée ; il demande seulement que le nom de ces fonctionnaires lui soit communiqué.

Quant à la participation dans l'enquête de fonctionnaires autrichiens, il demande qu'on lui explique comment elle s'exercerait ; il ne pourrait accepter que celle qui correspondrait au droit international ou aux relations de bon voisinage.

Il accepte toutes les autres exigences de l'ultimatum et déclare que si le Gouvernement austro-hongrois ne s'en contente pas, il est prêt à s'en remettre à la décision du Tribunal de La Haye, ou à celle des grandes Puissances qui ont pris part à l'élaboration de la déclaration du 31 mars 1909.

BOPPE.

N° 47.

M. Jules Cambon, Ambassadeur de France à Berlin,

à M. **Bienvenu-Martin**, Ministre des Affaires étrangères p. i.

Berlin, le 25 juillet 1914.

Pendant tout l'après-midi le bruit a couru avec persistance que la Serbie se soumettait aux exigences autrichiennes ; ce soir les journaux publient des suppléments annonçant la rupture à Belgrade et le départ du Ministre d'Autriche-Hongrie.

Ce bruit vient d'être confirmé au correspondant de l'Agence Havas à la Wilhelmstrasse. Des groupes considérables de plusieurs centaines de personnes stationnent ici devant les bureaux des journaux, et une nombreuse manifestation de jeunes gens vient de passer sur Pariser-platz en poussant des cris de « hurrah ! » pour l'Allemagne, et en chantant des chants patriotiques ; elle se rend à la Colonne de la Victoire, à l'Ambassade d'Autriche, puis à celle d'Italie. C'est une explosion significative de chauvinisme.

Une personnalité allemande, que j'ai vue ce soir, m'a avoué qu'on avait craint ici que la Serbie n'acceptât en bloc la note autrichienne, en se réservant d'en discuter l'application, pour gagner du temps et permettre aux efforts des Puissances de se produire utilement avant la rupture.

Dans les milieux financiers, on prend déjà des mesures pour parer à toute éventualité, car on n'y aperçoit pas le moyen d'enrayer la crise, en présence de l'appui déterminé que donne l'Allemagne à l'Autriche.

Je ne vois, pour moi, que l'Angleterre qui puisse, en Europe, être écoutée à Berlin.

Quoi qu'il arrive, Paris, Pétersbourg et Londres ne parviendront à maintenir dignement la paix qu'en se montrant fermement et absolument unis.

Jules **Cambon**.

N° 48.

M. Dumaine, Ambassadeur de France à Vienne,

à M. **Bienvenu-Martin**, Ministre des Affaires étrangères p. i.

Vienne, le 25 juillet 1914.

On me remet votre télégramme précisément à l'heure où expire le délai imparti à la Serbie. D'autre part, je viens de vous faire savoir dans quelles conditions le Chargé d'affaires de Russie a dû exécuter sa démarche. Il semble inutile de l'appuyer quand il n'en est plus temps.

Dans l'après-midi, le bruit s'était répandu que la Serbie avait cédé à l'ultimatum, tout en ajoutant qu'elle en appelait aux Puissances. Mais on assure, au dernier moment, que le Ministre d'Autriche vient de quitter précipitamment Belgrade ; il aurait jugé insuffisante l'adhésion du Gouvernement serbe aux conditions posées par son Gouvernement.

DUMAINE.

N° 49.

Réponse du Gouvernement serbe à la Note austro-hongroise.

(Communiqué par M. Vesnitch, Ministre de Serbie, le 27 juillet.)

Belgrade, le 25 juillet 1914.

Le Gouvernement royal serbe a reçu la communication du Gouvernement impérial et royal de 10/23 de ce mois et il est persuadé que sa réponse éloignera tout malentendu qui menace de compromettre les bons rapports de voisinage entre la Monarchie austro-hongroise et le Royaume de Serbie.

Le Gouvernement royal a conscience que les protestations qui ont apparu tant à la tribune de la Skoupchtina nationale que dans les déclarations et les actes des représentants responsables de l'État, protestations auxquelles coupa court la déclaration du Gouvernement serbe faite le 18/31 mars 1909, ne se sont plus renouvelées vis-à-vis de la grande Monarchie voisine en aucune occasion, et que depuis ce temps, autant de la part des Gouvernements royaux qui se sont succédé que de la part de leurs organes, aucune tentative n'a été faite dans le but de changer l'état de choses politique et juridique créé en Bosnie-Herzégovine.

Le Gouvernement royal constate que, sous ce rapport, le Gouvernement impérial et royal n'a fait aucune représentation, sauf en ce qui concerne un livre scolaire, représentation au sujet de laquelle le Gouvernement impérial et royal a reçu une explication entièrement satisfaisante.

La Serbie a, à de nombreuses reprises, donné des preuves de sa politique pacifique et modérée pendant la durée de la crise balkanique, et c'est grâce à la Serbie et aux sacrifices qu'elle a faits dans l'intérêt exclusif de la paix européenne, que cette paix a été préservée.

Le Gouvernement royal ne peut pas être rendu responsable des manifestations d'un caractère privé telles que les articles des journaux et les agissements des sociétés, manifestations qui se produisent dans presque tous les pays comme une chose ordinaire et qui échappent en règle générale au contrôle officiel, d'autant moins que le Gouvernement royal, lors de la solution de toute une série de questions qui se sont présentées entre la Serbie et l'Autriche-Hongrie, a montré une grande prévenance et a réussi, de cette façon, à en régler le plus grand nombre au profit du progrès des deux pays voisins.

C'est pourquoi le Gouvernement royal a été péniblement surpris par les affirmations d'après lesquelles des personnes du Royaume de Serbie auraient participé à la préparation de l'attentat commis à Serajevo. Il s'attendait à être invité à collaborer à la recherche de tout ce qui se rapporte à ce crime et il était prêt, pour prouver par des actes son entière correction, à agir contre toutes les personnes à l'égard desquelles des communications lui seraient faites.

Se rendant donc au désir du Gouvernement impérial et royal, le Gouvernement royal est disposé à remettre aux tribunaux tout sujet serbe, sans égard à sa situation et à son rang, pour la complicité duquel, dans le crime de Serajevo, des preuves lui seraient fournies.

Il s'engage spécialement à faire publier à la première page du *Journal officiel* en date du 13/26 juillet l'énonciation suivante:

« Le Gouvernement royal de Serbie condamne toute propagande qui serait dirigée contre l'Autriche-Hongrie, c'est-à-dire l'ensemble des tendances qui aspirent en dernier lieu à détacher de la Monarchie austro-hongroise des territoires qui en font partie, et il déplore sincèrement les conséquences funestes de ces agissements criminels.

« Le Gouvernement royal regrette que certains officiers et fonctionnaires serbes aient participé, d'après la communication du Gouvernement impérial et royal, à la propagande susmentionnée et compromis par là les relations de bon voisinage auxquelles le Gouvernement royal s'était solennellement engagé par la déclaration du 18/31 mars 1909.

Le Gouvernement, qui désapprouve et répudie toute idée ou tentative d'une immixtion dans les destinées des habitants de quelque partie de l'Autriche-Hongrie que ce soit, considère qu'il est de son devoir d'avertir formellement les officiers, les fonctionnaires et toute la population du royaume que, dorénavant, il procédera avec la dernière rigueur contre les personnes qui se rendraient coupables de pareils agissements, qu'il mettra tous ces efforts à prévenir et à réprimer ».

Cette énonciation sera portée à la connaissance de l'armée royale par un ordre du jour, au nom de Sa Majesté le roi par S. A. R. le prince héritier Alexandre et sera publiée dans le prochain Bulletin officiel de l'armée.

Le Gouvernement royal s'engage en outre :

1° A introduire, dans la première convocation régulière de la Skoupchtina, une disposition dans la loi de la presse par laquelle sera punie de la manière la plus sévère la provocation à la haine et au mépris de la Monarchie austro-hongroise, ainsi que contre toute publication dont la tendance générale serait dirigée contre l'intégrité territoriale de l'Autriche-Hongrie.

Il se charge, lors de la revision de la Constitution, qui est prochaine, de faire introduire dans l'article 22 de la Constitution un amendement de telle sorte que les publications ci-dessus puissent être confisquées, ce qui, actuellement, aux termes catégoriques de l'article 22 de la Constitution, est impossible.

2° Le Gouvernement ne possède aucune preuve et la Note du Gouvernement impérial et royal ne lui en fournit non plus aucune que la Société « Norodna Odbrana » et les autres sociétés similaires aient commis jusqu'à ce jour quelque acte criminel de ce genre par le fait d'un de leurs membres. Néanmoins, le Gouvernement royal acceptera la demande du Gouvernement impérial et royal et dissoudra la Société « Norodna Odbrana » et toute autre société qui agirait contre l'Autriche-Hongrie.

3° Le Gouvernement royal serbe s'engage à éliminer sans délai de l'instruction publique en Serbie tout ce qui sert ou pourrait servir à fomenter la propagande contre l'Autriche-Hongrie, quand le Gouvernement impérial et royal lui fournira des faits et des preuves de cette propagande.

4o Le Gouvernement royal accepte du moins d'éloigner du service militaire ceux dont l'enquête judiciaire aura prouvé qu'ils sont coupables d'actes dirigés contre l'intégrité du territoire de la Monarchie austro-hongroise ; il attend que le Gouvernement impérial et royal lui communique ultérieurement les noms et les faits de ces officiers et fonctionnaires aux fins de la procédure qui doit s'ensuivre.

5o Le Gouvernement royal doit avouer qu'il ne se rend pas clairement compte du sens et de la portée de la demande du Gouvernement impérial et royal tendant à ce que la Serbie s'engage à accepter sur son territoire la collaboration des organes du Gouvernement impérial et royal.

Mais il déclare qu'il admettra toute collaboration qui répondrait aux principes du droit international et à la procédure criminelle, ainsi qu'aux bons rapports de voisinage.

6o Le Gouvernement royal, cela va de soi, considère de son devoir d'ouvrir une enquête contre tous ceux qui sont ou qui, éventuellement, auraient été mêlés au complot du 15/28 juin et qui se trouveraient sur le territoire du royaume. Quant à la participation à cette enquête des agents des autorités austro-hongroises qui seraient délégués à cet effet par le Gouvernement impérial et royal, le Gouvernement royal ne peut pas l'accepter, car ce serait une violation de la Constitution et de la loi sur la procédure criminelle. Cependant, dans des cas concrets, des communications sur les résultats de l'instruction en question pourraient être données aux organes austro-hongrois.

7o Le Gouvernement royal a fait procéder, dès le soir même de la remise de la Note, à l'arrestation du commandant Voija Tankositch. Quant à Milan Ciganovitch, qui est sujet de la Monarchie austro-hongroise et qui, jusqu'au 15/28 juin, était employé (comme aspirant) à la direction des chemins de fer, il n'a pas pu encore être joint. Le Gouvernement impérial et royal est prié de vouloir bien, dans la forme accoutumée, faire connaître le plus tôt possible les présomptions de culpabilité, ainsi que les preuves éventuelles de culpabilité qui ont été recueillies jusqu'à ce jour par l'enquête à Serajevo, aux fins d'enquêtes ultérieures.

8o Le Gouvernement serbe renforcera et étendra les mesures prises pour empêcher le trafic illicite d'armes et d'explosifs à travers la frontière. Il va de soi qu'il ordonnera tout de suite une enquête et punira sévèrement les fonctionnaires des frontières sur la ligne Schabac-Loznica, qui ont manqué à leur devoir et laissé passer les auteurs du crime de Serajevo.

9o Le Gouvernement royal donnera volontiers des explications sur les propos que ces fonctionnaires, tant en Serbie qu'à l'étranger, ont tenu après l'attentat dans des interwiews et qui, d'après l'affirmation du Gouvernement impérial et royal, ont été hostiles à la Monarchie, dès que le Gouvernement impérial et royal lui aura communiqué les passages en question de ces propos, et dès qu'il aura démontré que les propos employés ont, en effet, été tenus par lesdits fonctionnaires, propos au sujet desquels le Gouvernement royal lui-même aura soin de recueillir des preuves et convictions.

10º Le Gouvernement royal informe le Gouvernement impérial et royal de l'exécution des mesures comprises dans les points précédents en tant que cela n'a pas été déjà fait par la présente Note. Aussitôt que chaque mesure aura été ordonnée et exécutée, dans le cas où le Gouvernement impérial et royal ne serait pas satisfait de cette réponse, le Gouvernement royal serbe, considérant qu'il est de l'intérêt commun de ne pas précipiter la solution de cette question, est prêt, comme toujours, à accepter une entente pacifique, en remettant cette question soit à la décision du Tribunal international de La Haye, soit aux grandes Puissances qui ont pris part à l'élaboration de la déclaration que le Gouvernement serbe a faite le 18/31 mars 1909.

CHAPITRE IV

DE LA RUPTURE DES RELATIONS DIPLOMATIQUES

(25 JUILLET 1914),

A LA DÉCLARATION DE GUERRE DE L'AUTRICHE A LA SERBIE

(28 JUILLET 1914)

N° 50.

M. Bienvenu-Martin, Ministre des Affaires étrangères p. i.,
à bord de *la France* (pour le Président du Conseil), et à MM. les Ambassadeurs de France à Londres, Pétersbourg, Berlin, Vienne, Rome.

Paris, le 26 juillet 1914.

On peut résumer ainsi les événements de samedi : refus de l'Autriche d'accéder à la prolongation de délai demandée par la Russie, — départ du Ministre d'Autriche de Belgrade après remise d'une réponse à la Serbie, estimée insuffisante, bien qu'elle eût atteint la limite des concessions jugées possibles, — ordre de mobilisation donné en Serbie, dont le Gouvernement s'est retiré à Kragoujewatz, où il est suivi par les Ministres de France et de Russie.

Le Gouvernement italien, à qui la Note autrichienne a été communiquée vendredi, sans demande d'appui ni même d'avis, n'a pas, en l'absence du Marquis de San Giuliano qui ne rentre que mardi, pu répondre à la suggestion du Gouvernement russe qui proposait d'insister à Vienne pour une prolongation de délai. Il résulte d'une confidence de l'Ambassadeur d'Italie à M. Paléologue qu'à Vienne on continue à se bercer de l'illusion que la Russie « ne tiendra pas le coup ». Il ne faut pas oublier que l'Italie n'est tenue par les engagements de la Triple Alliance que si elle a été préalablement consultée.

De Pétersbourg, nous apprenons que M. Sazonoff a conseillé à la Serbie de demander la médiation anglaise. Dans le Conseil des Ministres du 25, tenu en présence de l'Empereur, la mobilisation des treize corps d'armée éventuellement destinés à opérer contre l'Autriche a été envisagée ; cette mobilisation ne serait toutefois rendue effective que si l'Autriche contraignait la Serbie par la force des armes, et seulement après avis du Ministre des Affaires étrangères, à qui le soin incombe de fixer la date, liberté lui étant laissée de continuer les négociations même dans le cas où Belgrade serait occupée. L'opinion russe manifeste l'impossibilité politique et morale pour la Russie de laisser écraser la Serbie.

A Londres, la démarche allemande a été faite le 25, dans les mêmes termes que par le Baron de Schoen à Paris. Sir E. Grey a répondu au Prince Lichnowski que, si la guerre venait à éclater, aucune puissance en Europe ne pourrait s'en désintéresser. Il n'a pas précisé davantage et a tenu un langage très réservé au Ministre de Serbie. La communication faite le 25 au soir par l'Ambassadeur d'Autriche rend Sir E. Grey plus optimiste ; puisque la rupture diplomatique ne doit pas entraîner des opérations militaires immédiates, le Secrétaire d'État veut encore espérer que les Puissances auront le temps d'intervenir.

A Berlin, le langage tenu par le Secrétaire d'État au Chargé d'affaires de Russie est peu satisfaisant et dilatoire ; comme celui-ci lui demandait de s'associer à une démarche à Vienne pour une prolongation de délai, il a répondu qu'il avait déjà agi dans ce sens, mais que c'était trop tard ; à la demande d'obtenir un délai pour prolonger les mesures d'exécution, il a répliqué qu'il s'agissait d'une question intérieure et non pas d'une guerre, mais d'une exécution locale. M. de Jagow feint de ne pas croire que l'action autrichienne puisse entraîner des conséquences générales.

Il se produit une véritable explosion de chauvinisme à Berlin. L'Empereur d'Allemagne revient directement à Kiel. M. Jules Cambon estime que, aux premières mesures militaires de la Russie, l'Allemagne répondrait immédiatement et n'attendrait vraisemblablement pas un prétexte pour nous attaquer.

A Vienne, l'Ambassadeur de France n'a pas eu le temps de se joindre à la démarche de son collègue russe pour obtenir une prolongation du délai fixé à la Serbie ; il ne le regrette pas, cette démarche ayant été repoussée catégoriquement et l'Angleterre n'ayant pas non plus eu le temps de donner des instructions à cet égard à son agent.

Une note de l'Ambassade d'Angleterre m'a été remise : elle rend compte de la conférence de l'Ambassadeur britannique à Pétersbourg avec M. Sazonoff et M. Paléologue. Sir Edward Grey estime que les quatre Puissances non intéressées devraient insister auprès de la Russie et de l'Autriche pour que leurs armées ne franchissent pas la frontière et donnent le temps à l'Angleterre, à la France, à l'Allemagne et à l'Italie d'exercer leur médiation. Si l'Allemagne accepte, le Gouvernement anglais a des raisons de penser que l'Italie serait heureuse de s'associer également à l'action jointe de l'Angleterre et de la France : l'adhésion de l'Allemagne est essentielle, car pas plus l'Autriche que la Russie ne tolérerait d'autre intervention que d'amis impartiaux ou d'alliés.

BIENVENU-MARTIN.

N° 51.

M. BARRÈRE, Ambassadeur de France à Rome,
    à M. BIENVENU-MARTIN, Ministre des Affaires étrangères p. i.

Rome, le 26 juillet 1914.

Un télégramme de Vienne reçu à l'instant à la Consulta lui fait connaître que la rupture diplomatique est effective entre l'Autriche et la Serbie, et que l'Autriche procède à des mesures militaires.

Le Marquis di San Giuliano, qui est à Fiuggi, ne reviendra à Rome qu'après-demain.

J'ai eu aujourd'hui avec le Président du Conseil un intéressant entretien sur la situation, dont il reconnaît toute la gravité. De l'ensemble de ses propos, j'ai emporté le sentiment que le Gouvernement italien voudrait, en cas de conflit, se tenir en dehors et rester dans une attitude d'observation.

M. Salandra m'a dit, à ce propos : « Nous ferons les plus grands efforts pour em-

pêcher la paix d'être rompue : notre situation est un peu analogue à celle de l'Angleterre. Peut-être pourrions-nous faire quelque chose dans un sens pacifique avec les
Anglais.» M. Salandra m'a confirmé que la Note autrichienne avait été communiquée
à Rome à la dernière heure.

Barrère.

N° 52.

M. Barrère, Ambassadeur de France à Rome,
à M. Bienvenu-Martin, Ministre des Affaires étrangères p. i.

Rome, le 26 juillet 1914.

M. Sazonoff a dit hier à l'Ambassadeur d'Italie à Pétersbourg que la Russie se
servirait de tous les moyens diplomatiques pour éviter le conflit et qu'elle ne renon-
çait pas à l'espoir qu'une médiation pourrait amener l'Autriche à une attitude moins
intransigeante ; mais qu'on ne pouvait cependant lui demander de laisser écraser
la Serbie.

Je remarque que la majeure partie de l'opinion publique italienne est hostile à
l'Autriche dans cette grave affaire.

Barrère.

N° 53.

M. Bienvenu-Martin, Ministre des Affaires étrangères p. i.,
à M. de Fleuriau, Chargé d'affaires à Londres.

Paris, le 26 juillet 1914.

M. Paléologue m'adresse le télégramme suivant : « M. Sazonoff conseille au Gouvernement serbe de solliciter la médiation du Gouvernement britannique. »

D'accord avec M. Paul Cambon, je pense que le Gouvernement français ne peut
qu'exprimer l'espoir de voir le Gouvernement anglais accepter, si une offre de cette
nature lui était faite.

Veuillez vous exprimer dans ce sens auprès du Foreign Office.

Bienvenu-Martin.

N° 54.

M. Paléologue, Ambassadeur de France à Saint-Pétersbourg,
à M. Bienvenu-Martin, Ministre des Affaires étrangères p. i.

Saint-Pétersbourg, le 26 juillet 1914.

Le Ministre des Affaires étrangères continue avec une louable persévérance à rechercher les moyens de faire prévaloir une solution pacifique. « Jusqu'au dernier instant, m'a-t-il déclaré, je me montrerai prêt à négocier. »

C'est dans cet esprit qu'il vient de mander le Comte Szapary pour le convier à une « franche et loyale explication ». Article par article, M. Sazonoff a commenté devant lui l'ultimatum austro-hongrois, en faisant ressortir le caractère injurieux des principales clauses. « L'intention qui a inspiré ce document, a-t-il dit, est légitime si vous n'avez poursuivi d'autre but que de protéger votre territoire contre les menées des anarchistes serbes ; mais le procédé auquel vous avez eu recours n'est pas défendable. » Il a conclu : « Reprenez votre ultimatum, modifiez-en la forme, et je vous garantis le résultat ».

L'Ambassadeur d'Autriche-Hongrie s'est montré touché de ce langage ; toutefois, en attendant des instructions, il réserve l'opinion de son Gouvernement. Sans se décourager, M. Sazonoff a décidé de proposer, dès ce soir, au Comte Berchtold l'ouverture d'une conversation directe entre Vienne et Pétersbourg sur les changements à introduire dans l'ultimatum.

Cette entremise amicale et officieuse de la Russie entre l'Autriche et la Serbie a l'avantage d'être expéditive. Je la crois donc préférable à toute autre procédure, et de nature à aboutir.

Paléologue.

N° 55.

M. Dumaine, Ambassadeur de France à Vienne,
à M. Bienvenu-Martin, Ministre des Affaires étrangères p. i.

Vienne, le 26 juillet 1914.

M. Schebeko est revenu précipitamment d'un voyage en Russie ; il ne l'avait entrepris qu'après l'assurance donnée par le Comte Berchtold que les réclamations contre la Serbie seraient des plus acceptables.

L'Ambassadeur d'Autriche-Hongrie à Pétersbourg avait parlé dans le même sens à M. Sazonoff la veille de la remise de la Note. Ce procédé, très habituel dans la diplomatie de la Monarchie, et qui a servi également au Baron Macchio envers moi, paraît avoir beaucoup ajouté à l'irritation du Gouvernement russe.

M. Schebeko va s'efforcer, cependant, de profiter du délai indispensable à la mobilisation pour introduire une proposition d'arrangement, qui aura au moins l'avantage de permettre de mesurer la valeur des déclarations pacifiques de l'Allemagne.

Pendant que nous en délibérions ce soir, en compagnie de Sir M. de Bunsen, celui-ci a reçu des instructions du Foreign Office concernant la démarche à tenter par les représentants des quatre Puissances moins directement intéressées. Je m'attends donc à ce que nous ayons à nous concerter demain avec le duc d'Avarna et M. de Tschirsky, lequel se retranchera presque sûrement derrière le principe de la localisation du conflit pour refuser son concours.

Mon impression est, d'ailleurs, que le Gouvernement austro-hongrois, quoique surpris et peut-être au regret de l'énergie qu'on lui a inspirée, se croira obligé à un commencement d'action militaire.

DUMAINE.

N° 56.

M. BIENVENU-MARTIN, Ministre des Affaires étrangères p. i.

à bord de la *France* (pour le Président du Conseil) et à MM. les Ambassadeurs de France à Londres, Saint-Pétersbourg, Berlin, Vienne, Rome.

Paris, le 26 juillet 1914.

Le résumé de la réponse serbe à la Note autrichienne ne nous est parvenu qu'avec vingt heures de retard. Bien que le Gouvernement serbe eût cédé sur tous les points, sauf deux petites réserves, le Ministre d'Autriche-Hongrie a rompu les relations, prouvant ainsi la volonté arrêtée de son Gouvernement de procéder à l'exécution de la Serbie.

D'après un télégramme de M. Jules Cambon, l'Ambassadeur d'Angleterre a le sentiment d'un peu de fléchissement; comme il faisait observer à M. de Jagow que Sir Ed. Grey ne lui demandait pas d'intervenir entre l'Autriche et la Serbie, mais, cette question cessant d'être localisée, d'intervenir avec l'Angleterre, la France et l'Italie à Vienne et Pétersbourg, le Secrétaire d'État a déclaré qu'il ferait son possible pour maintenir la paix.

Au cours d'un entretien de M. Barrère avec le Secrétaire général du Ministère des Affaires étrangères italien, celui-ci a indiqué que le Gouvernement italien n'aurait vraisemblablement pas approuvé la Note autrichienne; mais comme elle ne lui a pas été préalablement communiquée, il se trouve, de ce fait, libéré de toute responsabilité dans la grave initiative prise par l'Autriche.

L'Ambassadeur d'Allemagne est venu cet après-midi me faire une communication, tendant à une intervention de la France auprès de la Russie dans un sens pacifique. L'Autriche, m'a-t-il dit, a fait déclarer à la Russie qu'elle ne poursuivait ni agrandissement territorial, ni atteinte à l'intégrité du Royaume de Serbie; sa seule intention est d'assurer sa propre tranquillité et de faire la police. C'est des décisions de la Russie qu'il dépend qu'une guerre soit évitée; l'Allemagne se sent solidaire de la France dans l'ardent désir que la paix puisse être maintenue, et a le ferme espoir que la France usera de son influence dans un sens apaisant à Pétersbourg.

J'ai répondu à cette suggestion que la Russie était modérée, qu'elle n'avait accompli aucun acte qui pût faire douter de sa modération et que nous étions d'accord avec elle pour rechercher la solution pacifique de ce conflit. Il nous paraissait donc qu'à titre de contre-partie, l'Allemagne devait agir à Vienne, où l'efficacité de son action était certaine en vue d'éviter des opérations militaires tendant à l'occupation de la Serbie.

L'Ambassadeur m'ayant fait remarquer que cela était inconciliable avec la position prise par l'Allemagne « que la question ne regardait que l'Autriche et la Serbie », je lui ai dit que la médiation à Vienne et à Pétersbourg pourrait être le fait des quatre autres Puissances moins intéressées dans la question.

M. de Schoen se retrancha alors derrière le manque d'instructions à cet égard, et je lui dis que, dans ces conditions, je ne me sentais pas en mesure d'exercer une action seulement à Pétersbourg.

La conversation se termina sur l'assurance, renouvelée par l'Ambassadeur, des intentions pacifiques de l'Allemagne, qu'il déclarait solidaire, sur ce point, de la France.

Bienvenu-Martin.

N° 57.

Note pour le Ministre

Dimanche soir, le 26 juillet 1914.

Après la visite qu'il avait faite au Ministre à 5 heures de l'après-midi, le Baron de Schoen s'est rendu, ce soir, à 7 heures, à la Direction politique, pour demander qu'en vue d'éviter des commentaires tendancieux des journaux, comme celui de l'*Écho de Paris* la veille, et afin de bien préciser le sens des démarches du Gouvernement allemand, un bref communiqué fût donné à la presse sur l'entrevue de l'Ambassadeur d'Allemagne et du Ministre des Affaires étrangères.

M. de Schoen suggéra, pour préciser sa pensée, les termes suivants, dont le Directeur politique p. i. prit note sous sa dictée : « L'Ambassadeur d'Allemagne et le Ministre des Affaires étrangères ont eu, pendant l'après-midi, un nouvel entretien, au cours duquel ils ont examiné, dans l'esprit le plus amical et dans un sentiment de solidarité pacifique, les moyens qui pourraient être employés pour maintenir la paix générale. »

Le Directeur politique p. i. répondit aussitôt : « Alors, tout est réglé dans votre esprit, et vous nous apportez l'assurance que l'Autriche accepte la Note serbe, ou se prêtera aux conversations avec les Puissances à cet égard ? » L'Ambassadeur ayant paru surpris et fait une vive dénégation, il lui fut exposé que si rien n'était modifié dans l'attitude négative de l'Allemagne, les termes de la « Note à la presse » suggérée étaient excessifs et de nature à donner à l'opinion française une fausse sécurité, en créant des illusions sur la situation réelle, dont les dangers n'étaient que trop évidents.

Aux assurances que prodiguait l'Ambassadeur d'Allemagne sur l'impression optimiste qu'il éprouvait, le Directeur politique p. i. répondit en lui demandant s'il lui permettait de lui parler à titre tout personnel et privé, d'homme à homme, en toute liberté, et sans tenir compte de leurs fonctions respectives. Le Baron de Schoen le pria de le faire.

M. Berthelot dit alors que, pour tout esprit simple, l'attitude de l'Allemagne ne pouvait s'expliquer, si elle ne tendait pas à la guerre : une analyse purement objective des faits et la psychologie des rapports austro-allemands conduisaient logiquement à cette conclusion. Devant l'affirmation répétée que l'Allemagne ignorait le contenu de la Note autrichienne, il n'était plus permis d'élever de doutes sur ce point; était-il vraisemblable, cependant, que l'Allemagne se fût rangée, les yeux fermés, à côté de l'Autriche, dans une pareille aventure? La psychologie de toutes les relations passées de Vienne et de Berlin permettait-elle d'admettre que l'Autriche eût pris une position sans recul possible, avant d'avoir pesé, avec son alliée, toutes les conséquences de son intransigeance? Combien le refus de l'Allemagne de donner un conseil de médiation à Vienne paraissait surprenant, maintenant qu'elle connaissait le texte extraordinaire de la Note autrichienne ! Quelle responsabilité le Gouvernement allemand prendrait, et quelles suspicions pèseraient sur lui, s'il persistait à s'interposer entre l'Autriche et les Puissances, après la soumission pour ainsi dire absolue de la Serbie, et quand le moindre conseil donné par lui à Vienne mettrait fin au cauchemar qui pesait sur l'Europe !

La rupture des relations diplomatiques par l'Autriche, ses menaces de guerre et la mobilisation qu'elle poursuit, donnent une particulière urgence à l'action pacificatrice de l'Allemagne, car du jour où les troupes autrichiennes auraient franchi la frontière serbe, on se trouverait en présence d'un fait qui obligerait sans doute le Cabinet de Pétersbourg à intervenir et risquerait de déchaîner une guerre que l'Allemagne déclare vouloir éviter.

M. de Schoen, qui écoutait en souriant, affirma de nouveau que l'Allemagne avait ignoré le texte de la Note autrichienne (1) et ne l'avait approuvée qu'après sa remise ; elle estimait toujours que la Serbie avait besoin d'une leçon assez sévère pour qu'elle ne pût l'oublier, et que l'Autriche se devait à elle-même de mettre fin à une situation dangereuse et intolérable pour une grande Puissance. Il déclara, d'ailleurs, ne pas connaître le texte de la réponse serbe, et se montra personnellement surpris qu'elle n'eût pas satisfait l'Autriche, si toutefois elle était telle que les journaux, souvent mal informés, la représentaient.

Il insista encore sur les intentions pacifiques de l'Allemagne et donna son impression sur l'effet que pourraient avoir de bons conseils adressés, par exemple à Vienne, par l'Angleterre, sur un ton amical. Selon lui, l'Autriche n'était pas intransigeante ; ce qu'elle repousse, c'est l'idée d'une médiation formelle, le « spectre » d'une conférence : un mot pacifique venu de Pétersbourg, de bonnes paroles dites

---

(1) Voir pièce n⁰ 21. Lettre du Ministre de France à Munich relatant que le Président du Conseil bavarois a dit, le 23 juillet, avoir connaissance du texte de la Note autrichienne à la Serbie.

V. aussi *Livre Bleu,* la pièce n⁰ 95 où Sir M. de Bunsen, ambassadeur d'Angleterre à Vienne déclare : « Quoique je ne puisse pas le vérifier, je tiens d'une source privée que l'Ambassadeur allemand connaissait le texte de l'ultimatum autrichien à la Serbie avant qu'il ne fût expédié et qu'il l'a télégraphié à l'Empereur d'Allemagne; je sais par l'Ambassadeur allemand lui-même qu'il en approuve chaque ligne. »

d'un ton conciliant par les Puissances de la Triple Entente, auraient chance d'être bien accueillies. Il ajouta enfin qu'il ne disait pas que l'Allemagne, de son côté, ne donnerait pas quelques conseils à Vienne.

Dans ces conditions, le Directeur politique déclara qu'il demanderait au Ministre s'il lui paraissait opportun de communiquer à la presse une courte note de ton modéré.

N° 58.

M. CHEVALLEY, Ministre de France à Christiania,
    à M. BIENVENU-MARTIN, Ministre des Affaires étrangères p. i.

Christiania, le 26 juillet 1914.

Toute la flotte allemande en Norvège a reçu l'ordre de prendre la mer. Les autorités allemandes à Bergen déclarent que c'est pour rallier directement l'Allemagne.

Les navires allemands dispersés dans les fiords au nord de Bergen rejoindraient ceux qui sont aux environs de Stavanger.

CHEVALLEY.

N° 59.

M. D'ANNOVILLE, Chargé d'affaires de France à Luxembourg,
    à M. BIENVENU-MARTIN, Ministre des Affaires étrangères p. i.

Luxembourg, le 26 juillet 1914.

D'après des renseignements que je viens de recevoir de Thionville, les quatre dernières classes libérées ont ordre de se tenir à la disposition de la Kommandatur à toute heure.

Sans être complètement mobilisés, les réservistes ont interdiction de s'absenter du lieu de leur domicile.

D'ANNOVILLE.

N° 60.

M. FARGES, Consul général de France à Bâle,

à M. BIENVENU-MARTIN, Ministre des Affaires étrangères p. i.

Bâle, le 27 juillet 1914.

Les officiers allemands en vacances dans cette région ont reçu, il y a quatre jours, l'ordre de les interrompre pour regagner l'Allemagne.

D'autre part, j'apprends de deux sources sérieuses qu'avis a été donné aux propriétaires de voitures automobiles du Grand-Duché de Bade de se préparer à les mettre à la disposition des autorités militaires, deux jours après un nouvel ordre. Le secret, sous peine d'amende, a été recommandé sur cet avis.

La population bâloise est très inquiète et les facilités bancaires se resserrent.

FARGES.

N° 61.

M. BIENVENU-MARTIN, Ministre des Affaires étrangères p. i.,

à M. Jules CAMBON, Ambassadeur de France à Berlin, communiqué à bord de la *France* (pour le Président du Conseil) et à MM. les Ambassadeurs de France à Londres, Saint-Pétersbourg, Vienne, Rome.

Paris, le 27 juillet 1914.

Les trois démarches de l'Ambassadeur d'Allemagne à Paris semblent caractéristiques : — le vendredi, il lit une note où le Gouvernement allemand se pose catégoriquement entre l'Autriche et les Puissances, approuvant l'ultimatum autrichien à la Serbie et ajoutant que « l'Allemagne désire ardemment que le conflit reste localisé, toute intervention d'une autre Puissance devant, par le jeu de ses alliances, provoquer d'incalculables conséquences »; — le second jour, le samedi, l'effet ayant été produit et les Puissances ayant, en raison de la surprise, de la brièveté du délai et des risques de guerre générale, conseillé à la Serbie de céder, M. de Schoen revient atténuer sa démarche, feignant de s'étonner de l'impression produite et proteste qu'on prête à l'Allemagne des intentions qu'elle n'a pas, puisque, dit-il, il n'y a eu ni concert avant, ni menace après; — le troisième jour, le dimanche, le résultat ayant été obtenu, puisque la Serbie a cédé en fait pour ainsi dire à toutes les exigences de l'Autriche, l'Ambassadeur d'Allemagne reparaît à deux reprises, pour insister sur les intentions pacifiques de l'Allemagne et sur son désir ardent de collaborer au maintien de la paix, après avoir enregistré le succès autrichien, qui clot la première phase de la crise.

La situation, à l'heure actuelle, reste inquiétante, en raison du refus incompréhensible de l'Autriche d'accepter la soumission serbe, de ses opérations de mobilisation et de ses menaces d'envahir la Serbie. L'attitude prise depuis le début, avec l'appui allemand, par le Gouvernement autrichien, son refus d'accepter aucune conversation des Puissances ne permettant pas, en pratique, à celle-ci d'intervenir utilement auprès de lui sans l'intermédiaire de l'Allemagne. Cependant le temps presse, car si l'armée autrichienne franchit la frontière, il sera très difficile d'enrayer la crise, la Russie ne paraissant pas pouvoir tolérer l'occupation de la Serbie après que celle-ci s'est, en réalité, soumise à la Note autrichienne en lui donnant toutes satisfactions et garanties. L'Allemagne, du fait même de la position prise par elle, est qualifiée pour intervenir utilement et être écoutée à Vienne; si elle ne le fait pas, elle justifie tous les soupçons et assume la responsabilité de la guerre.

Les Puissances et, en particulier, la Russie, la France et l'Angleterre ont déterminé, par leurs pressants conseils, Belgrade à céder ; elles ont donc rempli leur rôle; maintenant c'est à l'Allemagne, seule en situation d'être entendue rapidement à Vienne, à donner des conseils à l'Autriche qui a obtenu satisfaction et ne peut, pour un détail facile à régler, déchaîner la guerre générale.

C'est dans ces conditions que se présente la proposition faite par le Cabinet de Londres; M. Sazonoff ayant dit à l'Ambassadeur d'Angleterre qu'à la suite de l'appel de la Serbie aux Puissances, la Russie accepterait de se tenir à l'écart. Sir E. Grey a formulé auprès des Cabinets de Paris, Berlin et Rome, la suggestion suivante : les Ambassadeurs de France, d'Allemagne et d'Italie à Londres seraient chargés de chercher avec Sir E. Grey un moyen de résoudre les difficultés actuelles, étant entendu que, pendant cette conversation, la Russie, l'Autriche et la Serbie s'abstiendraient de toute opération militaire active. Sir A. Nicolson a parlé de cette suggestion à l'Ambassadeur d'Allemagne, qui s'y est montré favorable ; elle sera également bien accueillie à Paris et aussi à Rome, selon toute vraisemblance. Ici encore, la parole est à l'Allemagne, qui a l'occasion de témoigner autrement qu'en paroles sa bonne volonté.

Je vous prie de vous concerter avec votre collègue anglais et d'appuyer auprès du Gouvernement allemand sa démarche dans la forme qui vous paraîtra opportune.

Bienvenu-Martin.

N° 62.

M. Bienvenu-Martin, Ministre des Affaires étrangères p. i.,

à bord de la *France* (pour le Président du Conseil) et à MM. les Ambassadeurs de France à Londres, Saint-Pétersbourg, Berlin, Vienne.

Paris, le 27 juillet 1914.

Après sa démarche d'hier tendant à une intervention apaisante de la France à Pétersbourg, l'Ambassadeur d'Allemagne était revenu, ainsi que je vous en ai informé, à la Direction politique, sous le prétexte qu'il pourrait y avoir intérêt à communiquer à la presse une courte note indiquant le sens pacifique et amical de la conversation ; il avait même suggéré les termes suivants : « L'Ambassadeur et le Ministre des Affaires étrangères ont eu, pendant l'après-midi, un nouvel entretien au cours duquel on a examiné, dans l'esprit le plus amical et dans un sentiment de solidarité pacifique, les moyens qui pourraient être employés pour maintenir la paix générale. » Il fut répondu de suite que les termes paraissaient excessifs et de nature à donner à l'opinion des illusions sur la situation réelle, que, cependant, une brève note dans le sens indiqué, c'est-à-dire rendant compte d'une conversation où avaient été examinés les moyens employés pour sauvegarder la paix, pourrait être donnée si je l'approuvais.

La note communiquée a été la suivante : « L'Ambassadeur d'Allemagne et le Ministre des Affaires étrangères ont eu un nouvel entretien, au cours duquel ils ont recherché les moyens d'action des Puissances pour le maintien de la paix. » Cette rédaction, volontairement terne, évitait une solidarité avec l'Allemagne qui pourrait être mal interprétée.

Ce matin, M. de Schoen a adressé une lettre particulière au Directeur politique, sous le prétexte de résumer son entretien avec le Ministre, et a ajouté : « Notez bien la phrase sur la solidarité des sentiments pacifiques. Ce n'est pas une phrase banale, mais la sincère expression de la réalité. » Le résumé joint à la lettre était ainsi conçu : « Le Cabinet de Vienne a fait formellement et officiellement déclarer à celui de Pétersbourg qu'il ne poursuit aucune acquisition territoriale en Serbie et qu'il ne veut point porter atteinte à l'intégrité du royaume ; sa seule intention est celle d'assurer sa tranquillité. En ce moment, la décision, si une guerre européenne doit éclater, dépend uniquement de la Russie. Le Gouvernement allemand a la ferme confiance que le Gouvernement français, avec lequel il se sait solidaire dans l'ardent désir que la paix européenne puisse être maintenue, usera de toute son influence dans un esprit apaisant auprès du Cabinet de Pétersbourg. »

Je vous ai fait connaître la réponse qui avait été faite (une démarche française à Pétersbourg s'expliquait mal et devait avoir pour corollaire une démarche allemande à Vienne, ou, à défaut, une médiation, dans les deux capitales, des quatre Puissances moins intéressées).

La lettre de M. de Schoen est susceptible de diverses interprétations : la plus vraisemblable est qu'elle tend, comme sa démarche même, à chercher à compromettre la France au regard de la Russie, quitte, en cas d'échec, à rejeter sur la Russie et sur la France la responsabilité d'une guerre éventuelle; enfin à masquer, par des assurances pacifiques non écoutées, une action militaire de l'Autriche en Serbie, destinée à compléter le succès autrichien.

Je vous communique ces renseignements à titre d'information et à toutes fins utiles.

Bienvenu-Martin.

N° 63.

M. DE FLEURIAU, Chargé d'affaires de France à Londres,
   à **M. BIENVENU-MARTIN, Ministre des Affaires étrangères p. i.**

Londres, le 27 juillet 1914.

L'Ambassadeur d'Allemagne et l'Ambassadeur d'Autriche-Hongrie laissent entendre qu'ils sont sûrs que l'Angleterre garderait la neutralité si un conflit venait à éclater. Sir Arthur Nicolson m'a dit que, cependant, le Prince Lichnowski ne pouvait, après la conversation qu'il a eue avec lui aujourd'hui, conserver aucun doute sur la liberté qu'entendait garder le Gouvernement britannique d'intervenir, au cas où il le jugerait utile.

L'Ambassadeur d'Allemagne n'aura pas manqué d'être frappé de cette déclaration, mais pour peser sur l'Allemagne et pour éviter un conflit, il semble indispensable que celle-ci soit amenée à tenir pour certain qu'elle trouverait l'Angleterre et la Russie aux côtés de la France.

DE FLEURIAU.

N° 64.

M. PALÉOLOGUE, Ambassadeur de France à Saint-Pétersbourg,
   à **M. BIENVENU-MARTIN, Ministre des Affaires étrangères p. i.**

Saint-Pétersbourg, le 27 juillet 1914.

M. Sazonoff a tenu à tous mes collègues un langage conciliant.

Malgré l'émotion publique, le Gouvernement Russe s'applique et réussit à contenir la presse ; on a notamment recommandé une grande modération envers l'Allemagne.

Depuis hier, M. Sazonoff n'a reçu de Vienne ni de Berlin aucune information.

PALÉOLOGUE.

N° 65.

M. BOMPARD, Ambassadeur de France à Constantinople,
   à **M. BIENVENU-MARTIN, Ministre des Affaires étrangères p. i.**

Thérapia, le 27 juillet 1914.

Le conflit austro-serbe retient l'attention du Gouvernement Ottoman et les Turcs se réjouissent des épreuves de la Serbie, mais on est porté à croire ici en général que ce conflit restera localisé. L'on estime généralement que, cette fois encore, la Russie n'interviendra pas en faveur de la Serbie dans des conditions qui étendraient le conflit armé.

Le sentiment unanime, dans les milieux politiques ottomans, est que l'Autriche, avec l'appui de l'Allemagne, arrivera à ses fins et qu'elle fera entrer la Serbie, après la Bulgarie, dans l'orbite de la Triple Alliance.

BOMPARD.

N° 66.

M. DE FLEURIAU, Chargé d'affaires à Londres,
    à M. BIENVENU-MARTIN, Ministre des Affaires étrangères p. i.

Londres, le 27 juillet 1914.

Sir Ed. Grey a dit ce matin à l'Ambassadeur d'Allemagne que si l'Autriche envahissait la Serbie après la réponse serbe, elle démontrerait qu'elle ne poursuivait pas seulement le règlement des questions mentionnées dans sa note du 23 juillet, mais qu'elle voulait écraser un petit État. « Alors, a-t-il ajouté, se poserait une question européenne, et il s'ensuivrait une guerre, à laquelle d'autres Puissances seraient amenées à prendre part».

L'attitude de la Grande-Bretagne s'affirme par l'arrêt de la démobilisation de sa flotte. Le Premier Lord de l'Amirauté avait pris discrètement cette mesure dès vendredi, de sa propre initiative ; cette nuit, sir Edward Grey et ses collègues ont décidé de la publier. Ce résultat est dû à l'attitude conciliante de la Serbie et de la Russie.

DE FLEURIAU.

N° 67.

M. Jules CAMBON, Ambassadeur de France à Berlin,
    à M. BIENVENU-MARTIN, Ministre des Affaires étrangères p. i.

Berlin, le 27 juillet 1914.

J'ai entretenu aujourd'hui le Secrétaire d'État de la démarche de l'Angleterre tendant à ce que l'Allemagne se joigne aux Cabinets de Londres, Paris et Rome pour empêcher les hostilités entre Pétersbourg et Vienne.

Je lui ai fait remarquer que la proposition de sir Edward Grey ouvrait la voie à une issue pacifique. M. de Jagow m'a répondu qu'il était disposé à y entrer, mais il m'a fait remarquer que si la Russie mobilisait, l'Allemagne serait obligée de mobiliser aussitôt, que nous y serions forcés également et qu'alors le conflit serait presque inévitable. Je lui ai demandé si l'Allemagne se croirait engagée à mobiliser dans le cas où la Russie ne mobiliserait que sur la frontière autrichienne ; il m'a dit que non et m'a autorisé formellement à vous faire connaître cette restriction. Aussi attacherait-il la plus grande importance à ce que les puissances amies et alliées de la Russie intervinssent auprès d'elle.

Enfin il a remarqué que si la Russie attaquait l'Autriche, l'Allemagne devrait attaquer aussitôt de son côté. L'intervention proposée par l'Angleterre à Pétersbourg et à Vienne ne pourrait donc s'exercer à ses yeux que si les événements ne se précipitaient pas. Il ne désespère pas dans ce cas qu'elle puisse réussir. J'ai exprimé le regret que l'Autriche, par son intransigeance, eût conduit l'Europe au pas difficile que nous traversons, mais j'ai témoigné l'espoir que l'intervention aboutirait.

Jules CAMBON.

N° 68.

M. DE FLEURIAU, Chargé d'affaires à Londres,
à M. BIENVENU-MARTIN, Ministre des Affaires étrangères p. i.

Londres, le 27 juillet 1914.

Hier, au cours d'une conversation entre M. Sazonoff, M. Paléologue et Sir G. Buchanan, le Ministre russe aurait dit que la Serbie était disposée à en appeler aux Puissances, et, qu'en ce cas, son Gouvernement accepterait de se tenir à l'écart.

Sir Ed. Grey a pris texte de ces paroles pour formuler auprès des Cabinets de Paris, de Berlin et de Rome une proposition dont Sir Francis Bertie saisira Votre Excellence. Les quatre puissances interviendraient dans le conflit, et les Ambassadeurs de France, d'Allemagne et d'Italie à Londres seraient chargés de chercher, avec Sir Ed. Grey, un moyen de résoudre les difficultés actuelles.

Il serait entendu que, pendant les débats de cette petite conférence, la Russie, l'Autriche et la Serbie s'abstiendraient de toute opération militaire active. Sir A. Nicolson a parlé de cette suggestion à l'Ambassadeur d'Allemagne qui s'y est montré favorable.

DE FLEURIAU.

N° 69.

M. DE FLEURIAU, Chargé d'affaires à Londres.
à M. BIENVENU-MARTIN, Ministre des Affaires étrangères p. i.

Londres, le 27 juillet 1914.

Le Ministre de Serbie n'a pas reçu d'instruction de son Gouvernement en vue de demander la médiation de l'Angleterre ; il est d'ailleurs possible que les télégrammes de son Gouvernement soient arrêtés en route.

La proposition anglaise d'intervenir à quatre, indiquée dans mon télégramme précédent, est d'ailleurs lancée, et me paraît devoir être soutenue en premier lieu.

DE FLEURIAU.

N° 70.

M. BIENVENU-MARTIN, Ministre des Affaires étrangères p. i.,
à M. DE FLEURIAU, Chargé d'affaires de France à Londres.

Paris, le 27 juillet 1914.

L'Ambassadeur d'Angleterre m'a communiqué la proposition de Sir Ed. Grey tendant à une action commune de l'Angleterre, de l'Allemagne, de la France et de l'Italie à Vienne, Belgrade et Pétersbourg pour arrêter les opérations militaires actives, pendant que les Ambassadeurs d'Allemagne, d'Italie et de France à Londres examineraient, avec Sir E. Grey, les moyens de trouver une solution aux complications présentes.

J'ai prescrit, ce matin, à M. Jules Cambon de se concerter avec l'Ambassadeur d'Angleterre à Berlin, et d'appuyer sa démarche, dans la forme où il le jugerait opportun.

Je vous autorise à prendre part à la réunion projetée par Sir E. Grey. Je suis prêt également à donner à nos agents à Vienne, Pétersbourg et Belgrade des instructions dans le sens demandé par le Gouvernement anglais.

Toutefois, j'estime que les chances de succès de la proposition de Sir E. Grey reposent essentiellement sur l'action que Berlin serait disposé à exercer à Vienne ; une démarche de ce côté pour amener la suspension des opérations militaires me paraîtrait vouée à l'échec, si l'influence de l'Allemagne ne s'était pas exercée au préalable.

J'ai également noté parmi les observations de M. de Schoen, que le Gouvernement

11.

austro-hongrois était spécialement susceptible quand on prononçait les termes de « médiation », « intervention », « conférence », et plus capable d'admettre des « conseils amicaux » et des « conversations ».

BIENVENU-MARTIN.

⁂

N° 71.

M. DE FLEURIAU, Chargé d'affaires de France, à Londres,
à M. BIENVENU-MARTIN, Ministre des Affaires étrangères p. i.

Londres, le 27 juillet 1914.

J'ai fait connaître à Sir E. Grey votre adhésion à sa proposition de médiation à quatre et de conférence à Londres. L'Ambassadeur d'Angleterre à Vienne a reçu les instructions nécessaires pour saisir le Gouvernement austro-hongrois dès que ses collègues français, allemand ou italien auront été autorisés à faire la même démarche.

Le Gouvernement italien a accepté l'intervention à quatre en vue de prévenir les opérations militaires ; il consulte le Gouvernement allemand sur la proposition de conférence et la procédure à suivre à l'égard du Gouvernement austro-hongrois. Le Gouvernement allemand n'a pas encore répondu.

DE FLEURIAU.

⁂

N° 72.

M. BARRÈRE, Ambassadeur de France à Rome.
à M. BIENVENU-MARTIN, Ministre des Affaires étrangères p. i.

Rome, le 27 juillet 1914.

Le Marquis de San Giuliano, est rentré à Rome ce soir et je l'ai vu aussitôt après son arrivé. Il m'a parlé du contenu de la Note autrichienne et m'a assuré formellement qu'il n'en a eu aucune connaissance préalable.

Il savait bien que cette Note devait avoir un caractère rigoureux et énergique ; mais il ne s'était pas douté qu'elle pût prendre une telle forme. Je lui ai demandé s'il était vrai qu'il eût fait exprimer à Vienne à ce propos, comme le prétendent certains journaux, une approbation de l'action autrichienne et l'assurance que l'Italie remplirait à l'égard de l'Autriche ses devoirs d'alliée. « En aucune façon, m'a répondu le Ministre ; nous n'avons pas été consultés, on ne nous a rien dit ; nous n'avons donc eu à faire aucune communication de cette nature à Vienne ».

Le Marquis de San Giuliano estime que la Serbie aurait agi plus sagement en acceptant la note dans son intégralité ; aujourd'hui encore il estime que ce serait la seule chose à faire, étant convaincu que l'Autriche ne retirera aucune de ses prétentions, et les maintiendra, même au risque d'amener une conflagration générale ; il doute que l'Allemagne soit disposée à se prêter à une action auprès de son alliée. Il constate, toutefois, que l'Allemagne tient en ce moment un grand compte de ses rapports avec Londres, et il croit que si une Puissance peut déterminer Berlin à une action pacifique, c'est l'Angleterre.

Quant à l'Italie, elle continuera à faire tous ses efforts en faveur de la paix. C'est à cet effet qu'il a adhéré sans hésiter à la proposition de Sir Ed. Grey de réunir à Londres les Ambassadeurs des Puissances, qui ne sont pas directement intéressées dans le conflit austro-serbe.

BARRÈRE.

* * *

N° 73.

M. Jules CAMBON, Ambassadeur de France à Berlin,
à M. BIENVENU-MARTIN, Ministre des Affaires étrangères p. i.

Berlin, le 27 juillet 1914.

L'Ambassadeur d'Angleterre, qui est rentré aujourd'hui, a vu le Secrétaire d'Etat et l'a entretenu de la suggestion de Sir Ed. Grey. M. de Jagow lui a répondu en manifestant toujours son désir de la paix, mais en ajoutant qu'il ne pourrait consentir à ce qui ressemblerait à une conférence des Puissances ; ce serait instituer une espèce de cour d'arbitrage, dont l'idée ne serait acceptable qui si elle était demandée par Vienne et Pétersbourg. Le langage de M. de Jagow confirme celui de M. de Schoen à Votre Excellence.

A la vérité une démarche des quatre Puissances à Vienne et Pétersbourg peut se produire par la voie diplomatique, sans prendre la forme d'une conférence et est susceptible de bien des modalités ; ce qui importerait c'est de manifester à Vienne et à Pétersbourg le désir commun des quatre Puissances qu'un conflit soit évité. La temporisation permettrait seule d'arriver à une issue pacifique des difficultés présentes.

Jules CAMBON.

N° 74.

M. Jules Cambon, Ambassadeur de France à Berlin,
à M. Bienvenu-Martin, Ministre des Affaires étrangères p. i.

Berlin, le 27 juillet 1914.

Je me suis entretenu aujourd'hui avec le Secrétaire d'État et j'ai appuyé auprès de lui la démarche que venait de faire Sir E. Goschen.

M. de Jagow m'a répondu, comme il l'avait fait à l'Ambassadeur d'Angleterre, qu'il ne pouvait accepter la proposition de charger les Ambassadeurs d'Italie, de France et d'Allemagne de chercher avec Sir Ed. Grey les moyens de résoudre les difficultés actuelles, parce que ce serait instituer une véritable conférence pour traiter des affaires de l'Autriche et de la Russie.

J'ai répliqué à M. de Jagow que je regrettais sa réponse, mais que le grand objet que Sir Ed. Grey avait en vue dépassait une question de forme; que ce qui importait c'était l'association de l'Angleterre et de la France avec l'Allemagne et l'Italie pour travailler à une œuvre de paix; que cette association pouvait se manifester par des démarches communes à Pétersbourg et à Vienne; qu'il m'avait souvent exprimé son regret de voir les deux groupes d'alliance opposés toujours l'un à l'autre en Europe; qu'il avait là l'occasion de prouver qu'il y avait un esprit européen, en montrant quatre Puissances appartenant aux deux groupes agissant d'un commun accord, pour empêcher un conflit.

M. de Jagow s'est dérobé en disant que l'Allemagne avait des engagements avec l'Autriche. Je lui ai fait remarquer que les rapports de l'Allemagne avec Vienne n'étaient pas plus étroits que ceux de la France avec la Russie et que c'était lui-même qui mettait dans l'espèce les deux groupes d'alliance en opposition.

Le Secrétaire d'État m'a dit alors qu'il ne se refusait pas à agir pour écarter le conflit austro-russe, mais qu'il ne pouvait pas intervenir dans le conflit austro-serbe. « L'un est la conséquence de l'autre, ai-je dit, et il importe d'empêcher qu'il ne sur« vienne un état de fait nouveau, de nature à amener une intervention de la Russie.»

Comme le Secrétaire d'État persistait à dire qu'il était obligé de tenir ses engagements à l'égard de l'Autriche, je lui ai demandé s'il s'était engagé à la suivre partout, les yeux bandés, et s'il avait pris connaissance de la réponse de la Serbie à l'Autriche, que le Chargé d'affaires de Serbie lui avait remise ce matin. « Je n'en ai pas « encore eu le temps, » me dit-il. « Je le regrette. Vous verriez que, sauf sur des « points de détail, la Serbie se soumet entièrement. Il semble donc que, puisque « l'Autriche a obtenu les satisfactions que votre appui lui a procurées, vous pouvez « aujourd'hui lui conseiller de s'en contenter ou d'examiner avec la Serbie les ter« mes de la réponse de celle-ci. »

Comme M. Jagow ne me répondait pas clairement, je lui ai demandé si l'Allemagne voulait la guerre. Il a protesté vivement, disant qu'il savait que c'était ma pensée, mais que c'était tout à fait inexact. « Il faut donc, ai-je repris, agir en

« conséquence. Quand vous lirez la réponse serbe, pesez-en les termes avec votre
« conscience, je vous en prie, au nom de l'humanité, et n'assumez pas personnelle-
« ment une part de responsabilité dans les catastrophes que vous laissez préparer.»
M. de Jagow a protesté de nouveau, ajoutant qu'il était prêt à s'unir à l'Angleterre
et à la France dans un effort commun, mais qu'il fallait trouver à cette intervention
une forme qu'il pût accepter et que les Cabinets devaient s'entendre à ce sujet.

« Au reste, a-t-il ajouté, les conversations directes entre Vienne et Pétersbourg
« sont entamées et se poursuivent : j'en augure beaucoup de bien et j'espère. »

Au moment de le quitter, je lui dis que j'avais eu ce matin l'impression que l'heure
de la détente avait sonné, mais que je voyais bien qu'il n'en était rien. Il m'a répondu
que je me trompais ; qu'il espérait que les choses étaient en bonne voie et abouti-
raient peut-être rapidement. Je lui ai demandé d'agir à Vienne pour qu'elles marchent vite, parce qu'il importait de ne pas laisser se créer en Russie un de ces
courants d'opinion qui emportent tout.

A mon sentiment, il y aurait lieu de demander à Sir E. Grey, qui a dû être avisé
par Sir E. Goschen du refus opposé à sa proposion dans la forme qui lui était
donnée, de la renouveler sous une autre forme, de telle façon que l'Allemagne n'ait
pas de prétexte pour refuser de s'y associer et prenne ses responsabilités aux yeux
de l'Angleterre.

Jules CAMBON.

N° 75.

M. BIENVENU-MARTIN, Ministre des Affaires étrangères p. i.
à MM. les Ambassadeurs de France à Londres, Saint-Pétersbourg,
Berlin, Vienne, Rome.

Paris, le 27 juillet 1914.

L'Ambassadeur d'Autriche-Hongrie est venu me voir pour me remettre un mémoire, véritable acte d'accusation contre la Serbie ; il m'a déclaré, d'ordre de son
Gouvernement, que la Serbie n'ayant pas répondu d'une manière satisfaisante aux
demandes du Gouvernement impérial, celui-ci se voit contraint d'employer des
moyens énergiques pour amener la Serbie à donner les satisfactions et garanties qui
sont réclamées d'elle. C'est demain que le Gouvernement autrichien prendra les
mesures à cet effet.

J'ai prié l'Ambassadeur de me faire connaître les mesures envisagées par l'Autriche et le Comte Szecsen m'a répondu que cela pourrait être soit un ultimatum,
soit une déclaration de guerre, soit le passage de la frontière, mais qu'il n'avait
aucune indication précise sur ce point.

J'ai alors fait remarquer à l'Ambassadeur que la Serbie avait accepté sur presque
tous les points les exigences de l'Autriche, que la divergence qui subsistait sur

quelques points pourrait disparaître avec un peu de bonne volonté réciproque, et par l'aide des Puissances amies de la paix ; en fixant à demain l'exécution de ses résolutions, l'Autriche rendait, pour la seconde fois, leur concours presque impossible et assumait une lourde responsabilité en risquant de déchaîner une guerre, dont on ne pourrait mesurer l'extension.

Je vous communique, à titre d'information, le mémoire que m'a remis le Comte Szecsen.

BIENVENU-MARTIN.

ANNEXE

MÉMOIRE du Gouvernement austro-hongrois, remis par le Comte Szecsen à M. Bienvenu-Martin le 27 juillet 1914.

L'agitation serbe, qui s'est donné pour but d'arriver à la séparation de la Monarchie autrichienne des parties slaves du Sud pour les rattacher à un grand État serbe, remonte très loin en arrière. Cette propagande sur le sol serbe, toujours la même quant à son but final, quoique diverse dans ses moyens et intensités, avait atteint son plus haut point lors de la crise de l'annexion. Rejetant le manteau protecteur du secret, elle s'était montré alors avec toute la franchise de ses tendances et avait montré sous le patronage du Gouvernement serbe son intention de réaliser ses desseins avec tous les moyens disponibles.

Tandis que la Presse serbe tout entière appelait au combat contre la Monarchie par des cris haineux et en dénaturant les faits, il se créait des associations pour encourager à cette lutte — même abstraction faite d'autres moyens de propagande.

L'association qui est devenue la plus importante est la « Narodna Odbrana ». Issue d'un comité révolutionnaire qui existait alors, elle fut constituée en Société privée, cependant, sous forme d'organisation dépendant du Département des Affaires étrangères de Belgrade, par des fonctionnaires serbes militaires et civils. Parmi ces fondateurs, on doit citer notamment : le général Buzo Jankovic, les anciens ministres Ljuba Jovanovic, Ljuba Davidovic et Valislav Valovic, le directeur de l'Imprimerie nationale Zivojin Dacic, et les anciens capitaines, maintenant commandants, Voja Tankovic et Milan Pribicevic. Cette association s'était imposé comme but la création et l'organisation de bandes en vue de la guerre espérée contre la Monarchie. On trouvera une description saisissante de l'activité d'alors de la « Narodna Odbrana », notamment dans les déclarations du sujet bosnéo-herzégovinien Trifko Krstanovic, entendu comme témoin par le conseil de guerre de Serajevo qui se trouvait alors à Belgrade et qui, avec d'autres sujets de la Monarchie, a été accepté comme comitadji par la « Narodna Odbrana ». Avec environ cent quarante autres, Krstanovic avait été amené à une école créée pour la formation de nouvelles bandes à Cuprija, district de Jagodina, et dirigée par les capitaines Voja Tankosic et Dusan Putnick. Il n'y avait comme maîtres dans cette école que des officiers serbes ; le général Bozo Jankovic et le capitaine Milan Pribicevic donnèrent une grande régularité à ces cours d'organisation de bandes, qui duraient trois mo is.

Les comitadji y recevaient un enseignement complet du tir, du jet des bombes, des mines, de la destruction des chemins de fer, tunnels, ponts et télégraphes. Leur devoir était, d'après leurs chefs, de mettre en pratique les connaissances nouvellement acquises en Bosnie-Herzégovine

Par cette action de la « Narodna Odbrana » exercée de la manière la plus publique et favorisée par le Gouvernement Serbe, a été répandue la guerilla des bandes contre la Monarchie. Par là, les sujets de la Monarchie étaient conduits à la trahison contre leur patrie, et amenés systématiquement à pratiquer comme émissaires serbes des attaques secrètes contre les moyens de défense de leur patrie.

Cette période des aspirations agressives s'est terminée avec la déclaration faite par le Gouvernement serbe le 31 mars 1909, dans laquelle celui-ci se déclarait prêt à accepter le nouvel état de choses créé par l'annexion de la Bosnie-Herzégovine au point de vue du droit public, et a promis solennellement vouloir vivre en relations amicales de bon voisinage, dans l'avenir, avec la Monarchie.

Avec cette déclaration, il semblait que dut prendre fin l'agitation constituant une source permanente de troubles contre l'Autriche-Hongrie et qu'on eût trouvé un moyen de rapprochement amical entre la Serbie et la Monarchie. Privée de l'appui du Gouvernement serbe, et combattue par lui conformément à ces engagements, la propagande hostile n'aurait pu durer que d'une manière occulte, vouée à une prompte destruction. Par contre, les points de contact existant entre les partis slaves du Sud de la Monarchie et la Serbie dans le domaine de la langue, des races et de la culture auraient dû conduire à la réalisation d'un travail de développement commun inspiré d'amitiés réciproques et d'intérêts parallèles.

Cependant ces espoirs ne se sont pas réalisés. Les aspirations hostiles à la Monarchie ont subsisté, et, sous les yeux du Gouvernement serbe qui n'a rien fait pour étouffer cette agitation, la propagande instituée contre l'Autriche n'a fait que gagner en étendue et profondeur. La haine contre la Monarchie a été tenue en haleine et s'est transformée en un sentiment irréconciliable. Le peuple serbe, tant par les moyens anciens, mieux adaptés à la situation, que par des méthodes plus complètes, a été appelé « au combat d'anéantissement inéluctable » contre l'Autriche. Systématiquement, des fils secrets ont été tissés vers les domaines slaves du sud de la Monarchie, dont les sujets ont été incités à la trahison.

Par-dessus tout, c'est la presse serbe qui n'a cessé d'agir dans cet esprit.

Pas moins de quatre-vingt un journaux paraissant en Serbie ont dû être retirés de la circulation postale jusqu'aujourd'hui, en raison de leur contenu qui tomba sous le coup de la loi pénale. Il n'est guère une loi pénale protégeant la personne sacrée du Monarque et des membres de la famille impériale ou l'intégrité de l'État qui n'ait été violée par les feuilles serbes. On trouvera à l'annexe I quelques-unes des nombreuses preuves données par la presse dans l'ordre d'idées ci-dessus.

Sans entrer dans un examen détaillé des manières de voir de l'opinion publique serbe, il y a lieu d'observer que la presse n'a cessé de considérer l'annexion de la Bosnie-Herzégovine, malgré la reconnaissance formelle serbe, après comme avant, comme un rapt exercé contre la Serbie ayant besoin d'être réparé. Cette pensée ne revient pas seulement dans les feuilles d'opinion avancée, mais aussi dans la « Samuprava » qui tient de si près à l'Office des Affaires étrangères de Belgrade, où elle est exprimée sous une forme à peine enveloppée (voir annexe II^b).

On ne peut pas non plus négliger de considérer comment l'attentat commis le 15 juin 1910 à Sarajevo par Bogdan Zerajic contre le Gouverneur de Bosnie-Herzégovine, maître de camp von Varesanin, a été loué par la presse.

On se souvient que Zerajic s'était tué immédiatement après son acte et avait brûlé, avant de le commettre, tous ses papiers. Pour ces raisons, il n'avait pas été possible de mettre en lumière pleinement les motifs de cet attentat, on a cependant pu conclure d'une pièce trouvée près de lui qu'il était partisan des idées de Kropotkine. Les indices relevés ont également conduit à penser qu'il s'agissait d'un attentat d'un caractère anarchiste.

Ceci n'empêcha pas cependant la presse serbe de célébrer le criminel comme un héros national serbe et de louer son acte. Même, le « Politika » s'est élevé contre l'idée que Zerajic fut un anarchiste et l'a réclamé comme un « héros serbe dont le nom sera répété par tous les Serbes avec respect et douleur ».

Le « Politika » considère la date du 18 août de la même année « jour de naissance de S. M. Impériale et Royale » comme une occasion favorable pour parler à nouveau de Zerajic « dont le nom sera dans le peuple quelque chose comme celui d'un *saint* » et pour louer solennellement l'attentat en une poésie (annexe n° I).

C'est ainsi qu'a été exploité ce crime n'ayant rien de commun avec les aspirations sur des territoires de la Monarchie, pour le progrès de cette idée et que le meurtre a été reconnu de la manière la plus explicite comme un moyen glorieux et digne d'imitation dans la lutte pour la réalisation de cette pensée. Cette sanctification du meurtre comme une méthode pleinement admissible dans la lutte contre la Monarchie revient plus tard dans les feuilles parlant de l'attentat commis par Jukic contre le Commissaire royal de Cuvaj (annexe I^E).

Ces journaux répandus, non pas seulement en Serbie, mais comme on l'a vu plus tard par des voies secrètes bien organisées et par fraudes dans la Monarchie qui ont amené et maintenu éveillée dans les grandes masses cette disposition, laquelle a fourni un terrain nourricier, favorable pour les méfaits des associations hostiles à la Monarchie.

C'est la « Narodna Odbrana » qui est devenue le centre de l'agitation menée par les associations. Les mêmes personnes qui, au temps de l'annexion, étaient à sa tête, sont encore celles qui la dirigent. On retrouve parmi elles comme organisateurs énergiques et pleins d'action les plus violents opposants de la Monarchie cités plus haut. Organisée sur une base large et profonde et possédant une hiérarchie (voir annexe II « organisation »), la « Narodna Odbrana » posséda bientôt environ quatre cents adhérents, qui répandirent une agitation très active.

En outre, la Narodna s'est mise en association étroite avec la « Fédération des Tireurs » (762 sociétés), l'association des Sokol « Dusans Silni » (2,500 membres), le Club olympique, l'Association des cavaliers « Knez Mihajlo », la Société des chasseurs et la Ligue de développement, ainsi que de nombreuses autres associations, qui toutes, conduites et protégées par la Narodna, agissaient dans le même esprit. Se pénétrant de plus en plus les unes les autres, ces associations parvinrent à une fusion complète, de telle manière qu'elles ne sont plus aujourd'hui que des membres du Corps unique de la Narodna. Ainsi cette dernière a constitué sur toute la Serbie un réseau très serré d'agitation et a attiré à toutes ses idées tous ceux capables de les recevoir.

Quel est l'esprit de l'action de la Narodna, c'est ce que démontre avec une suffisante clarté les publications officielles de cette Société.

Dans ses statuts, revêtus de l'apparence d'une société de développement ne se préoccupant que du perfectionnement spirituel et corporel de la population serbe et de son renforcement matériel, la Narodna dévoile dans son organe corporatif (voir annexe II) le vrai et unique mobile de son existence, en ce qu'elle appelle son « programme réorganisé ».

Prêcher au peuple serbe notamment « la vérité sainte par un travail fanatique et infatigable » sous l'allégation que la Monarchie veut « lui prendre sa liberté et sa langue et même détruire la Serbie »; qu'il est une nécessité inéluctable de conduire contre l'Autriche-Hongrie, son premier et plus grand ennemi, le « combat de destruction avec fusils et canons » et de préparer le peuple à ce combat « par tous les moyens », pour la libération des territoires soumis, dans lesquels sont sous l'opprobe et le joug sept millions de frères. Tous les « efforts pour le développement » de la Narodna sont au service exclusif de cette idée comme simple moyen pour l'organisation et l'éducation du peuple en vue de la lutte pour l'anéantissement prévu.

C'est dans le même esprit que travaillent toutes les associations affiliées à la Narodna à l'égard desquelles l'association des « Sokol » de Kragujevac peut servir comme exemple (voir annexe III).

Comme pour la Narodna, ce sont des officiers, professeurs et agents de l'État qui sont à sa tête.

Le discours par lequel son Président, major Kovacevic, a ouvert l'essemblée annuelle de 1913 renonce totalement à mentionner la gymnastique, ce qui est cependant le but véritable des « Sokol » et ne parle que de la « préparation à la guerre » contre « l'Ennemi dangereux, sans cœur, odieux et envahissant du Nord » qui enlève à des millions de frères serbes leurs libertés et leurs droits et les maintient dans l'esclavage et les fers.

Dans les rapports administratifs de cette association, les développements techniques passent totalement à l'arrière-plan et ne servent que de rubriques pour la connaissance du véritable « but de l'activité de l'administration », notamment « *la préparation du développement national et la nécessité de fortifier la « nation écrasée » dans l'objectif qu'elle puisse ainsi mener à bien son « programme non encore rempli, sa tâche non encore accomplie », et accomplir cette « grande action qui doit s'accomplir dans l'avenir prochain : la libération des frères vivant au delà de la Drina qui endurent le martyre des crucifiés »*.

Il n'est pas jusqu'au trésorier qui ne fasse servir son rapport financier pour lancer cet appel que l'on doit « élever des faucons » qui sont en mesure « d'apporter la liberté aux frères non encore libérés. »

De même que les aspirations au développement dans la Narodna, l'activité en gymnastique des « Sokol » n'est pas le but lui-même, mais un simple moyen au service de la même propagande menée avec les mêmes intentions pour ne pas dire avec les mêmes mots exactement.

Lorsque la Narodna appelle au combat d'anéantissement contre la Monarchie, elle ne s'adresse pas seulement au peuple de la Monarchie, mais à tous les peuples slaves du sud. Pour la Narodna, les territoires slaves du sud de la Monarchie font partie de « nos territoires serbes soumis » (voir aussi annexe IV). De même les sujets slaves du sud de la Monarchie doivent prendre part à cette « œuvre nationale », de même cette activité « saine et nécessaire » doit s'exercer de l'autre côté de la frontière serbe et même sur le sol de la monarchie, la Narodna recherche ses « héros pour la guerre sainte », dont Obilic, l'assassin de Mourad, est cité comme exemple digne d'imitation du sacrifice à la patrie.

Mais, pour amener les frères « hors de Serbie » à participer au « travail d'initiative privée » la Narodna entretient une association intime avec les « Frères de ce côté-ci de la frontière ». Comment cette intimité est exercée, c'est ce qui n'est pas dit, sans doute parce que *cela appartient à cette partie du « travail d'ensemble »* qui « pour des raisons nombreuses ne peut ni ne doit être expliqué ».

Combien cette branche de son activité est étendue, c'est ce que montre le fait que non seulement le Comité central de la Narodna, mais encore certains de ses comités régionaux, possède des sections spéciales pour « les affaires extérieures ».

L'activité extérieure de la Narodna et de ses affiliés et particulièrement variée.

Celle qui est relativement la moins dangereuse parce que contrôlable officiellement, consiste en tournées de conférences qu'entreprennent les membres influents de la Narodna vers les parties sud-ouest de la Monarchie où ils parlent dans diverses sociétés sur des sujets nationaux ou de culture. Ces occasions permettent aux orateurs d'exposer aux cercles les plus relevés de leurs adhérents, en paroles plus ou moins gazées, compréhensibles pour ceux qui sont déjà au courant, les véritables tendances de l'association.

Parmi ces émissaires, un des plus connus est le Directeur de l'Imprimerie d'État Zivojin Dacic déjà nommé ; c'est lui qui, le 8 août 1909, a lancé un appel au peuple serbe, dans lequel il a désigné l'Autriche comme « l'ennemi de la Serbie » et l'a invité à se préparer au combat contre la Monarchie. A plusieurs reprises, il a entrepris des voyages d'agitation de ce genre. A Karlova (en 1912) il a même abandonné toute prudence et a parlé dans le sens de « l'union de tous les Serbes contre l'ennemi commun ».

Plus dangereuses sont les relations entretenues par les associations imbues de l'esprit de la Narodna, sous le manteau de la communauté des intérêts et de la culture, avec les associations dans la Monarchie ; car les envoyés respectifs et les visites corporatives de ces associations, qui échappent à tout contrôle, sont utilisées par les Serbes à toutes espèces de machinations contre la Monarchie.

C'est ainsi, par exemple, qu'un envoyé de la Narodna à la fête de Sarajevo en septembre 1912 (annexe VI) ne s'est pas gêné pour recruter en secret des adhérents bosniaques à sa société. L'envoi d'un représentant de l'association des Sokol de Kragujevac à cette fête devait signifier pour les frères de Bosnie : « Nous ne vous avons pas oubliés, les ailes de faucon de sumadija sont encore puissantes. » Une pensée qui, dans la circulation intime, aura trouvé sans doute une toute autre expression conforme aux tendances ci-dessus exposées de la Narodna (annexe III). Quant aux événements qui se passent lors des réunions du même genre en Serbie, il est évident qu'ils échappent à un contrôle quelconque des autorités Impériales et Royales qui ne possèdent à cet égard que des informations confidentielles difficilement contrôlables. En relation avec ces faits il y aurait lieu d'élever des doutes sur la visite des étudiants d'Agram en Serbie (avril 1912) qui ont reçu du côté serbe un accueil officiel presque militaire accompagné même d'une revue de troupes en leur honneur et cela d'une manière assez suggestive pour que l'association des Sokol de Kragujevac puisse dire : « Cet événement signifie le commencement et la clef d'un grand acte qui doit s'accomplir dans un événement rapproché, c'est un germe qui mûrira lorsque l'âme du peuple s'évanouira jusqu'à ce qu'il n'y ait plus aucune barrière qui ne soit détruite. »

Ce n'est que récemment qu'il est parvenu à la connaissance des autorités austro-hongroises que les associations de Sokol serbes ont réussi à déterminer quelques corporations analogues de la Monarchie à se mettre avec elles dans un lieu jusqu'à présent secret dont le caractère n'est pas encore complètement éclairci ; car les constatations à cet égard continuent à être relevées. Jusqu'à présent cependant les renseignements obtenus permettent d'estimer que l'on a découvert les traces d'un des moyens par lesquels les tendances subversives des Sokol serbes ont détourné et conduit à l'erreur certains groupes de personnes dans la Monarchie.

Cette propagande dans les cercles de plus en plus différents paraît cependant reléguée au second plan si on lui compare celle du « travail extérieur » qui est conduite par la Narodna et ses amis vers une agitation d'homme à homme. C'est dans ce domaine que se constatent les résultats les plus tristes.

Par ses hommes de confiance et émissaires secrets, elle apporte le poison de la mutinerie dans les cercles des gens d'âge comme dans ceux de la jeunesse irresponsable.

C'est ainsi par exemple que, détournés par Milan Pribicevitch les anciens officiers de Honved V. B. D. K. V. N. et le lieutenant de gendarmerie de Croatie Esclavone. V. K. ont abandonné le service de l'armée de la Monarchie dans les conditions les plus suspectes et se sont tournés vers la Serbie ; ils virent entre temps la plupart de leurs espérances déçues ou du moins en partie, et pensent à retourner dans la patrie qu'ils ont trahie. L'agitation introduite de Serbie dans les écoles moyennes de Croatie et de Bosnie est malheureusement si connue qu'elle a à peine besoin d'exemples. Ce qui est moins connu, c'est que ceux qui ont été éliminés pour infraction disciplinaire grave des écoles croates et bosniaques sont accueillis en Serbie les bras ouverts et souvent même protégés par l'État et entretenus comme des adversaires de la Monarchie. Les écoles serbes avec leurs maîtres hostiles à l'Autriche, qui sont en grande partie adhérents de la Narodna, sont évidemment des établissements tout à fait appropriés pour l'éducation d'adeptes de ce genre. Un cas particulièrement notable doit être cité ici. En mars dernier, plusieurs écoliers des écoles normales de maîtres de Pakrac (Croatie) ont été expulsés pour raison de grève. Ils se sont retournés vers la Serbie où ils ont obtenu illico des positions de maîtres d'école ou ont été admis dans des écoles normales de maîtres. Un de ces relégués, en relations avec des cercles hostiles à la Monarchie, a déclaré publiquement que lui et ses gens donneraient le conseil, émettraient l'opinion pendant la durée du séjour de l'archiduc héritier en Bosnie, que cette province est une terre serbe. Il est particulièrement à remarquer que le Préfet du cercle serbe de Krajna a accordé à trois de ces étudiants si compromis, pendant la durée du séjour de l'Archiduc François-Ferdinand en Bosnie, des passeports serbes dans lesquels il les désigne faussement comme des sujets serbes, quoiqu'il eût dû connaître leur qualité de Croates. Munis de ces passeports, les trois agitateurs ont pu gagner la Monarchie sans être remarqués, où cependant ils ont fini par être reconnus et arrêtés.

Mais ce qui précède ne suffit pas à caractériser intégralement l'activité « extérieure » de la Narodna.

Depuis longtemps déjà le Gouvernement impérial et royal a été informé par des informations confidentielles que la Narodna a préparé la guerre qu'elle a désiré à l'encontre de la Monarchie par des moyens militaires en ce sens qu'elle y envoie des émissaires chargés à la manière des bandes de tenter, dès l'ouverture des hostilités, la destruction des moyens de transport et d'amener des révoltes ou des paniques (voir annexe VII).

La procédure criminelle intentée en 1913 par le Conseil de guerre de Sarajevo contre Jovo Jajlicic et consorts pour crimes d'espionnage a amené la confirmation de ces informations confidentielles. Comme au temps de sa fondation, aujourd'hui encore, la préparation de la guerre par bandes armées, figure encore au programme de la Narodna, auquel est venu se joindre en plus toute une activité dans l'ordre de l'espionnage. C'est pour cela que le programme dit « réorganisé » de la Narodna est en réalité un programme *étendu*. D'une atmosphère de haine ainsi exaspérée publiquement et secrètement, d'une agitation échappant à toute responsabilité pour lesquelles dans la lutte contre l'Autriche tous les moyens sont bons jusques et y compris, sans en avoir honte, le meurtre vulgaire, devait finalement résulter des actes de terrorisme.

Le 8 juin 1912, le nommé Jukic a tiré sur le Commissaire royal à Agram, von Cuvaj, ce qui a amené la blessure mortelle du conseiller von Herwic assis dans la même voiture ; dans sa fuite, a tué un policier qui le poursuivait et en a blessé deux autres.

Il est connu par les poursuites que Jukic était imbu des idées et des plans de la Narodna, même si Jukic se livrait déjà depuis quelque temps à des projets d'attentat, ceux-ci n'arrivèrent cependant à maturité qu'après qu'il eut fait le 18 avril 1912 avec les étudiants d'Agram l'excursion de Belgrade aux fêtes préparées pour honorer ces visiteurs, ce Jukic est entré en rapports avec diverses personnes appartenant aux cercles de la Narodna et avec lesquelles il a discuté de politique. Peu de jours après, il est revenu à Belgrade et là il a reçu *d'un major serbe une bombe et d'un camarade un browning*, avec lesquels il a exécuté l'attentat. La bombe trouvée à Agram provenait, d'après les experts, d'un arsenal militaire.

Le coup de Jukic n'était pas encore oublié lorsque, le 18 août 1913, Stephan Dojcic, revenu d'Amérique à Agram, a commis un attentat contre le Commissaire royal baron Skerlecz, attentat résultant des actions organisées par les Serbes parmi les cercles des Slaves du Sud vivant en Amérique, et qui était l'œuvre de la propagande extérieure de la Narodna.

Une brochure du serbe T. Dimitrijevitch imprimée à Chicago, avec ses attaques sans mesures contre S. M. Impériale et Royale et ses appels aux Serbes de la Monarchie touchant leur prochaine « délivrance » les poussant à rentrer en Serbie, montre le parallélisme de la propagande menenée par les Serbes en toute liberté en Amérique, et de celle menée de Serbie dans les domaines de la Monarchie.

Et de nouveau, à peine un an après, Agram était le théâtre d'un nouvel attentat, manqué cette fois.

Le 20 mai 1913, Jacob Schafer a tenté, au théâtre d'Agram, sur le ban Freiherr von Skerlecz, un attentat qui a été arrêté au dernier moment par un policier. L'enquête a mis au jour l'existence d'un complot dont l'âme était Rudolf Hercigonja. Des déclarations de ce dernier et de ses cinq co-inculpés, il résulte que cet attentat aussi avait son origine en Serbie.

Ayant pris part à une tentative manquée pour mettre en liberté Jukic, Hercigonja s'était sauvé en Serbie (octobre 1912) où il fréquentait avec son complice Marojan Jakcic, des comitadji et des membres de la Narodna. Comme cela est arrivé fréquemment avec des esprits juvéniles s'occupant trop tôt de questions politiques, ces fréquentations ont amené les plus mauvais résultats. Hercigonja rentra chez lui avec le dogme prêché à Belgrade que les pays slaves du sud de la Monarchie doivent en être séparés pour être réunis au royaume serbe. Il avait en outre été persuadé par l'enseignement reçu de ses amis que ce but devait être poursuivi par l'exécution d'attentat sur de hauts personnages ayant part à la politique de la Monarchie.

C'est dans cet esprit qu'Hercigonja à Agram a exercé son action sur ses amis et les a amenés à ses idées. Au premier plan de ses projets, était l'exécution d'un attentat sur l'héritier du trône.

Peu de mois auparavant, des poursuites en haute trahison avaient été intentées contre Suka Alginovic. Au cours de ce procès, trois témoins ont déclaré qu'Alginovic avait dit devant eux avoir reçu cent dina de la Narodna et autant d'une association secrète d'étudiants pour début de propagande, mais principalement pour l'exécution d'un attentat sur l'archiduc François-Ferdinand.

On voit à quel point l'agitation criminelle de la Narodna et de ceux qui partagent ses opinions, s'est concentrée ces derniers temps sur la personne de l'archiduc héritier.

De toutes ces constatations, on arrive à la conclusion que la Narodna ainsi que les cercles hostiles à la Monarchie groupés autour d'elle considéraient depuis peu le moment venu de faire réaliser leur enseignement par des actes.

Il est remarquable qu'elle se contente pour ces actes de donner l'*incitation* et là où cette incitation était tombée sur un sol fertile de placer les *moyens de secours matériels à leur disposition*, mais qu'elle a fait reposer tout le rôle dangereux de cette propagande par le fait, uniquement sur la jeunesse de la Monarchie excitée et détournée par elle qui doit supporter seule le fardeau de ce triste « héroïsme ».

Tous les traits de cette façon de faire se retrouvent dans l'histoire et l'origine de l'attentat profondément regrettable du 28 juin.

Princip et Grabez sont des exemples de cette jeunesse empoisonnée dès l'école par les pensées de la Narodna. A Belgrade, fréquentant les cercles d'étudiants imbus de ces idées, Princip s'est occupé de plans d'attentat contre l'Archiduc héritier contre lequel s'exerçait la haine particulièrement aiguë des éléments hostiles à la Monarchie, à l'occasion de son voyage dans les pays annexés.

Il se lia d'amitié avec Kabrinovitch qui fréquentait les mêmes cercles et dont les opinions radicalement révolutionnaires, d'après ses propres aveux, l'amenaient au même sentiment hostile à la Monarchie et à la propagande par le fait. Mais, si soigneusement qu'ait été préparé ce complot et si décidés qu'aient été les conjurés, cependant l'attentat n'aurait jamais été accompli s'il ne s'était pas trouvé, comme dans le cas Jukic, des gens pour donner aux complices les moyens d'exécuter leur agression, car Princip et Kabrinovitch l'ont expressément reconnu, ils manquaient autant des armes nécessaires que d'argent pour les acheter. Il est intéressant de voir où les complices se sont procuré leurs armes. Milan Pribicevic et Zivojin Dacic, ces deux hommes principaux de la Narodna sont les premiers auxquels les complices se sont adressés dans leur besoin comme à une aide sûre sans doute parce qu'il était déjà devenu une traduction dans le cerle de ceux qui sont prêts à commettre des attentats qu'il était possible d'obtenir des représentants de la Narodna des instruments de meurtre. Le fait accidentel que ces deux hommes, au moment critique, ne se trouvaient pas à Belgrade, déjoua sans doute ce projet, cependant Princip et Kabrinovic ne furent pas embarrassés pour trouver une autre assistance, celle de Milan Ciganovic, un ancien comitadji, maintenant fonctionnaire des chemins de fer à Belgrade et membre de la Narodna. Ce dernier et son ami, le major Voja Tankosic déjà nommé, également un des chefs de la Narodna qui a été en 1908 le chef de l'école des bandes armées de Kuprija (annexe V) apparaissent maintenant comme les chefs spirituels du complot. Ils n'eurent qu'une hésitation, légère au début, à savoir si les trois conjurés étaient réellement décidés à commettre cet acte, hésitation qui disparut bientôt grâce à leurs suggestions. Dès lors, ils furent prêts à fournir toute assistance, Tankosic a procuré quatre brownings et des munitions et de l'argent pour le voyage. Six grenades à main provenant de l'armée serbe constituaient le complément d'armement, ce qui nous rappelle le cas Jukic. Préoccupé du succès, Tankosic procura l'enseignement du tir, mais Tankosic et Ciganovic se sont préoccupés en outre d'assurer un moyen spécial *non désiré* d'assurer le secret du complot. Ils apostèrent Zian Kali avec l'indication que les deux auteurs, après l'attentat, devaient se tuer, acte de précaution qui devait leur profiter en première ligne, car le secret leur enlevait le faible danger qu'ils avaient assumé dans cette entreprise. *La mort sûre pour les victimes de leur détournement, la pleine sécurité pour elle-même, telle est la devise, connue maintenant, de la Narodna*

Pour rendre possible l'exécution de l'attentat, il fallait que les armes et bombes parvinssent en fraude et sans être aperçues en Bosnie. Là encore, Ciganovic a donné toute son assistance, il prescrit aux conjurés une route déterminée et leur assure la protection des autorités frontières serbes. La manière dans laquelle ce voyage décrit par Princip comme « mystérieux » a été organisé et exécuté ne laisse subsister aucun doute qu'il s'agit d'une voie secrète bien préparée et déjà parcourue souvent en vue de desseins secrets de la Narodna. Avec une simplicité et une sûreté résultant de la seule habitude, les capitaines de la frontière à Sabak et Losnika ont prêté dans ce but leur organisation administrative ; sans difficulté s'est effectué ce transport secret, avec son système compliqué de guides toujours changeants qui, appelés comme par miracle, se trouvaient toujours sur place quand on avait besoin d'eux. Sans s'enquérir du but de ce voyage curieux de quelques étudiants trop jeunes, les autorités serbes ont laissé sur l'indication de l'ancien comitadji et du fonctionnaire subalterne des chemins de fer Ciganovic, jouer cet appareil fonctionnant si facilement. Ils n'avaient d'ailleurs pas besoin de demander, car d'après les indications reçues, il était clair pour eux qu'il s'agissait de remplir de nouveau une mission de la « Narodna ». La vue de l'arsenal de bombes et de revolvers arrachait seulement au surveillant Grbic un sourire bienveillant d'approbation donnant la preuve complète combien l'on était habitué sur cette route à rencontrer une contrebande de ce genre.

Le Gouvernement royal serbe s'est chargé d'une faute lourde en laissant s'accomplir tout cela.

Tenu à cultiver des relations de bon voisinage avec l'Autriche-Hongrie, il a permis à la presse de répandre la haine contre la Monarchie, toléré que des associations établies sur son sol sous la conduite d'officiers élevés, de fonctionnaires, de maîtres et de juges, se livrent contre la Monarchie à une campagne publique menant ses citoyens aux idées révolutionnaires, il n'a pas empêché que des hommes ayant une part à la direction de son administration militaire et civile empoisonnent la conscience publique contre tous les sentiments moraux au point que, dans cette lutte, l'assassinat vulgaire par guet-apens apparaisse comme l'arme la plus recommandable.

N° 75 BIS

COMMUNIQUÉ officieux du bureau de la Presse :

Vienne, 28 juillet 1914.

Le Ministre autrichien à Belgrade a présenté dès son retour à Vienne le texte de la réponse serbe.

Cette réponse est remplie d'un esprit de manque de sincérité : elle laisse apparaître que le Gouvernement serbe est sans intention sérieuse de mettre fin à la tolérance coupable grâce à laquelle ont été permises les menées anti-autrichiennes. La réponse serbe contient de telles restrictions et limitations, non seulement sur le principe même de la démarche austro-hongroise, mais encore en ce qui concerne les revendications exposées par l'Autriche, que les concessions faites sont sans importance.

En particulier, refus sous prétexte vain, d'accepter la participation des organes austro-hongrois pour la poursuite des auteurs des attentats résidant en territoire serbe.

De même la réponse serbe à la demande autrichienne pour mettre fin aux menées hostiles de la presse équivaut à un refus.

La demande relative aux mesures qui devaient être prises pour que les associations hostiles à l'Autriche-Hongrie ne puissent, après leur dissolution, continuer leur action sous un autre nom et forme, n'a pas même été envisagée.

Ces revendications constituant le minimum nécessaire au rétablissement du calme permanent dans le Sud-Est de la Monarchie, la réponse serbe est considérée comme insuffisante.

Le Gouvernement serbe en a conscience d'ailleurs, puisqu'il envisage le règlement du conflit par voie d'arbitrage, et que le jour où sa réponse devait être remise et avant cette remise, il avait ordonné la mobilisation.

N° 76.

M. René VIVIANI, Président du Conseil,
à M. BIENVENU-MARTIN, Ministre des Affaires Étrangères p. i.

A bord de la *France*, le 28 juillet 1914.

J'ai reçu par Copenhague votre télégramme résumant les faits de samedi, le télégramme relatant la dernière visite de l'ambassadeur d'Allemagne, celui relatif à la médiation que la Russie conseille à la Serbie de demander et aux démarches anglaises à Berlin, ainsi que votre télégramme venu ce matin directement par la tour Eiffel.

J'approuve pleinement la réponse que vous avez faite au baron de Schoen ; la thèse que vous avez soutenue est l'évidence même : dans la recherche d'une solution pacifique du conflit, nous sommes pleinement d'accord avec la Russie, qui n'est pas responsable de la situation actuelle, et n'a encore procédé à aucune mesure quelconque pouvant éveiller le moindre soupçon ; mais il est évident qu'à titre de contrepartie l'Allemagne ne saurait se refuser à donner des conseils au Gouvernement austro-hongrois, dont l'action a ouvert la crise.

Il y a donc lieu de continuer à tenir à l'Ambassadeur d'Allemagne le même langage. Ce conseil est d'ailleurs en harmonie avec la double proposition anglaise mentionnée dans votre télégramme. J'approuve entièrement la combinaison suggérée par sir Edward Grey et j'invite directement M. Paul Cambon à le lui faire savoir. Il est essentiel que l'on sache à Berlin et à Vienne que notre plein concours est acquis aux efforts que poursuit le Gouvernement britannique en vue de chercher une solution au conflit austro-serbe. L'action des quatre puissances moins intéressées ne peut, pour les raisons exposées ci-dessus, s'exercer uniquement à Vienne et à Pétersbourg. En proposant de l'exercer aussi à Belgrade, ce qui veut dire surtout, en fait, entre Vienne et Belgrade, sir Edward Grey rentre dans la logique de la situation ; et, en n'excluant pas Pétersbourg, il offre, d'autre part, à l'Allemagne, un moyen de se départir, en toute dignité, de la démarche par laquelle le Gouvernement allemand a fait savoir à Paris et à Londres que l'affaire était envisagée par lui comme purement austro-serbe et dépourvue de caractère général).

Je vous prie de communiquer le présent télégramme à nos représentants auprès des grandes puissances et à notre Ministre à Belgrade.

René VIVIANI.

N° 77

M. BIENVENU-MARTIN, Ministre des Affaires Étrangères p. i.
à M. René VIVIANI, Président du Conseil, à bord de la *France*,

Paris, 28 juillet 1914.

Malgré les assurances données, tant à Berlin qu'à Paris, par les agents allemands, du désir de leur gouvernement de concourir aux efforts pour le maintien de la paix, aucune action sincère n'est exercée par eux pour retenir l'Autriche ; la proposition anglaise, qui consiste dans une action des quatre puissances moins intéressées pour obtenir un arrêt des opérations militaires à Vienne, Belgrade et Pétersbourgs et dans une réunion à Londres des Ambassadeurs d'Allemagne, de France et d'Italie, sous la présidence de Sir E. Grey en vue de chercher une solution aux difficultés austro-serbes, rencontre à Berlin des objections de nature à la faire échouer.

L'Ambassadeur d'Autriche a fait une démarche pour annoncer que son gouvernement prendrait demain des mesures énergiques pour contraindre la Serbie à lui donner les satisfactions et les garanties qu'il exige de cette puissance ; le Comte Szecsen ne s'est pas expliqué sur ces mesures ; la mobilisation, à partir du 28 juillet, paraît certaine d'après notre attaché militaire à Vienne.

BIENVENU-MARTIN

N° 78

M. BIENVENU-MARTIN, Ministre des Affaires Étrangères p. i.
à Londres, Berlin, Pétersbourg, Vienne, Rome.

Paris, le 28 juillet 1914.

J'ai eu de nouveau la visite de l'Ambassadeur d'Allemagne ce matin ; il m'a dit qu'il n'avait pas de communication, pas de proposition officielle à me faire, mais qu'il venait, comme la veille, causer de la situation et des moyens à employer pour éviter des actes irréparables. Interrogé sur les intentions de l'Autriche, il a déclaré ne pas les connaître, et ignorer la nature des moyens de coercition qu'elle prépare.

L'Allemagne, selon le Baron de Schoen, ne demande qu'à agir avec la France pour le maintien de la paix. Sur l'observation qui lui était faite qu'un projet de médiation des quatre puissances, auquel nous avons adhéré, et qui a obtenu l'assentiment de principe de l'Italie et de l'Allemagne, a été mis en avant par l'Angleterre, l'ambassadeur a dit que le Gouvernement allemand ne demandait en effet qu'à s'associer à l'action des puissances, pourvu que cette action n'affecte pas la forme d'un arbitrage ou d'une conférence, repoussés par l'Autriche.

J'ai répondu que si le mot seul arrète le Gouvernement autrichien, le but peut être atteint par d'autres moyens ; le Gouvernement allemand est bien placé pour demander à l'Autriche de laisser aux puissances le temps d'intervenir, de trouver une conciliation.

M. de Schoen m'a fait alors observer qu'il n'a pas d'instructions et sait seulement que l'Allemagne se refuse à exercer une pression sur l'Autriche, qui ne veut pas de conférence. Il reproche aux journaux français de prêter à l'Allemagne une attitude qu'elle n'a pas, en prétendant qu'elle pousse l'Autriche : sans doute elle approuve son attitude, mais elle n'a pas connu sa note ; elle ne saurait l'arrêter trop brusquement, car l'Autriche a besoin de garanties contre les procédés serbes.

BIENVENU-MARTIN.

N° 79

M. BIENVENU-MARTIN, Ministre des Affaires étrangères p. i.
    à M. DUMAINE, Ambassadeur de France à Vienne,

Paris, le 28 juillet 1914.

Vous connaissez, par les télégrammes de nos Ambassades, que je vous ai transmis, la proposition anglaise de médiation à quatre et de conférence à Londres, ainsi que notre adhésion à cette suggestion, l'acceptation conditionnelle de l'Italie et les réserves de Berlin.

Je vous prie de vous tenir en contact à ce sujet avec votre Collègue d'Angleterre, qui a reçu les instructions nécessaires pour saisir le Gouvernement austro-hongrois de la suggestion anglaise, dès que ses trois Collègues auront été autorisés à faire la même démarche ; vous vous conformerez à son attitude.

N° 80

M. Paul CAMBON, Ambassadeur de France à Londres,
    à M. BIENVENU-MARTIN, Ministre des Affaires étrangères p. i.

Londres, le 28 juillet 1914.

Sir Ed. Grey a reçu hier mes Collègues d'Autriche-Hongrie et d'Allemagne. Le premier a continué à soutenir que la réponse serbe était inacceptable. Le second a tenu un

13.

langage analogue à celui de M. de Schoen à Paris. Il a insisté sur l'utilité d'une action modératrice de l'Angleterre à Pétersbourg. Sir Ed. Grey lui a répondu que la Russie s'était montrée très modérée depuis l'ouverture de la crise, notamment dans ses conseils au Gouvernement serbe, et qu'il serait très embarrassé de lui faire des recommandations pacifiques. Il a ajouté que c'était à Vienne qu'il convenait d'agir et que le concours de l'Allemagne était indispensable.

D'autre part l'Ambassadeur d'Angleterre à Pétersbourg a télégraphié que M. Sazonoff avait proposé à l'Ambassadeur d'Autriche une conversation sur l'affaire serbe. Cette information a été confirmée par l'Ambassadeur d'Angleterre à Vienne qui a fait savoir qu'un premier entretien entre le Ministre russe des Affaires étrangères et le Comte Szapary avait produit un bon effet au Ballplatz.

Sir Ed. Grey et Sir A. Nicolson m'ont dit que, si un accord pouvait s'établir directement entre Pétersbourg et Vienne, il faudrait s'en féliciter, mais ils ont élevé quelques doutes sur le succès de l'initiative de M. Sazonoff.

Interrogé par Sir G. Buchanan sur la convocation éventuelle à Londres d'une Conférence des Représentants de l'Angleterre, de la France, de l'Allemagne et de l'Italie pour chercher une issue à la situation actuelle, M. Sazonoff a répondu : « qu'il avait entamé des pourparlers avec l'Ambassadeur d'Autriche dans des conditions qu'il espérait favorables ; que cependant il n'avait pas encore reçu de réponse à sa proposition d'une révision de la Note serbe par les deux Cabinets. » Si des explications directes avec le Cabinet de Vienne sont irréalisables, M. Sazonoff se déclare prêt à accepter la proposition anglaise ou toute autre de nature à résoudre favorablement le conflit.

Il serait, en tous cas, très désirable que cette négociation directe, à un moment où le moindre retard peut avoir de si sérieuses conséquences, fût menée de manière à ne pas entraver l'action de Sir Ed. Grey et à ne pas fournir à l'Autriche un prétexte pour se dérober à l'intervention amicale des quatre puissances.

L'Ambassadeur d'Angleterre à Berlin ayant insisté auprès de M. de Jagow pour obtenir une adhésion à la suggestion de Sir Ed. Grey, le Ministre allemand des Affaires étrangères a répondu qu'il convenait d'attendre le résultat de la conversation engagée entre Pétersbourg et Vienne. Sir Ed. Grey a, en conséquence, prescrit à Sir Ed. Goschen de suspendre pour le moment ses démarches. Au surplus l'annonce que l'Autriche vient de notifier officiellement sa déclaration de guerre à la Serbie fait entrer la question dans une nouvelle phase.

Paul CAMBON.

N° 81.

M. Jules CAMBON, Ambassadeur de France à Berlin,
à M. BIENVENU-MARTIN, Ministre des Affaires étrangères p. i.

Berlin, le 28 juillet 1914.

La conversation que M. Sazonoff a eue avec le Comte Szapary a été portée à la connaissance de M. de Jagow par le Chargé d'Affaires de Russie. Le Secrétaire d'État lui a dit que, conformément aux remarques de l'Ambassadeur d'Allemagne en Russie, puisque après l'expiration de l'ultimatum de l'Autriche le Gouvernement de Vienne ne se refusait pas à causer avec le Gouvernement de Pétersbourg, il y avait lieu d'espérer que de son côté le Comte Berchtold pourrait causer avec M. Schebeko et qu'une issue pourrait être trouvée aux difficultés actuelles. Le Chargé d'affaires russe voit avec faveur cette disposition des esprits, qui correspond aux désirs de M. de Jagow de voir Vienne et Pétersbourg s'entendre directement et dégager l'Allemagne. Il y a lieu de se demander seulement si l'Autriche ne cherche pas à gagner du temps pour se préparer.

J'ai aujourd'hui appuyé la démarche de mon Collègue d'Angleterre auprès du Secrétaire d'État. Celui-ci m'a répondu comme à Sir Ed. Goschen, qu'il lui était impossible d'accepter l'idée d'une sorte de conférence à Londres entre les Ambassadeurs des quatre Puissances, et qu'il faudrait donner à la suggestion anglaise une autre forme, pour qu'elle pût être réalisée. Je lui ai fait valoir le danger d'un retard, qui pouvait amener la guerre, et lui ai demandé s'il la souhaitait. Il a protesté et a ajouté que les conversations directes entre Vienne et Pétersbourg étaient entamées, et que dès maintenant, il en attendait une suite favorable.

L'Ambassadeur d'Angleterre et l'Ambassadeur d'Italie sont venus me voir ce matin ensemble, pour m'entretenir des conversations qu'ils avaient eues avec M. de Jagow hier au sujet de la proposition de Sir Ed. Grey. Le Secrétaire d'État leur a, somme toute, tenu le même langage qu'à moi : acceptant en principe de s'unir dans une démarche commune à l'Angleterre, à l'Italie et à nous-mêmes, mais repoussant toute idée de conférence.

Nous avons pensé, mes collègues et moi, qu'il n'y avait là qu'une question de forme et l'Ambassadeur d'Angleterre va suggérer à son Gouvernement de libeller autrement sa proposition, qui pourrait prendre le caractère d'une démarche diplomatique à Vienne et à Pétersbourg.

En raison de la répugnance manifestée par M. de Jagow contre toute démarche à Vienne, Sir Ed. Grey pourrait le mettre au pied du mur, en lui demandant de formuler lui-même comment pourrait se produire l'action diplomatique des puissances pour éviter la guerre.

Nous devons nous associer à tous les efforts en faveur de la paix compatibles avec nos engagements vis-à-vis de notre alliée ; mais, pour laisser les responsabilités où elles sont, il importe d'avoir soin de demander à l'Allemagne de préciser ce qu'elle veut.

Jules CAMBON.

N° 82.

M. Paléologue, Ambassadeur de France à Pétersbourg,

à M. **Bienvenu-Martin**, Ministre des Affaires étrangères p. i.

Pétersbourg, le 28 juillet 1914.

Le Gouvernement austro-hongrois n'a pas encore répondu à la proposition du Gouvernement russe, tendant à l'ouverture d'une conversation directe entre Pétersbourg et Vienne.

M. Sazonoff a reçu cet après-midi les Ambassadeurs d'Allemagne et d'Autriche-Hongrie ; l'impression qu'il a gardée de son double entretien est mauvaise : « Décidément, m'a-t-il dit, l'Autriche ne veut pas causer ».

A la suite d'une conversation que je viens d'avoir avec mes deux collègues, j'éprouve la même impression de pessimisme.

PALÉOLOGUE.

N° 83.

M. Dumaine, Ambassadeur de France à Vienne,

à M. **Bienvenu-Martin**, Ministre des Affaires étrangères p. i.

Vienne, le 28 juillet 1914.

Le Comte Berchtold vient de déclarer à Sir M. de Bunsen que toute intervention tendant à la reprise de la discussion entre l'Autriche et la Serbie, sur la base de la réponse serbe, serait inutile, et d'ailleurs trop tardive, la guerre ayant été officiellement déclarée à midi.

L'attitude de mon collègue russe n'a jusqu'à présent pas varié : il ne s'agissait pas à son avis de localiser le conflit, mais bien de l'empêcher. La déclaration de guerre rendra bien difficile l'engagement des pourparlers à quatre, ainsi que la continuation des entretiens directs entre M. Sazonoff et le Comte Szapary.

On prétexte ici que la formule que paraissait pouvoir obtenir l'adhésion de l'Allemagne, « médiation entre l'Autriche et la Russie », a l'inconvénient d'accuser entre ces deux empires un conflit qui n'existe pas, jusqu'à présent.

Parmi les soupçons qu'inspire la soudaine et violente résolution de l'Autriche, le plus inquiétant est que l'Allemagne l'aurait poussée à l'agression contre la Serbie afin de pouvoir elle-même entrer en lutte avec la Russie et la France, dans les circonstances qu'elle suppose devoir lui être le plus favorables, et dans des conditions délibérées.

DUMAINE.

CHAPITRE V

DE LA DÉCLARATION DE GUERRE DE L'AUTRICHE A LA SERBIE

(28 JUILLET 1914)

A L'ULTIMATUM DE L'ALLEMAGNE A LA RUSSIE

(31 JUILLET 1914)

N° 84.

M. BARRÈRE, Ambassadeur de France à Rome,

à M. BIENVENU-MARTIN, Ministre des Affaires étrangères p. i.

Rome, le 29 juillet 1914.

La Consulat estime que, malgré la déclaration de guerre de l'Autriche à la Serbie, il n'y a pas lieu d'interrompre les efforts diplomatiques tendant à la réunion d'une Conférence à Londres en vue d'une médiation.

BARRÈRE.

N° 85

M. BIENVENU-MARTIN, Ministre des Affaires étrangères p. i.,

à Saint-Pétersbourg, Londres, Berlin, Rome, Vienne, Constantinople, Belgrade.

Paris, le 29 juillet 1914.

L'attitude austro-allemande se précise. L'Autriche, indiquiète de la propagande slave, a saisi l'occasion de l'attentat de Serajevo pour châtier les menées serbes, et prendre de ce côté, des garanties qui peuvent, selon que l'on laissera ou non se développer les événements, ne porter que sur le Gouvernement et l'armée serbes, ou devenir territoriales. L'Allemagne s'interpose entre son alliée et les autres puissances, en déclarant qu'il s'agit d'une question locale, châtiment d'un crime politique dans le passé, garanties certaines pour l'avenir que les menées anti-autrichiennes prendront fin. Le Gouvernement allemand estime que la Russie doit se contenter des assurances officielles et formelles données par l'Autriche qu'elle ne poursuit pas d'agrandissement territorial et respectera l'intégrité de la Serbie; dans ces conditions, c'est de la Russie seule, si elle voulait intervenir dans une question bien délimitée, que peut venir un danger de guerre. Dans ces conditions, c'est à Pétersbourg seulement qu'il faut agir pour le maintien de la paix.

Ce sophisme, qui dispenserait l'Allemagne d'intervenir à Vienne, a été soutenu sans succès à Paris par M. de Schoen, qui a vainement tenté de nous entraîner dans une action solidaire franco-allemande à Pétersbourg; il a été également développé à Londres auprès de Sir E. Grey: en France comme en Angleterre, on a répondu que le cabinet de Pétersbourg a donné, depuis le début, les plus grandes preuves de sa modération, en particulier en s'associant aux puissances pour donner à la Serbie le conseil de céder aux exigences de la note autrichienne. La Russie ne menace donc nullement la paix ; c'est à Vienne qu'il faut agir, c'est de là que vient le danger, du moment qu'on y refuse de se contenter de la soumission presque totale de la Serbie à des exigences exorbitantes et qu'on ne veut pas accepter la collaboration des puissances pour la discussion des points restant à régler entre l'Autriche et la Serbie, et enfin qu'on n'hésite pas devant une déclaration de guerre aussi précipitée que la note primitive de l'Autriche-Hongrie.

L'attitude à Berlin, comme à Vienne, reste dilatoire. Dans la première capitale, tout en protestant du désir allemand de sauvegarder la paix générale par une action commune des quatre puissances, on repousse l'idée d'une Conférence, sans suggérer aucun autre moyen et en refusant d'agir positivement à Vienne. Dans la capitale autrichienne, on voudrait amuser Pétersbourg par l'illusion d'une entente pouvant résulter de conversations directes, et l'on agit contre la Serbie.

Dans ces conditions, il paraît essentiel que le cabinet de Pétersbourg, dont le désir de dénouer pacifiquement la crise est manifeste, adhère immédiatement à la proposition anglaise. Celle-ci a besoin d'être très appuyée à Berlin pour décider M. de Jagow à une action réelle sur Vienne, susceptible d'arrêter l'Autriche et d'empêcher que son avantage diplomatique se double d'un succès militaire. Le Gouvernement austro-hongrois ne manquerait pas en effet d'en profiter pour imposer à la Serbie, sous le nom élastique de garanties, des conditions qui modifieraient en fait, malgré toutes les assurances de désintéressement territorial, le statut de l'Europe orientale, et risqueraient de compromettre gravement, soit dès maintenant, soit dans un avenir prochain, la paix générale.

BIENVENU-MARTIN.

N° 86.

M. PALÉOLOGUE, Ambassadeur de France à Saint-Pétersbourg,
à M. BIENVENU-MARTIN, Ministre des Affaires étrangères p. i.

Saint-Pétersbourg, le 29 juillet 1914.

Dès maintenant, je suis en mesure d'assurer à Votre Excellence que le Gouvernement russe acquiesce à toutes les procédures que la France et l'Angleterre lui proposeront pour sauvegarder la paix. Mon collègue d'Angleterre télégraphie dans le même sens à Londres.

PALÉOLOGUE.

N° 87.

M. Klobukowski, Ministre de France à Bruxelles,

à M. Bienvenu-Martin, Ministre des Affaires étrangères p. i.

Bruxelles, le 29 juillet 1914.

De mon entretien avec M. Davignon et diverses personnes en mesure d'être exactement informées, je rapporte l'impression suivante : l'attitude de l'Allemagne est énigmatique et autorise toutes les appréhensions. Il paraît invraisemblable que le Gouvernement austro-hongrois ait pris une initiative le conduisant, suivant un plan préconçu, à une déclaration de guerre sans accord préalable avec l'empereur Guillaume.

Le Gouvernement allemand reste l'arme au pied, réservant, selon les circonstances, son action pacifique ou guerrière, mais l'inquiétude est telle dans tous les milieux qu'une intervention brusque contre nous ne surprendrait ici personne. Mes Collègues de Russie et d'Angleterre partagent ce sentiment.

Le Gouvernement belge prend des dispositions conformes à la déclaration que m'a faite hier soir M. Davignon que tout sera mis en œuvre pour la défense de la neutralité du pays.

Klobukowski.

N° 88

M. Ronssin, Consul général de France à Francfort,

à M. Bienvenu-Martin, Ministre des Affaires étrangères p. i.

Francfort, le 29 juillet 1914.

Je vous signale d'importants mouvements de troupes hier et cette nuit. Ce matin, plusieurs régiments sont arrivés en tenue de campagne, notamment par les routes de Darmstadt, Cassel et Mayence, qui sont remplies de militaires. Les ponts et chemins de fer sont gardés sous prétexte de préparer les manœuvres d'automne.

Ronssin.

N° 89.

M. ALLIZÉ, Ministre de France à Munich,
à M. BIENVENU-MARTIN, Ministre des Affaires étrangères p. i.

Munich, le 29 juillet 1914.

On m'assure que les moulins d'Illkirch (Alsace-Lorraine) ont été invités à cesser de livrer à leur clientèle ordinaire et à réserver toute leur production pour l'année.

De Strasbourg sont signalés des transports de canons automobiles employés pour le tir sur aéroplanes et dirigeables.

Sous prétexte de modification dans les exercices d'automne, les sous-officiers et soldats des régiments d'infanterie bavaroise de Metz, qui étaient en permission en Bavière à l'occasion des récoltes, ont reçu l'ordre hier de rentrer immédiatement.

ALLIZÉ.

N° 90.

M. DUMAINE, Ambassadeur de France à Vienne,
à M. BIENVENU-MARTIN, Ministre des Affaires étrangères p. i.

Vienne, le 29 juillet 1914·

Le Consul de France à Prague me confirme la mobilisation du 8e corps d'armée déjà annoncée, et celle de la division de landwehr de ce corps d'armée. Les divisions de cavalerie de Galicie mobilisent également ; des régiments, des divisions de cavalerie de Vienne et de Buda-Pest ont déjà été transportés à la frontière russe. Des convocations de réservistes ont actuellement lieu dans cette région.

En vue de faire face à toute menace, et peut-être pour en imposer à Pétersbourg, le bruit court que le Gouvernement austro-hongrois aurait l'intention de décider, le 30 juillet ou le 1er août, la mobilisation générale des armées. Enfin le retour de l'Empereur d'Ischl à Vienne est assuré pour demain.

DUMAINE.

N° 91.

M. Paléologue, Ambassadeur de France à Saint-Pétersbourg,
à M. Bienvenu-Martin, Ministre des Affaires étrangères p. i.

Saint-Pétersbourg, le 29 juillet 1914.

La conversation directe à laquelle le Gouvernement russe avait amicalement convié le Gouvernement austro-hongrois est refusée par celui-ci.

D'autre part, l'État-Major russe a constaté que l'Autriche précipite ses préparatifs militaires contre la Russie et active sa mobilisation, qui a commencé sur la frontière de Galicie. En conséquence, l'ordre de mobilisation sera expédié, cette nuit, aux treize corps d'armée destinés à opérer éventuellement contre l'Autriche.

Malgré l'échec de sa proposition, M. Sazonoff accepte l'idée d'une conférence des quatre Puissances à Londres ; il n'attache d'ailleurs aucune importance au titre officiel de cette délibération et se prêtera à toutes les tentatives anglaises en faveur de la paix.

Paléologue.

N° 92.

M. Jules Cambon, Ambassadeur de France à Berlin,
à M. Bienvenu-Martin, Ministre des Affaires étrangères p. i.

Berlin, le 29 juillet 1914.

J'ai demandé aujourd'hui au Secrétaire d'État où en était la question des conversations directes entre Vienne et Pétersbourg, qui lui semblait hier la meilleure procédure pour arriver à une détente. Il m'a répondu qu'à Pétersbourg les dispositions sur ce point étaient bonnes et qu'il avait demandé à Vienne d'entrer dans cette voie. Il attendait la réponse. Le Gouvernement britannique, après avoir vu repousser la suggestion d'une conférence, avait fait connaître qu'il verrait avec faveur ces conversations s'ouvrir entre l'Autriche et la Russie et avait demandé que l'Allemagne y poussât l'Autriche, ce que le Gouvernement impérial ne manque pas de faire.

J'ai demandé à M. de Jagow s'il avait enfin la réponse de la Serbie à l'Autriche, et ce qu'il en pensait. Il m'a répondu qu'il y voyait une base de négociation possible. J'ai repris que c'est justement pour cela que je trouvais inexplicable la rupture de l'Autriche après la réception d'un document pareil.

Le Secrétaire d'État a alors fait remarquer qu'avec les peuples d'Orient on n'avait jamais assez de sûretés et que l'Autriche voulait contrôler l'exécution des promesses qui lui étaient faites, contrôle que la Serbie refusait. C'est là, aux yeux du Secrétaire d'État, le point capital. J'ai répliqué à M. de Jagow que, voulant rester indépendante, la Serbie devrait repousser le contrôle d'une seule Puissance, mais qu'une Commission internationale ne présenterait pas le même caractère. Les États Balkaniques en comptent plus d'une, à commencer par la Commission financière à Athènes. On pourrait par exemple, ai-je dit, imaginer, entre autres combinaisons, une Commission internationale provisoire chargée de contrôler l'enquête de police demandée par l'Autriche ; il était clair par cet exemple que la réponse de la Serbie ouvrait la porte à des conversations et ne justifiait pas une rupture.

J'ai ensuite demandé au Secrétaire d'État si, en dehors des conversations directes entre Vienne et Pétersbourg, auxquelles Sir Ed. Grey s'était rallié, il ne pensait pas que l'action commune des quatre Puissances pourrait s'exercer par l'intermédiaire de leurs Ambassadeurs. Il m'a répondu affirmativement, ajoutant qu'actuellement le Cabinet de Londres se contentait d'appuyer dans le sens des conversations directes.

A la fin de l'après-midi, le Chancelier de l'Empire a prié l'Ambassadeur d'Angleterre de venir le voir. Il lui a parlé de la proposition de Sir Ed. Grey tendant à la réunion d'une conférence ; il lui a dit qu'il n'avait pas pu accepter une proposition qui semblait imposer l'autorité des Puissances à l'Autriche ; il a assuré mon Collègue de son sincère désir de la paix et des efforts qu'il faisait à Vienne, mais il a ajouté que la Russie était seule la maîtresse de maintenir la paix ou de déchaîner la guerre.

Sir Ed. Goschen lui a répondu qu'il ne partageait pas son sentiment et que, si la guerre éclatait, l'Autriche aurait la plus grosse part de responsabilité, car il était inadmissible qu'elle eût rompu avec la Serbie après la réponse de celle-ci.

Sans discuter sur ce point, le Chancelier a dit qu'il poussait autant qu'il le pouvait aux conversations directes entre l'Autriche et la Russie ; il savait que l'Angleterre voyait cette conversation d'un œil favorable. Il a ajouté que sa propre action serait bien difficile à Vienne, s'il était vrai que la Russie eût mobilisé sur la frontière autrichienne quatorze corps d'armée. Il a prié mon collègue d'appeler sur toutes ces observations l'attention de Sir Ed. Grey.

Sir E. Groschen a télégraphié dans ce sens à Londres.

L'attitude du Chancelier est très probablement la conséquence du dernier entretien de Sir Ed. Grey avec le prince Lichnowski. Jusqu'à ces tout derniers jours, on s'est flatté ici que l'Angleterre resterait hors du débat, et l'impression produite par son attitude est profonde sur le Gouvernement allemand et sur les financiers et hommes d'affaires.

Jules CAMBON.

N° 93.

M. Dumaine, Ambassadeur de France à Vienne,
à M. Bienvenu-Martin, Ministre des Affaires étrangères p. i.

Vienne, le 29 juillet 1914.

L'opinion de mes collègues anglais, russe et italien concorde avec la mienne concernant l'impossibilité d'empêcher une première lutte entre l'Autriche et la Serbie, toutes les tentatives pour retarder le choc ayant échoué.

M. Schebeko avait demandé que les pourparlers engagés à Pétersbourg entre MM. Sazonoff et Szapary fussent poursuivis et rendus plus efficaces par des pouvoirs spécialement conférés à celui-ci, le comte Berchtold s'y est nettement opposé. Il marquait ainsi que l'Autriche-Hongrie ne tolère aucune intervention qui l'empêcherait d'infliger à la Serbie un châtiment et une humiliation.

Le duc d'Avarna admet comme très vraisemblable que l'imminence d'une insurrection générale de ses sujets Sud-Slaves ait précipité les résolutions de la Monarchie. Il s'attache encore à l'espoir qu'après un premier succès des armées austro-hongroises, mais pas plus tôt, une médiation pourrait limiter le conflit.

DUMAINE.

N° 94.

M. Bienvenu-Martin, Ministre des Affaires étrangères p. i.,
à Londres, Berlin, Saint-Pétersbourg, Rome, Vienne, Constantinople, Belgrade.

Paris, le 29 juillet 1914.

Ce matin, la communication suivante m'a été faite par l'Ambassadeur d'Allemagne à titre officieux : le Gouvernement allemand poursuit ses efforts en vue d'amener le Gouvernement autrichien à une conversation amicale qui permettra à ce dernier de faire connaître exactement le but et l'extension des opérations en Serbie. Le Cabinet de Berlin espère recevoir des précisions qui seraient de nature à donner satisfaction à la Russie. Les efforts allemands ne sont aucunement entravés par la déclaration de guerre intervenue. Une communication semblable sera faite à Pétersbourg.

Au cours d'une conversation que j'ai eue ce matin avec le baron de Schoen, celui-ci m'a déclaré que le Gouvernement allemand ignorait les intentions de Vienne. Quand Berlin saura jusqu'où l'Autriche veut aller, on aura une base de discussion, qui rendra plus faciles les conversations en vue d'une intervention.

Sur mon observation que les opérations militaires engagées ne laisseraient peut-être pas le temps de causer, et que le Gouvernement allemand devrait user de son influence à Vienne en vue de les retarder, l'ambassadeur m'a répondu que Berlin ne pouvait exercer de pression, mais qu'il espérait que les opérations ne seraient pas poussées très activement.

BIENVENU-MARTIN.

N° 95.

M. BIENVENU-MARTIN, Ministre des Affaires étrangères p. i.,

à Londres, Berlin, Saint-Pétersbourg, Vienne, Constantinople, Rome, Belgrade.

Paris, le 29 juillet 1914.

D'ordre de son Gouvernement, M. Iswolsky est venu me communiquer un télégramme adressé par M. Sazonoff à Berlin. Il résulte de cette information que la Russie, à la suite de la déclaration de guerre de l'Autriche-Hongrie à la Serbie, des mesures de mobilisation déjà appliquées à la plus grande partie de l'armée austro-hongroise, enfin du refus du comte Berchtold de continuer les pourparlers entre Vienne et Saint-Pétersbourg, avait décidé la mobilisation dans les arrondissements d'Odessa, Kiew, Moscou et Kazan. En portant ce fait à la connaissance du Gouvernement allemand, l'Ambassadeur de Russie à Berlin a été chargé d'ajouter que ces précautions militaires n'étaient à aucun degré dirigées contre l'Allemagne, et ne préjugeaient pas non plus des mesures agressives contre l'Autriche-Hongrie ; l'Ambassadeur de Russie à Vienne n'était, d'ailleurs, pas rappelé de son poste.

L'Ambassadeur de Russie m'a donné également le sens de deux télégrammes adressés à Londres par M. Sazonoff : le premier, indiquant que la déclaration de guerre à la Serbie mettait fin aux conversations du Ministre russe avec l'Ambassadeur d'Autriche, demandait à l'Angleterre d'exercer aussi rapidement que possible son action dans le sens de la médiation et de l'arrêt immédiat des opérations de guerre de l'Autriche (dont la continuation donnait le temps à l'Autriche d'écraser la Serbie pendant que la médiation traînerait) ; le second communiquait l'impression gardée par M. Sazonoff de ses conversations avec l'Ambassadeur allemand, que l'Allemagne favorise l'intransigeance de l'Autriche et n'exerce pas d'action sur elle. Le Ministre russe considère l'attitude de l'Allemagne comme très inquiétante et croit que l'Angleterre est en meilleure posture que les autres Puissances pour entreprendre des démarches à Berlin, en vue d'une action sur Vienne.

BIENVENU-MARTIN.

N° 96.

M. Barrère, Ambassadeur de France à Rome,

à M. Bienvenu-Martin, Ministre des Affaires étrangères p. i.

Rome, le 29 juillet 1914.

Le Ministre des Affaires étrangères a été informé officiellement par l'Ambassadeur de Russie que son Gouvernement, à la suite de la déclaration de guerre de l'Autriche à la Serbie et des mesures de mobilisation prises d'ores et déjà par l'Autriche, avait donné l'ordre de mobiliser dans les districts de Kiew, Odessa, Moscou et Kazan. Il a ajouté que cette mesure n'avait pas un caractère agressif contre l'Allemagne et que l'Ambassadeur de Russie à Vienne n'avait pas été rappelé.

En commentant cette communication, le Marquis de San Giuliano m'a dit que malheureusement dans toute cette affaire la conviction de l'Autriche et celle de l'Allemagne avaient été et étaient encore que la Russie ne marcherait pas. Il m'a lu à ce propos une dépêche de M. Bollati lui rendant compte d'un entretien qu'il avait eu aujourd'hui avec M. de Jagow, et où ce dernier lui avait encore répété qu'il ne croyait pas que la Russie marcherait. Il fondait cette croyance sur le fait que le Gouvernement russe venait d'envoyer à Berlin un agent pour traiter de certaines questions financières. L'Ambassadeur d'Autriche à Berlin a dit également à son Collègue anglais qu'il ne croyait pas à une guerre générale, la Russie n'étant ni en humeur ni en état de faire la guerre.

Le Marquis de San Giuliano ne partage pas du tout cette opinion. Il estime que si l'Autriche se contente d'humilier la Serbie, et d'exiger, en outre de l'acceptation de la note, certains avantages matériels qui ne touchent pas à son territoire, la Russie peut encore trouver matière à composition avec elle. Mais si l'Autriche veut, soit démembrer la Serbie, soit la détruire comme État indépendant, il considère comme impossible à la Russie de ne pas intervenir militairement.

Malgré l'extrême gravité de la situation, le Ministre des Affaires étrangères ne me paraît pas désespérer de la possibilité d'un arrangement. Il croit que l'Angleterre peut encore exercer beaucoup d'influence à Berlin dans un sens pacifique. Il a eu hier soir, m'a-t-il dit, une longue conversation avec l'Ambassadeur d'Angleterre, Sir R. Rodd, pour lui démontrer combien l'intervention anglaise pourrait être efficace. Il m'a dit en terminant : « Si tel est aussi l'avis de votre Gouvernement, il pourrait, de son côté, insister dans ce sens à Londres. »

BARRÈRE.

N° 97.

**M. René Viviani, Président du Conseil, Ministre des Affaires étrangères,
à M. Paul Cambon, Ambassadeur de France, à Londres.**

Paris, le 29 juillet 1914.

Je vous serais obligé de prier Sir Ed. Grey de bien vouloir reprendre le plus tôt possible à Berlin, sous la forme qu'il jugera la plus opportune et la plus efficace, sa proposition de médiation des quatre Puissances, qui avait obtenu l'adhésion de principe du Gouvernement allemand.

Le Gouvernement russe a dû, de son côté, faire exprimer directement le même désir au Gouvernement anglais ; la déclaration de guerre de l'Autriche à la Serbie, ses envois de troupes sur la frontière austro-russe, la mobilisation russe consécutive sur la frontière de Galicie, ont en effet mis fin aux conversations directes austro-russes.

Les précisions que le Gouvernement allemand va demander à Vienne, conformément à la déclaration du baron de Schoen que je vous ai fait connaître, pour s'informer des intentions du Gouvernement autrichien, permettront aux quatre Puissances d'exercer une action utile entre Vienne et Pétersbourg pour le maintien de la paix.

Je vous prie de signaler également au Secrétaire d'État anglais combien il serait important qu'il obtînt du Gouvernement italien le maintien de son concours le plus entier pour sa collaboration à l'action des quatre Puissances en faveur de la paix.

René VIVIANI.

N° 98.

**M. Paul Cambon, Ambassadeur de France à Londres,
à M. Bienvenu-Martin, Ministre des Affaires étrangères p. i.**

Londres, le 29 juillet 1914.

Dans son entretien d'aujourd'hui avec mon collègue d'Allemagne, Sir Ed. Grey a fait observer que l'ouverture de M. Sazonoff pour une conversation directe entre la Russie et l'Autriche n'ayant pas été accueillie à Vienne, il conviendrait d'en revenir à sa proposition d'intervention amicale des quatre Puissances non directement intéressées. Cette suggestion a été acceptée en principe par le Gouvernement allemand, mais il a fait des objections à l'idée d'une conférence ou d'une médiation. Le Secrétaire d'État des Affaires étrangères a invité le Prince Lichnowski à prier son Gouvernement de proposer lui-même une formule. Quelle qu'elle soit, si elle permet de maintenir la paix, elle sera agréée par l'Angleterre, la France et l'Italie.

L'Ambassadeur d'Allemagne a dû transmettre immédiatement à Berlin la demande de Sir Ed. Grey. En me rendant compte de cette conversation, le Secrétaire d'État des Affaires étrangères a ajouté que la réponse de l'Allemagne à cette communication, ainsi qu'à celle de la Russie relative à la mobilisation de quatre corps d'armée sur la frontière autrichienne, nous permettra de nous rendre compte des intentions du Gouvernement allemand. Mon collègue d'Allemagne ayant interrogé Sir Ed. Grey sur les intentions du Gouvernement britannique, le Secrétaire d'État aux Affaires étrangères a répondu qu'il n'avait pas à se prononcer quant à présent.

Sir Ed. Grey ne m'a pas caché qu'il trouvait la situation très grave et qu'il gardait peu d'espoir dans une solution pacifique.

Paul CAMBON.

N° 99.

M. BOPPE, Ministre de France à Belgrade,
> à M. BIENVENU-MARTIN, Ministre des Affaires étrangères p. i.

Belgrade, le 29 juillet 1914.

Le Prince héritier avait, dès la remise de l'ultimatum austro-hongrois, télégraphié au Tzar pour demander sa protection. Mon collègue de Russie me confie qu'il vient de communiquer à M. Pachitch la réponse de Sa Majesté.

Le Tzar remercie le Prince de s'être adressé à lui dans une circonstance aussi critique ; il déclare que toutes les dispositions sont prises pour arriver à une solution pacifique du conflit, et donne au Prince l'assurance formelle que, si ce but ne peut être atteint, la Russie ne se désintéressera jamais du sort de la Serbie.

BOPPE.

N° 100

M. PALÉOLOGUE, Ambassadeur de France à Saint-Pétersbourg,
> à M. BIENVENU-MARTIN, Ministre des Affaires étrangères p. i.

Saint-Pétersbourg, le 29 juillet 1914.

L'Ambassadeur d'Allemagne est venu déclarer à M. Sazonoff que si la Russie n'arrête pas ses préparatifs militaires, l'armée allemande recevra l'ordre de mobiliser.

15.

M. Sazonoff a répondu que les préparatifs russes sont motivés : d'un côté, par l'intransigeance obstinée de l'Autriche ; d'autre part, par le fait que huit corps austro-hongrois sont déjà mobilisés.

Le ton sur lequel le comte de Pourtalès s'est acquitté de la notification, a décidé le Gouvernement russe, cette nuit même, à ordonner la mobilisation des treize corps destinés à opérer contre l'Autriche.

PALÉOLOGUE.

N° 101

M. René VIVIANI, Président du Conseil, Ministre des Affaires étrangères, aux Ambassadeurs de France à Saint-Pétersbourg et Londres.

Paris, le 30 juillet 1914.

M. Iswolski est venu cette nuit me dire que l'Ambassadeur d'Allemagne a notifié à M. Sazonoff la décision de son Gouvernement de mobiliser ses forces armées, si la Russie ne cesse pas ses préparatifs militaires.

Le Ministre des Affaires étrangères du Tsar fait remarquer que ces préparatifs n'ont été commencés qu'à la suite de la mobilisation par l'Autriche de huit corps d'armée et du refus de cette puissance de régler pacifiquement son différend avec la Serbie. M. Sazonoff déclare que, dans ces conditions, la Russie ne peut que hâter ses armements et envisager l'imminence de la guerre, qu'elle compte sur le secours d'alliée de la France et qu'elle considère comme désirable que l'Angleterre se joigne sans perdre de temps, à la Russie et à la France.

La France est résolue à remplir toutes les obligations de l'alliance.

Elle ne négligera, d'ailleurs, aucun effort en vue de la solution du conflit dans l'intérêt de la paix générale. La conversation engagée entre les Puissances moins directement intéressées permet d'espérer encore que la paix puisse être préservée ; j'estime donc qu'il serait opportun que, dans les mesures de précaution et de défense auxquelles la Russie croit devoir procéder, elle ne prît immédiatement aucune disposition qui offrît à l'Allemagne un prétexte pour une mobilisation totale ou partielle de ses forces.

L'Ambassadeur d'Allemagne est venu à la fin de l'après-midi d'hier me parler des mesures militaires que prenait le Gouvernement de la République en ajoutant que la France était libre d'agir ainsi, mais qu'en Allemagne les préparatifs ne pouvaient être secrets et qu'il ne faudrait pas que l'opinion française s'alarmât si l'Allemagne s'y décidait.

J'ai répondu que le Gouvernement français n'avait pris aucune mesure dont se voisins pussent être inquiets et que sa volonté de se prêter à toute négociation pour le maintien de la paix ne pouvait être mise en doute.

René VIVIANI.

N° 102.

M. PALÉOLOGUE, Ambassadeur de France à Saint-Pétersbourg, à M. René VIVIANI, Président du Conseil, Ministre des Affaires étrangères.

Saint-Pétersbourg, le 30 juillet 1914.

M. Sazonoff, à qui j'ai fait connaître votre désir de voir éviter toute mesure militaire qui pourrait offrir à l'Allemagne un prétexte à la mobilisation générale, m'a répondu que justement, dans le cours de la nuit dernière, l'État-Major avait fait surseoir à des mesures de précaution militaire pour éviter toute équivoque. Hier, le Chef d'État-Major général russe a convoqué l'Attaché militaire de l'Ambassade d'Allemagne, et lui a donné sa parole d'honneur que la mobilisation ordonnée ce matin vise exclusivement l'Autriche.

Toutefois, dans un entretien qu'il a eu cet après-midi avec le comte de Pourtalès, M. Sazonoff a dû se convaincre que l'Allemagne ne veut pas prononcer à Vienne la parole décisive qui sauvegarderait la paix. L'empereur Nicolas garde la même impression d'un échange de télégrammes qu'il vient d'avoir personnellement avec l'empereur Guillaume.

D'autre part, l'État-Major et l'Amirauté russes ont reçu d'inquiétants renseignements sur les préparatifs de l'armée et de la marine allemandes.

En me donnant ces informations, M. Sazonoff a ajouté que le Gouvernement russe ne continue pas moins ses efforts de conciliation. Il m'a répété : « Jusqu'au dernier instant, je négocierai. »

PALÉOLOGUE.

N° 103.

M. PALÉOLOGUE, Ambassadeur de France à Saint-Pétersbourg, à M. René VIVIANI, Président du Conseil, Ministre des Affaires étrangères.

Saint-Pétersbourg, le 30 juillet 1914.

L'Ambassadeur d'Allemagne est venu cette nuit insister de nouveau, mais dans des termes moins catégoriques, auprès de M. Sazonoff pour que la Russie cesse ses préparatifs militaires, en affirmant que l'Autriche ne porterait pas atteinte à l'intégrité territoriale de la Serbie :

« Ce n'est pas seulement l'intégrité territoriale de la Serbie que nous devons sauve-
« garder, a répondu M. Sazonoff, c'est encore son indépendance et sa souveraineté.
« Nous ne pouvons pas admettre que la Serbie devienne vassale de l'Autriche. »

M. Sazonoff a ajouté : « L'heure est trop grave pour que je ne vous déclare pas toute ma pensée. En intervenant à Pétersbourg, tandis qu'elle refuse d'intervenir à Vienne, l'Allemagne ne cherche qu'à gagner du temps, afin de permettre à l'Autriche d'écraser le petit royaume serbe avant que la Russie n'ait pu le secourir. Mais l'empereur Nicolas a un tel désir de conjurer la guerre que je vais vous faire en son nom une nouvelle proposition :

« Si l'Autriche, reconnaissant que son conflit avec la Serbie a assumé le caractère d'une question d'intérêt européen, se déclare prête à éliminer de son ultimatum les clauses qui portent atteinte à la souveraineté de la Serbie, la Russie s'engage à cesser toutes mesures militaires. »

Le comte de Pourtalès a promis d'appuyer cette proposition auprès de son Gouvernement.

Dans la pensée de M. Sazonoff, l'acceptation de sa proposition par l'Autriche aurait pour corollaire logique l'ouverture d'une délibération des Puissances à Londres.

Le Gouvernement russe montre, une fois encore, par son attitude, qu'il ne néglige rien pour enrayer le conflit.

PALÉOLOGUE.

N° 104.

M. DUMAINE, Ambassadeur de France à Vienne,
à M. René VIVIANI, Ministre des Affaires étrangères.

Vienne, le 30 juillet 1914.

Malgré la communication faite hier par l'Ambassadeur de Russie à plusieurs de ses collègues, dont celui d'Allemagne, au sujet de la mobilisation partielle dans son pays, la presse de Vienne s'était abstenue d'en publier la nouvelle. Ce silence imposé vient de s'expliquer dans un entretien de haute importance entre M. Schebeko et le comte Berchtold, qui ont longuement envisagé les redoutables difficultés présentes, avec une égale bonne volonté d'y adapter des solutions réciproquement acceptables.

Les préparatifs militaires du côté russe, a expliqué M. Schebeko, n'ont d'autre but que de répondre à ceux de l'Autriche et d'indiquer l'intention et les droits du Tzar d'émettre son avis dans le règlement de la question serbe. Les mesures de mobilisation prises en Galicie, a répondu le comte Berchtold, n'impliquent non plus aucune intention agressive et visent seulement à maintenir la situation sur le même pied. De part et d'autre on s'appliquera à ce que ces mesures ne soient pas interprétées comme des marques d'hostilité.

Pour le règlement du conflit austro-serbe, il a été convenu que les pourparlers seraient repris à Pétersbourg entre M. Sazonoff et le comte Szapary ; s'ils ont été interrompus c'est par suite d'un malentendu, le comte Berchtold croyant que le Ministre des Affaires étrangères de Russie réclamait pour son interlocuteur des pouvoirs qui lui permettraient de modifier les termes de l'ultimatum autrichien. Le comte Szapary sera seulement autorisé à discuter quel accommodement serait compatible avec la dignité et le prestige dont les deux Empires ont un souci égal.

Ce serait donc, pour le moment, sous cette forme directe et réduite aux deux plus intéressées qu'aurait lieu l'examen que Sir Ed. Grey proposait de confier aux quatre Puissances non directement intéressées.

Sir M. de Bunsen, qui se trouvait chez moi, a aussitôt déclaré à M. Schebeko que le Foreign Office approuvera entièrement cette nouvelle procédure. Répétant l'exposé fait par lui au Ballplatz, l'Ambassadeur de Russie a affirmé que son Gouvernement tiendra un compte, beaucoup plus large qu'on ne le suppose, des exigences de la Monarchie ; rien n'a été négligé par M. Schebeko pour convaincre le comte Berchtold de la sincérité du désir de la Russie d'arriver à une entente acceptable pour les deux Empires.

L'entretien s'était maintenu dans un ton amical et permettait de croire que toute chance de localiser le conflit n'était pas perdue, lorsque la nouvelle de la mobilisation allemande est parvenue à Vienne.

DUMAINE.

N°. 105

M. Jules CAMBON, Ambassadeur de France à Berlin,

    à M. René VIVIANI, Président du Conseil, Ministre des Affaires étrangères.

Berlin, le 30 juillet 1914

M. de Jagow m'a téléphoné à deux heures que la nouvelle de la mobilisation allemande, répandue une heure auparavant, était fausse, et m'a prié de vous en informer d'urgence ; le Gouvernement impérial fait saisir les suppléments de journaux qui l'annonçaient. Mais ni cette communication ni ces mesures ne diminuent mes appréhensions au sujet des projets de l'Allemagne.

Il paraît certain que le Conseil extraordinaire, tenu hier soir à Potsdam avec les autorités militaires et sous la présidence de l'Empereur, avait décidé la mobilisation, ce qui explique la préparation de l'édition spéciale du *Lokal Anzeiger*, mais que sous des influences diverses (déclaration de l'Angleterre qu'elle réserve son entière liberté d'action, échange de télégrammes entre le Tzar et Guillaume II) les graves mesures arrêtées ont été suspendues.

Un des Ambassadeurs avec lequel je suis le plus lié a vu, à deux heures, M. Zimmermann. D'après le Sous-Secrétaire d'État, les autorités militaires pressent beaucoup pour que la mobilisation soit décrétée, parce que tout retard fait perdre à l'Allemagne quelques-uns de ses avantages. Cependant, jusqu'à présent on aurait réussi à combattre la hâte de l'Etat-Major qui, dans la mobilisation, voit la guerre. Quoi qu'il en soit, la mobilisation peut être décidée d'un moment à l'autre. Je ne sais qui a lancé dans le *Lokal Anzeiger*, journal généralement officieux, une nouvelle prématurée de nature à soulever les esprits en France.

J'ai les plus fortes raisons de penser, d'ailleurs, que toutes les mesures de mobilisation qui peuvent être réalisées avant la publication de l'ordre général de mobilisation sont prises ici, où l'on voudrait nous faire publier notre mobilisation les premiers pour nous en attribuer la responsabilité.

Jules CAMBON.

N° 106.

M. René VIVIANI, Président du Conseil, Ministre des Affaires étrangères, à M. Paul CAMBON, Ambassadeur de France à Londres.

Paris, le 30 juillet 1914.

Je vous prie de porter à la connaissance de Sir Edward Grey les renseignements suivants touchant les préparatifs militaires français et allemands. L'Angleterre y verra que si la France est résolue, ce n'est pas elle qui prend des mesures d'agression.

Vous attirerez l'attention de Sir Edward Grey sur la décision prise par le Conseil des Ministres de ce matin : bien que l'Allemagne ait pris ses dispositifs de couverture à quelques centaines de mètres de la frontière, sur tout le front du Luxembourg aux Vosges, et porté ses troupes de couverture sur leurs positions de combat, nous avons retenu nos troupes à 10 kilomètres de la frontière, en leur interdisant de s'en rapprocher davantage.

Notre plan, conçu dans un esprit d'offensive, prévoyait pourtant que les positions de combat de nos troupes de couverture seraient aussi rapprochées que possible de la frontière. En livrant ainsi une bande du territoire sans défense à l'agression soudaine de l'ennemi, le Gouvernement de la République tient à montrer que la France, pas plus que la Russie, n'a la responsabilité de l'attaque.

Pour s'en assurer, il suffit de comparer les mesures des deux côtés de notre frontière : en France, les permissionnaires n'ont été rappelés qu'après que nous avons acquis la certitude que l'Allemagne l'avait fait depuis cinq jours.

En Allemagne, non seulement les troupes en garnison à Metz ont été poussées jusqu'à la frontière, mais encore elles ont été renforcées par des éléments transportés en chemin de fer de garnisons de l'intérieur, telles que celles de Trèves ou de Cologne. Rien d'analogue n'a été fait en France.

L'armement des places de la frontière (déboisements, mise en place de l'armement, construction de batteries, renforcement des réseaux de fil de fer) a été commencé en Allemagne dès le samedi 25 ; chez nous, il va l'être, la France ne pouvant plus se dispenser de prendre les mêmes mesures.

Les gares ont été occupées militairement en Allemagne le samedi 25, en France le mardi 28.

Enfin, en Allemagne, les réservistes, par dizaine de milliers, ont été rappelés par convocations individuelles, ceux résidant à l'étranger (classes de 1903 à 1911) rappelés, les officiers de réserve convoqués ; à l'intérieur, les routes sont barrées, les automobiles ne circulent qu'avec un permis. C'est le dernier stade avant la mobilisation. Aucune de ces mesures n'a été prise en France.

L'armée allemande a ses avant-postes sur nos bornes frontières ; par deux fois, hier, des patrouilles allemandes ont pénétré sur notre territoire. Tout le XVIe Corps de Metz, renforcé par une partie du VIIIe venu de Trèves et de Cologne, occupe la frontière de Metz au Luxembourg ; le XVe Corps d'armée de Strasbourg a serré sur la frontière.

Sous menace d'être fusillés, les Alsaciens-Lorrains des pays annexés ont défense de passer la frontière.

René VIVIANI.

N° 107.

M. Jules CAMBON, Ambassadeur de France à Berlin,

à M. René VIVIANI, Président du Conseil, Ministre des Affaires étrangères.

Berlin, le 30 juillet 1914.

L'Ambassadeur d'Angleterre n'a pas reçu communication de la réponse de l'Allemagne à la demande de Sir E. Grey. Il m'a dit que Berlin avait consulté Vienne et attendait encore l'avis de son allié.

Mon collègue de Russie vient de me faire connaître, de son côté, que M. de Jagow (auquel le Comte de Pourtalès avait communiqué la formule de conciliation suggérée par M. Sazonoff pour une entente austro-russe) venait de lui déclarer qu'il trouvait cette proposition inacceptable pour l'Autriche, marquant ainsi l'action négative de la diplomatie allemande à Vienne.

Jules CAMBON.

N° 108.

M. Paul CAMBON, Ambassadeur de France à Londres,
à M. René VIVIANI, Président du Conseil, Ministre des Affaires étrangères.

Londres, le 30 juillet 1914.

Le Prince Lichnowski n'a pas apporté de réponse à la demande que lui avait adressée hier Sir Ed. Grey pour obtenir du Gouvernement allemand une formule d'intervention des quatre Puissances dans l'intérêt de la paix. Mais mon collègue d'Allemagne a questionné le Secrétaire d'État des Affaires étrangères sur les préparatifs militaires de l'Angleterre.

Sir Ed. Grey lui a répondu qu'ils n'avaient aucun caractère offensif, mais que dans l'état actuel des affaires sur le continent, il était naturel de prendre quelques précautions ; qu'en Angleterre, comme en France, on désirait le maintien de la paix, et que si, en Angleterre, comme en France, on envisageait des mesures défensives, ce n'était pas dans le but de préparer une agression.

Les renseignements que Votre Excellence m'a adressés au sujet des mesures militaires prises par l'Allemagne sur la frontière française m'ont permis de marquer à Sir Edward Grey qu'il ne s'agit plus seulement aujourd'hui d'un conflit d'influence entre la Russie et l'Autriche-Hongrie ; une agression risque d'être commise qui pourrait provoquer une guerre générale.

Sir Edward Grey a parfaitement compris mon sentiment et, comme moi, il estime que le moment serait venu d'envisager toutes les hypothèses et de les discuter en commun.

Paul CAMBON.

N° 109.

M. JULES CAMBON, Ambassadeur de France à Berlin,
à M. René VIVIANI, Président du Conseil, Ministre des Affaires étrangères.

Berlin, le 30 juillet 1914.

Dans l'entrevue que j'ai eue aujourd'hui avec le Secrétaire d'État, j'ai demandé à M. de Jagow quelle réponse il avait faite à Sir Ed. Grey, qui lui avait demandé de donner lui-même la formule de l'intervention des puissances désintéressées.

Il m'a répondu que, « pour gagner du temps », il avait décidé d'agir directement et qu'il avait demandé à l'Autriche de dire sur quel terrain on pourrait causer avec elle. Cette réponse a pour effet, sous prétexte d'aller plus vite, d'éliminer l'Angleterre, la France et l'Italie et de confier à M. de Tchirsky, dont les sentiments pangermanistes et russophobes sont connus, le soin d'amener l'Autriche à une attitude conciliante.

M. de Jagow m'a parlé ensuite de la mobilisation russe sur la frontière autrichienne ; il m'a dit que cette mobilisation compromettait le succès de toute intervention auprès de l'Autriche, et que tout dépendait de là. Il a ajouté qu'il craignait que l'Autriche ne mobilisât complètement à la suite de la mobilisation partielle russe, ce qui pouvait entraîner par contre-coup la mobilisation totale russe, et par suite celle de l'Allemagne.

J'ai fait remarquer au Secrétaire d'État qu'il m'avait dit lui-même que l'Allemagne ne se considérerait comme obligée de mobiliser que si la Russie mobilisait sur les frontières allemandes et que tel n'était pas le cas. Il m'a répondu que c'était vrai, mais que les chefs de l'Armée insistaient, car tout retard est une perte de forces pour l'armée allemande, et « que les paroles que je rappelais ne constituaient pas, de sa part, un engagement ferme ».

L'impression que je rapporte de cet entretien est que les chances de paix ont encore décru.

Jules CAMBON.

<hr>

N° 110

M. Paul CAMBON, Ambassadeur de France à Londres,

à M. René VIVIANI, Président du Conseil, Ministre des Affaires étrangères.

Londres, le 31 juillet 1914.

Au début de notre entretien d'aujourd'hui, Sir E. Grey m'a dit que le Prince Lichnowski lui avait demandé ce matin si l'Angleterre observerait la neutralité dans le conflit qui se prépare. Le Secrétaire d'État aux Affaires étrangères lui a répondu que, si le conflit devenait général, l'Angleterre ne pourrait pas rester neutre et, notamment, que si la France y était impliquée, l'Angleterre y serait entraînée.

J'ai interrogé alors Sir E. Grey sur la délibération du Cabinet qui avait eu lieu ce matin. Il m'a répondu qu'après avoir examiné la situation, le Cabinet avait pensé que pour le moment, le Gouvernement britannique ne pouvait nous garantir son intervention, qu'il avait l'intention de s'entremettre pour obtenir de l'Allemagne et de la France l'engagement de respecter la neutralité belge, mais que pour envisager une intervention il convenait d'attendre que la situation se développât.

J'ai demandé à Sir E. Grey si, pour intervenir, le Gouvernement britannique attendrait l'envahissement du territoire français. J'ai insisté sur le fait que les mesures déjà adoptées sur notre frontière par l'Allemagne révélaient des intentions d'agression prochaine, et que si l'on voulait éviter de voir se renouveler l'erreur de l'Europe en 1870, il convenait que l'Angleterre envisageât dès maintenant les conditions dans lesquelles elle nous donnerait le concours sur lequel la France comptait.

Sir E. Grey m'a répondu que l'opinion du Cabinet ne s'était formée que sur la situation actuelle, que cette situation pouvait se modifier et que, dans ce cas, on appellerait aussitôt le Conseil des Ministres à en délibérer.

Sir A. Nicolson, que j'ai vu en sortant du Cabinet du Secrétaire d'Etat, m'a dit que le Conseil se réunirait de nouveau demain, et confidentiellement, m'a fait entendre que le Secrétaire d'Etat aux Affaires étrangères ne manquerait pas de reprendre la discussion.

Conformément à vos instructions, j'ai fait le nécessaire pour que la lettre autographe que M. le Président de la République adresse à Sa Majesté le Roi d'Angleterre soit remise ce soir au Roi. Cette démarche, qui sera certainement communiquée au Premier Ministre, dès demain matin, sera, je n'en doute pas, prise en sérieuse considération par le Cabinet britannique.

Paul CAMBON.

N° 111

M. MOLLARD, Ministre de France à Luxembourg,

à M. René VIVIANI, Président du Conseil, Ministre des Affaires étrangères.

Luxembourg, le 31 juillet 1914.

Le Ministre d'Etat sort de la Légation, il venait de me dire que les Allemands avaient fermé les ponts sur la Moselle de Schengen et de Remich avec des voitures, celui de Wormeldange avec des cordes. Sur la Sûre, les ponts de Wasserbillig et d'Echternach ne sont pas condamnés, mais les Allemands ne laissent plus sortir de Prusse ni blé, ni bétail, ni automobiles.

M. Eyschen m'a prié, et c'est le vrai but de sa visite, de vous demander une déclaration officielle assurant que la France respectera, en cas de conflit, la neutralité du Luxembourg. Comme je lui demandais s'il avait reçu une déclaration analogue du Gouvernement allemand, il m'a dit qu'il allait se rendre chez le Ministre d'Allemagne pour avoir la même déclaration.

Post-scriptum. — Jusqu'à présent, aucune mesure particulière n'a été prise par le Gouvernement luxembourgeois. M. Eyschen revient de la Légation d'Allemagne, il s'est plaint des mesures de suspicion prises contre un voisin neutre. Le Ministre d'Etat a demandé au Ministre d'Allemagne une déclaration officielle de son Gouvernement, prenant l'engagement de respecter la neutralité. M. de Buch lui aurait répondu : « Cela va de soi, mais il faudrait que le Gouvernement français prît le même engagement ».

MOLLARD.

N° 112

M. René VIVIANI, Président du Conseil, Ministre des Affaires étrangères, à MM. les Ambassadeurs de France à Londres, Saint-Pétersbourg, Berlin, Vienne et Rome.

Paris, le 31 juillet 1914.

L'Ambassadeur d'Angleterre m'a remis une note de son Gouvernement demandant au Gouvernement français d'appuyer à Saint-Pétersbourg une proposition tendant à la solution pacifique du conflit autro-serbe.

Cette note expose que l'Ambassadeur d'Allemagne a informé Sir Edw. Grey de l'intention qu'a son Gouvernement de s'efforcer d'agir sur le Gouvernement austro-hongrois, après la prise de Belgrade et l'occupation des régions voisines de la frontière, pour obtenir la promesse de ne pas avancer davantage, pendant que les Puissances chercheraient à obtenir que la Serbie donnât des satisfactions suffisantes à l'Autriche; le territoire occupé serait évacué une fois qu'elle aurait reçu satisfaction.

Sir Edw. Grey a fait cette suggestion le 29 juillet et exprime l'espoir que les préparatifs militaires seront suspendus de tous côtés. Bien que l'Ambassadeur de Russie à Londres ait informé le Secrétaire d'État qu'il craint que la condition russe (*si l'Autriche, reconnaissant que son conflit avec la Serbie a assumé le caractère d'une question d'intérêt européen, se déclare prête à éliminer de son ultimatum les points qui portent atteinte au principe de la souveraineté serbe, la Russie s'engage à arrêter tous préparatifs militaires*) ne puisse être modifiée, Sir Edw. Grey pense que, si l'Autriche arrête son avance après l'occupation de Belgrade, le Gouvernement russe pourrait accepter de changer sa formule, dans ce sens que les Puissances examineraient comment la Serbie donnerait des satisfactions complètes à l'Autriche sans porter atteinte à la souveraineté ou à l'indépendance du Royaume. Dans le cas où l'Autriche, ayant occupé Belgrade et le territoire serbe voisin, se déclarerait prête, dans l'intérêt de l'Europe, à cesser d'avancer et à discuter comment l'on pourrait arriver à un arrangement, la Russie pourrait aussi consentir à la discussion et suspendre ses préparatifs militaires, pourvu que les autres Puissances agissent de même.

Conformément à la demande de Sir Edw. Grey, le Gouvernement français s'est rallié à la suggestion anglaise et a prié dans les termes suivants son Ambassadeur à Pétersbourg, de s'efforcer d'obtenir sans retard l'assentiment du Gouvernement russe:

« Je vous prie de faire connaître d'urgence à M. Sazonoff que la suggestion de Sir Ed. Grey me paraît fournir une base utile de conversation entre les Puissances également désireuses de travailler à un règlement honorable du conflit austro-serbe et d'écarter ainsi les dangers qui menacent la paix générale.

« Le plan proposé par le Principal Secrétaire d'État aux Affaires étrangères, en arrêtant la marche en avant de l'armée autrichienne, et en confiant aux Puissances le soin d'examiner comment la Serbie pourrait donner pleine satisfaction à l'Autriche sans porter atteinte aux droits souverains et à l'indépendance du Royaume, en donnant ainsi un moyen à la Russie de suspendre tous préparatifs militaires, les autres Puissances devant agir de même, est de nature à donner également satisfaction à la Russie et à l'Autriche et à ménager à la Serbie une sortie acceptable de la difficulté actuelle.

« Je vous prie de vous inspirer des considérations qui précèdent pour engager très instamment M. Sazonoff à donner sans retard son adhésion à la proposition de Sir Ed. Grey dont il a dû être saisi de son côté. »

René VIVIANI.

N° 113

M. PALÉOLOGUE, Ambassadeur de France à Saint-Pétersbourg,
à M. René VIVIANI, Président du Conseil, Ministre des Affaires étrangères.

Saint-Pétersbourg, le 31 juillet 1914.

La nouvelle du bombardement de Belgrade dans la nuit et la matinée d'hier a provoqué en Russie la plus vive émotion. On ne parvient pas à s'expliquer l'attitude de l'Autriche, dont les provocations ont constamment suivi, depuis le début de la crise, les tentatives de conciliation de la Russie et les conversations satisfaisantes échangées entre Pétersbourg et Vienne.

Quoi qu'il en soit, désireux de ne rien négliger pour prouver la sincérité de son désir de sauvegarder la paix, M. Sazonoff m'informe qu'il a modifié sa formule, à la demande de l'ambassadeur d'Angleterre, de la manière suivante :

« Si l'Autriche consent à arrêter la marche de ses troupes sur le territoire serbe et si, reconnaissant que le conflit austro-serbe a assumé le caractère d'une question d'intérêt européen, elle admet que les grandes Puissances examinent les satisfactions que la Serbie pourrait accorder au Gouvernement austro-hongrois, sans porter atteinte à ses droits souverains et à son indépendance, la Russie s'engage à conserver son attitude expectante. »

PALÉOLOGUE.

N° 114

M. René VIVIANI, Président du Conseil, Ministre des Affaires étrangères,
à MM. les Ambassadeurs de France, à Londres, Saint-Pétersbourg.
Berlin, Vienne, Rome, Constantinople.

Paris, le 31 juillet 1914.

Les efforts poursuivis jusqu'ici parallèlement par l'Angleterre et la Russie, avec le concours empressé de la France (acquis d'avance à toute tentative pacifique), en vue d'une entente directe entre Vienne et Saint-Pétersbourg ou d'une médiation des quatre puissances sous la forme la plus appropriée, se rejoignent aujourd'hui : la Russie, donnant une nouvelle preuve de son désir d'entente, s'est empressée de répondre à la première apparence d'ouverture faite par l'Allemagne depuis le début de la crise (sur les conditions auxquelles la Russie arrêterait ses préparatifs militaires), en indiquant une formule et la modifiant de suite conformément à la demande de l'Angleterre ; on devrait donc espérer, les pourparlers ayant repris d'autre part entre les ambassadeurs russe et autrichien, que la médiation anglaise viendra achever à Londres l'effort des négociations directes de Vienne et Saint-Pétersbourg.

Toutefois l'attitude constante de l'Allemagne qui, depuis le commencement du conflit, tout en protestant sans cesse auprès de chacune des puissances de ses intentions pacifiques, a fait échouer en fait, par son attitude ou dilatoire ou négative, toutes les tentatives d'accord et n'a pas cessé d'encourager par son ambassadeur l'intransigeance de Vienne ; les préparatifs militaires allemands, commencés dès le 25 juillet et poursuivis sans arrêt depuis ; l'opposition immédiate de l'Allemagne à la formule russe, déclarée à Berlin inacceptable pour l'Autriche avant même d'avoir consulté cette Puissance ; enfin toutes les impressions venues de Berlin imposent la conviction que l'Allemagne a poursuivi l'humiliation de la Russie, la désagrégation de la Triple-Entente et, si ces résultats ne pouvaient être obtenus, la guerre.

René VIVIANI.

N° 115.

M. DUMAINE, Ambassadeur de France à Vienne,
à M. René VIVIANI, Président du Conseil, Ministre des Affaires étrangères.

Vienne, le 31 juillet 1914.

La mobilisation générale atteignant tous les hommes de 19 à 42 ans a été décrétée par le Gouvernement austro-hongrois ce matin à la première heure.

Mon collègue russe estime encore que cette mesure n'est pas nettement en contradiction avec les déclarations du Comte Berchtold d'hier.

DUMAINE.

N° 116.

M. Jules Cambon, Ambassadeur de France à Berlin,
    à M. René Viviani, Président de Conseil, Ministre des Affaires étran-
    gères.

Berlin, le 31 juillet 1914.

M'ayant fait demander, M. de Jagow vient de me dire qu'il avait le grand regret de me faire connaître qu'en présence de la mobilisation totale de l'armée russe, l'Allemagne, dans l'intérêt de la sécurité de l'Empire, se voyait obligée de prendre de graves mesures de précaution. On a décrété ce qu'on appelle « Kriegsgefahrzustand » (l'état de danger de guerre), qui permet à l'autorité de proclamer, si elle le juge utile, l'état de siège, de suspendre certains services publics et de fermer la frontière.

En même temps, on demande à Pétersbourg de démobiliser, aussi bien du côté autrichien que du côté allemand, sans quoi l'Allemagne serait obligée de mobiliser de son côté. M. de Jagow m'a fait connaître que M. de Schoen était chargé d'informer le Gouvernement français des résolutions du cabinet de Berlin, et de lui demander quelle attitude il pensait adopter.

Jules Cambon.

N° 117.

M. René Viviani, Président du Conseil, Ministre des Affaires étrangères,
    à M. Paléologue, Ambassadeur de France à Pétersbourg.

Paris, le 31 juillet 1914.

Le Gouvernement allemand a décidé à midi de prendre toutes les dispositions militaires que comporte l'état dit « état de danger de guerre ».

En me communiquant cette décision, ce soir à 7 heures, le Baron de Schoen a ajouté que le Gouvernement exigeait en même temps que la Russie démobilise. Si le Gouvernement russe n'a pas donné une réponse satisfaisante dans un délai de douze heures, l'Allemagne mobilisera à son tour.

J'ai répondu à l'Ambassadeur d'Allemagne que je n'étais nullement renseigné sur une prétendue mobilisation totale de l'armée et de la flotte russes, que le Gouvernement allemand invoquait comme raison des nouvelles mesures militaires qu'il prend dès aujourd'hui.

Le Baron de Schoen m'a demandé en terminant, au nom de son Gouvernement, quelle serait, en cas de conflit entre l'Allemagne et la Russie, l'attitude de la France. Il m'a dit qu'il viendrait prendre ma réponse demain samedi à une heure.

Je n'ai pas l'intention de lui faire une déclaration à ce sujet et je me bornerai à lui dire que la France s'inspirera de ses intérêts. Le Gouvernement de la République ne doit, en effet, compte de ses intentions qu'à son alliée.

Je vous prie de porter immédiatement ce qui précède à la connaissance de M. Sazonoff. Ainsi que je vous l'ai déjà fait connaître, je ne doute pas que le Gouvernement impérial, dans l'intérêt supérieur de la paix, n'évite pour sa part tout ce qui pourrait rendre inévitable ou précipiter la crise.

René VIVIANI.

N° 118

M. PALÉOLOGUE, Ambassadeur de France à Saint-Pétersbourg,
à M. VIVIANI, Président du Conseil, Ministre des Affaires étrangères.

Saint-Pétersbourg, le 31 juillet 1914

En raison de la mobilisation générale de l'Autriche et des mesures de mobilisation prises secrètement, mais d'une manière continue, par l'Allemagne depuis six jours, l'ordre de mobilisation générale de l'armée russe a été donné, la Russie ne pouvant, sans le plus grave danger, se laisser davantage devancer ; en réalité, elle ne fait que prendre des mesures militaires correspondant à celles prises par l'Allemagne.

Pour des raisons stratégiques impérieuses, le Gouvernement russe ne pouvait plus, sachant que l'Allemagne s'armait, retarder la conversion de sa mobilisation partielle en mobilisation générale.

PALÉOLOGUE.

N° 119

M. KLOBUKOWSKI, Ministre de France à Bruxelles,
à M. René VIVIANI, Président du Conseil, Ministre des Affaires étrangères.

Bruxelles, le 31 juillet 1914

L'Agence Havas ayant annoncé que l'état « de danger de guerre » était décrété en Allemagne, j'ai dit à M. Davignon que je pouvais lui donner l'assurance que le Gouvernement de la République respecterait la neutralité de la Belgique.

Le Ministre des Affaires étrangères m'a répondu que le Gouvernement royal avait toujours pensé qu'il en serait ainsi et m'a remercié. Le Ministre de Russie et le Ministre d'Angleterre, que j'ai vus ensuite, se sont montrés très satisfaits qu'en la circonstance j'aie donné cette assurance, conforme d'ailleurs, m'a dit le Ministre anglais, à la déclaration de Sir Edw. Grey.

KLOBUKOWSKI.

CHAPITRE VI

DÉCLARATION DE GUERRE

DE L'ALLEMAGNE A LA RUSSIE (SAMEDI 1ᵉʳ AOUT, 19ʰ 10)

ET A LA FRANCE (LUNDI 3 AOUT, A 18ʰ 45)

N° 120.

**M. René Viviani, Président du Conseil, Ministre des Affaires étrangères,
à MM. les Ambassadeurs de France à Londres, Saint-Pétersbourg,
Berlin, Vienne, Rome,**

Paris, le 1er août 1914.

Deux démarches ont été faites hier soir par les Ambassadeurs d'Autriche, l'une assez vague à Paris, l'autre précise à Pétersbourg dans un sens conciliant.

Le Comte Szecsen est venu me déclarer que le Gouvernement austro-hongrois avait avisé officiellement la Russie qu'il n'avait aucune ambition territoriale et ne touchera pas à la souveraineté d'État de la Serbie ; qu'il répudie également toute intention d'occuper le sandjak ; mais que ces déclarations de désintéressement ne conservent leur valeur que si la guerre reste localisée à l'Autriche et la Serbie, une guerre européenne ouvrant des éventualités impossibles à prévoir. L'Ambassadeur d'Autriche, en commentant ces déclarations, a laissé entendre que, si son Gouvernement ne pouvait répondre aux questions des Puissances parlant en leur propre nom, il pourrait sans doute répondre à la Serbie ou à une Puissance lui demandant ses conditions au nom de la Serbie. Il ajoutait qu'il y aurait là peut-être encore une possibilité.

A Pétersbourg, l'Ambassadeur d'Autriche est venu voir M. Sazonoff et lui a déclaré que son Gouvernement consentait à entamer une discussion quant au fond de l'ultimatum adressé à la Serbie. Le Ministre russe s'est déclaré satisfait de cette déclaration et a proposé que les pourparlers aient lieu à Londres avec la participation des Puissances. M. Sazonoff a dû demander au Gouvernement anglais de se charger de la direction de la négociation ; il a indiqué qu'il serait très important que l'Autriche arrêtât ses opérations en Serbie.

Il résulte de ces faits que l'Autriche se montrerait enfin disposée à un arrangement, de même que le Gouvernement russe est prêt à entrer en négociations sur la base de la proposition anglaise.

Malheureusement ces dispositions, qui permettraient d'espérer une solution pacifique, paraissent en fait devoir être annulées par l'attitude de l'Allemagne. Cette Puissance a en effet posé un ultimatum donnant douze heures au Gouvernement russe pour accepter de démobiliser, non seulement du côté allemand, mais aussi du côté autrichien ; c'est à midi que le délai expire. L'ultimatum ne se justifie pas, puisque la Russie a accepté la proposition anglaise qui implique un arrêt des préparatifs militaires de toutes les Puissances.

L'attitude de l'Allemagne prouve qu'elle veut la guerre. Et elle la veut contre la France. Hier, lorsque M. de Schoen est venu demander au quai d'Orsay quelle attitude la France comptait prendre en cas de conflit russo-allemand, l'Ambassadeur d'Allemagne, bien qu'il n'y ait directement entre la France et l'Allemagne aucun conflit et que nous ayons employé depuis le début de la crise et employions encore tous nos efforts en vue d'une solution pacifique, a ajouté qu'il me priait de présenter àu Président de la République ses hommages et remerciements, et demandait que l'on voulût bien prendre « des dispositions pour sa propre personnne » ; nous savons également qu'il a déjà mis en sûreté les archives de l'Ambassade. Cette attitude de rupture des relations diplomatiques sans conflit direct et bien qu'aucune réponse négative précise ne lui ait été faite, est caractéristique de la volonté arrêtée de l'Allemagne de faire la guerre à la France. Le défaut de sincérité de ses protestations pacifiques est démontré par la rupture qu'elle impose à l'Europe, lorsque les négociations étaient enfin acceptées par l'Autriche, d'accord avec la Russie.

René VIVIANI.

N° 121.

M. Jules CAMBON, Ambassadeur de France à Berlin,
    à M. René VIVIANI, Président du Conseil, Ministre des Affaires étrangères.

Berlin, le 1er août 1914.

Mon Collègue de Russie a reçu hier soir deux télégrammes de M. Sazonoff l'avisant que l'Ambassadeur d'Autriche à Pétersbourg avait déclaré que son Gouvernement était prêt à discuter avec le Gouvernement russe la note à la Serbie, même quant au fond ; M.Sazonoff lui aurait répondu que ces conversations devraient, à ses yeux, avoir lieu à Londres.

L'ultimatum à la Russie ne peut qu'écarter les dernières chances de paix que ces conversations semblaient laisser subsister. On peut se demander si, dans de pareilles conditions, l'acceptation de l'Autriche était sérieuse et n'avait pas pour objet de faire peser la responsabilité du conflit sur la Russie.

Mon Collègue d'Angleterre a fait dans la nuit un appel pressant aux sentiments d'humanité de M. de Jagow. Celui-ci lui a répondu que la question était trop engagée et qu'il fallait attendre la réponse russe à l'ultimatum allemand. Or il a dit à Sir E. Goschen que l'ultimatum réclamait le retrait de la mobilisation russe non seulement du côté de l'Allemagne, mais encore du côté de l'Autriche ; mon Collègue anglais s'en est vivement étonné et lui a déclaré que ce dernier point semblait inacceptable pour la Russie.

L'ultimatum de l'Allemagne, intervenant à l'heure précise où l'accord semble près de s'établir entre Vienne et Saint-Pétersbourg, est significatif de sa politique belliqueuse.

Le conflit n'existait en fait qu'entre la Russie et l'Autriche, l'Allemagne n'ayant à intervenir que comme alliée de l'Autriche ; dans ces conditions, les deux Puissances principalement intéressées étant disposées à causer, si l'Allemagne ne désirait pas la guerre pour son propre compte, il est incompréhensible qu'elle envoie un ultimatum à la Russie, au lieu de continuer à travailler, comme toutes les autres Puissances, à une solution pacifique.

J. Cambon.

N° 122.

M. René Viviani, Président du Conseil, Ministre des Affaires étrangères, à MM. les Ambassadeurs de France à Londres, Berlin, et au Ministre de France à Bruxelles.

Paris, le 1er août 1914

L'Ambassadeur d'Angleterre est venu, d'ordre de son Gouvernement, demander quelle serait, en cas de conflit avec l'Allemagne, l'attitude du Gouvernement Français vis-à-vis de la Belgique.

J'ai déclaré que, comme nous l'avions répété à plusieurs reprises au Gouvernement Belge, nous entendions respecter sa neutralité.

Ce serait seulement dans le cas où cette neutralité serait violée par une autre Puissance que la France, pour remplir ses obligations de Puissance garante, pourrait être amenée à pénétrer sur le territoire belge.

René Viviani.

N° 123.

M. Jules Cambon, Ambassadeur de France à Berlin, à M. René Viviani, Président du Conseil, Ministre des Affaires étrangères.

Berlin, le 1e août 1914

L'Ambassadeur d'Angleterre a été chargé par son Gouvernement de faire auprès du Gouvernement allemand la même démarche qui a été faite auprès de vous au sujet de la neutralité de la Belgique.

M. de Jagow a répondu qu'il prendrait les ordres de l'Empereur et du Chancelier mais qu'il doutait qu'une réponse pût être donnée, car l'Allemagne ne pouvait ainsi découvrir ses projets militaires. L'Ambassadeur d'Angleterre reverra demain M. de Jagow dans l'après-midi.

J. Cambon.

N° 124.

M. Barrère, Ambassadeur de France à Rome,

à M. René Viviani, Président du Conseil, Ministre des Affaires étrangères.

Rome, le 1er août 1914

J'ai été ce matin à 8 heures 1/2 chez le Marquis de San Giuliano pour connaître de lui d'une façon précise quelle serait l'attitude de l'Italie en présence des actes provocateurs de l'Allemagne et des suites qu'ils peuvent avoir.

Le Ministre des Affaires étrangères m'a répondu qu'il avait reçu hier soir la visite de l'Ambassadeur d'Allemagne. M. de Flotow lui aurait dit que l'Allemagne avait demandé au Gouvernement Russe de suspendre sa mobilisation et au Gouvernement Français d'indiquer ce qu'il avait l'intention de faire ; l'Allemagne avait donné à la France un délai de dix-huit heures et à la Russie un délai de douze heures pour répondre.

M. Flotow a demandé, à la suite de cette communication, quelles étaient les intentions du Gouvernement Italien.

M. le Marquis de San Giuliano a répondu que la guerre entreprise par l'Autriche, étant donné surtout les conséquences qui pouvaient en sortir d'après les paroles de l'Ambassadeur d'Allemagne, ayant un caractère agressif ne cadrant pas avec le caractère purement défensif de la Triple-Alliance, l'Italie ne pourrait participer à la guerre.

BARRÈRE.

N° 125.

M. René Viviani, Président du Conseil, Ministre des Affaires étrangères,

à MM. les Ambassadeurs de France à Londres, Saint-Pétersbourg, Berlin, Vienne, Rome, Madrid, Constantinople.

Paris, le 1er août 1914

L'Ambassadeur d'Allemagne est revenu me voir ce matin à 11 heures. Après lui avoir rappelé tous les efforts poursuivis par la France en vue d'un règlement honorable du conflit austro-serbe et de la difficulté qui s'en est suivie entre l'Autriche et la Russie, je l'ai mis au courant des pourparlers continués depuis hier :

1° Proposition transactionnelle anglaise prévoyant, entre autres, de la part de la Russie, la suspension des préparatifs militaires, à condition que les autres Puissances en fassent autant ; adhésion de la Russie à cette proposition ;

2° Communications du Gouvernement Autrichien déclarant ne vouloir ni s'agrandir en Serbie, ni même pénétrer dans le sandjak et se disant prêt à discuter à Londres avec les autres Puissances le *fond même* de la question austro-serbe.

J'ai mis en regard l'attitude de l'Allemagne qui, abandonnant tout pourparler, posait à la Russie un ultimatum au moment même où cette Puissance vient d'accepter la formule anglaise (qui implique l'arrêt des préparatifs militaires de tous les pays ayant mobilisé) et envisageait comme imminente une rupture diplomatique avec la France.

Le Baron de Schoen m'a répondu qu'il ignorait les développements survenus dans cette question depuis vingt-quatre heures, qu'il y avait peut-être là une « lueur d'espoir » pour un accommodement, qu'il n'avait reçu aucune nouvelle communication de son Gouvernement et qu'il allait s'informer. Il a de nouveau protesté de son sincère désir de joindre ses efforts à ceux de la France pour arriver à la solution du conflit. J'ai insisté sur la grave responsabilité qu'assumerait le Gouvernement Impérial si, dans de pareilles circonstances, il prenait des initiatives non justifiées et de nature à compromettre irrémédiablement la paix.

Le Baron de Schoen n'a plus fait allusion à son départ immédiat et ne m'a plus demandé de répondre à sa question concernant l'attitude de la France en cas de conflit austro-russe. Il s'est borné à dire de lui-même qu'elle n'était pas douteuse.

Il ne convient à aucun degré d'exagérer les possibilités qui peuvent résulter de ma conversation avec l'Ambassadeur d'Allemagne, car, de son côté, le Gouvernement Impérial continue les plus dangereux préparatifs sur notre frontière. Il ne faut pas les négliger cependant et nous ne devons pas cesser de travailler à un arrangement. La France, de son côté, procède à toutes les mesures militaires propres à la garantir contre une avance trop grande des préparatifs militaires allemands. Elle estime que ses tentatives de conciliation n'auront de chances d'aboutir que dans la mesure où on la sentira prête et résolue, si la lutte lui est imposée.

René VIVIANI.

N° 126.

M. Paul CAMBON, Ambassadeur de France à Londres,

 à M. René VIVIANI, Président du Conseil, Ministre des Affaires étrangères.

Paris, le 1er août 1914.

Sir Edward Grey m'a dit que, dans le Conseil de ce matin, le Cabinet avait de nouveau envisagé la situation. L'Allemagne ayant réclamé de l'Angleterre une déclaration de neutralité et ne l'ayant pas obtenue, le Gouvernement britannique demeurait maître de son action et celle-ci pourrait se manifester dans différentes hypothèses.

En premier lieu, la neutralité belge importe beaucoup à l'Angleterre. La France a renouvelé immédiatement l'engagement de la respecter. L'Allemagne a déclaré « n'être pas en état de répondre ». Sir Edward Grey saisira le Cabinet de cette réponse et demandera l'autorisation de dire lundi à la Chambre des Communes que le Gouvernement britannique ne permettra pas une violation de la neutralité belge.

En second lieu, les escadres anglaises sont mobilisées et Sir Edward Grey proposera à ses collègues de déclarer qu'elles s'opposeront au passage du Détroit par les escadres allemandes ou, si elles venaient à le passer, à toute démonstration sur les côtes françaises. Le Conseil de lundi traitera ces deux questions ; j'ai fait remarquer au Principal Secrétaire d'État que si, d'ici là, quelque incident venait à se produire, il ne fallait pas se laisser surprendre et qu'il conviendrait de songer à intervenir à temps.

Paul CAMBON.

N° 127.

M. René Viviani, Président du Conseil, Ministre des Affaires Étrangères,
à M. Paul Cambon, Ambassadeur de France à Londres.

Paris, le 1er août 1914.

Nous sommes avisés par plusieurs voies que le Gouvernement allemand et le Gouvernement autrichien essaient en ce moment d'impressionner l'Angleterre en lui faisant croire que la responsabilité de la guerre, si elle éclate, incombera à la Russie. On fait effort pour obtenir la neutralité de l'Angleterre en dénaturant la vérité.

La France n'a cessé de donner, d'accord avec l'Angleterre, des conseils de modération à Pétersbourg ; ces conseils ont été écoutés.

Dès le début, M. Sazonoff a fait pression sur la Serbie pour qu'elle acceptât toutes celles des clauses de l'ultimatum qui étaient compatibles avec sa souveraineté.

Il a ensuite engagé avec l'Autriche une conversation directe qui était un nouveau témoignage de son esprit de conciliation. Il a enfin accepté de laisser les puissances les moins intéressées rechercher les moyens d'apaiser le conflit.

Conformément au désir qui a été exprimé par Sir G. Buchanan, M. Sazonoff a consenti à modifier la première formule qu'il avait présentée et il en a rédigé une seconde qui ne s'éloigne pas sensiblement des déclarations qui ont été faites hier à M. de Margerie par le comte Szecsen. Ce dernier affirme que l'Autriche n'a aucune intention d'acquisition territoriale et qu'elle ne veut pas toucher à la souveraineté de la Serbie. Il ajoute expressément que l'Autriche n'a aucune visée sur le Sandjak de Novi-Bazar.

Il semblerait donc que l'accord fût facile à établir entre la suggestion de Sir Edward Grey, la formule de M. Sazonoff et les déclarations de l'Autriche.

La France est résolue à poursuivre jusqu'au bout, avec l'Angleterre, la réalisation de cet accord.

Mais pendant que l'on négociait et que la Russie montrait dans la négociation une bonne volonté incontestable, l'Autriche a, la première, procédé à une mobilisation générale.

La Russie s'est vue forcée de l'imiter pour ne pas se trouver en état d'infériorité, mais elle est toujours restée prête à négocier.

Je n'ai pas besoin de répéter que, quant à nous, nous continuerons à travailler, avec l'Angleterre, au succès de ces pourparlers.

Mais l'attitude de l'Allemagne nous a mis dans l'obligation absolue de prendre aujourd'hui le décret de mobilisation.

Bien avant la mobilisation russe, dès mercredi dernier, ainsi que je vous l'ai déjà télégraphié, M. de Schoen m'avait annoncé la publication prochaine du «Kriegsgefahrzustand ». Cette mesure a été prise par l'Allemagne et, à l'abri de ce paravent, elle a immédiatement commencé sa mobilisation proprement dite.

Aujourd'hui M. Paléologue a télégraphié que le Comte de Pourtalès avait annoncé au Gouvernement russe la mobilisation allemande.

Des renseignements parvenus au Ministère de la Guerre confirment que cette mobilisation est effectivement en pleine exécution.

Notre décret de mobilisation est donc une *mesure essentielle* de préservation. Le Gouvernement l'a accompagné d'une proclamation signée du Président de la République et de tous les Ministres, et dans laquelle il explique que la mobilisation n'est pas la guerre, qu'en l'état actuel c'est pour la France le meilleur moyen de sauvegarder la paix, et que le Gouvernement de la République multipliera ses efforts pour faire aboutir les négociations.

Veuillez transmettre d'urgence toutes ces indications à Sir Edward Grey et lui marquer que nous avons obéi constamment à la préoccupation de ne commettre aucun acte de provocation.

Je suis persuadé que, au cas où la guerre éclaterait, l'opinion anglaise verrait clairement de quel côté vient l'agression, et qu'elle saisirait les raisons si fortes que nous avons données à Sir Edward Grey pour réclamer une intervention armée de l'Angleterre dans l'intérêt de l'avenir de l'équilibre européen.

René VIVIANI.

N° 128.

M. MOLLARD, Ministre de France à Luxembourg,

à M. VIVIANI, Président du Conseil, Ministre des Affaires étrangères.

Luxembourg, le 1er août 1914.

Le Ministre d'État me charge de demander au Gouvernement français une assurance de neutralité semblable à celle qui a été donnée à la Belgique. M. Eyschen m'a déclaré qu'à présent, du fait que c'est le Ministre de France à Bruxelles qui fait la déclaration en question au Président du Conseil du Gouvernement belge, il a pensé que la même procédure conviendrait le mieux vis-à-vis du Grand-Duché.

C'est pourquoi il s'est abstenu de faire la demande directement au Gouvernement de la République. Comme la Chambre des députés se réunit lundi, M. Eyschen désire être en possession de la réponse à cette date; une démarche analogue est faite en même temps auprès du Ministre d'Allemagne à Luxembourg.

MOLLARD.

18.

N° 129.

M. René VIVIANI, Président du Conseil, Ministre des Affaires étrangères,
à M. MOLLARD, Ministre de France à Luxembourg.

Paris, le 1er août 1914.

Veuillez déclarer au Président du Conseil que, conformément au traité de Londres de 1867, le Gouvernement de la République entend respecter la neutralité du Grand-Duché du Luxembourg, comme il l'a démontré par son attitude.

La violation de cette neutralité par l'Allemagne serait toutefois de nature à obliger la France à s'inspirer désormais, à cet égard, du souci de sa défense et de ses intérêts.

René VIVIANI.

N° 130.

M. Jules CAMBON, Ambassadeur de France à Berlin,
à M. René VIVIANI, Président du Conseil, Ministre des Affaires étrangères.

Berlin, le 1er août 1914.

On distribue dans les rues de Berlin des éditions spéciales des journaux annonçant que la mobilisation générale de l'armée et de la flotte est ordonnée et que le 1er jour de la mobilisation est le dimanche 2 août.

Jules CAMBON.

N° 131.

M. EYSCHEN, Ministre d'État du Luxembourg,
à M. René VIVIANI, Président du Conseil, Ministre des Affaires étrangères.

Luxembourg, le 2 août 1914.

J'ai l'honneur de porter à la connaissance de Votre Excellence les faits suivants. Dimanche 2 août de grand matin les troupes allemandes, d'après les informations qui sont parvenues au Gouvernement Grand-Ducal à l'heure actuelle, ont pénétré sur le territoire Luxembourgeois par les ponts de Wasserbillig et de Remich, se

-dirigeant spécialement vers le Sud du pays et vers la ville de Luxembourg, capitale
-du Grand-Duché ; un certain nombre de trains blindés avec des troupes et des munitions ont été acheminés par la voie de chemin de fer de Wasserbillig à Luxembourg
où l'on s'attend à les voir arriver d'un instant à l'autre.

Ces faits impliquent des actes manifestement contraires à la neutralité du Grand-
Duché, garantie par le traité de Londres de 1867. Le Gouvernement Luxembourgeois
n'a pas manqué de protester énergiquement contre cette agression auprès des représentants de Sa Majesté l'Empereur d'Allemagne à Luxembourg ; une protestation
identique va être transmise télégraphiquement au Secrétaire d'État pour les Affaires
étrangères à Berlin.

Le Ministre d'État, Président du Gouvernement,

EYSCHEN.

N° 132.

M. MOLLARD, Ministre de France à Luxembourg,
  à M. René VIVIANI, Président du Conseil, Ministre des Affaires étrangères.

Luxembourg, le 2 août 1914.

Le Ministre d'État du Luxembourg, M. Eyschen, vient de recevoir, par l'intermédiaire du Ministre d'Allemagne à Luxembourg, M. de Buch, un télégramme du Chancelier de l'Empire allemand Bethmann Hollweg, disant que les mesures militaires
prises par l'Allemagne en Luxembourg ne constituent pas un acte hostile contre ce
pays, mais sont uniquement des mesures destinées à assurer contre l'attaque éventuelle d'une armée française l'exploitation des voies ferrées affermées à l'Empire. Le
Luxembourg recevra une complète indemnité pour les dommages éventuels.

MOLLARD.

N° 133.

Note remise par l'Ambassadeur d'Allemagne.

Paris, le 2 août 1914.

L'Ambassadeur d'Allemagne vient d'être chargé et s'empresse de faire savoir au Ministre des Affaires étrangères que les mesures militaires prises par l'Allemagne dans le Grand-Duché de Luxembourg ne constituent pas un acte d'hostilité. Elles doivent être considérées comme des mesures purement préventives prises pour la protection des chemins de fer qui, par suite des traités existant entre l'Allemagne et le Grand-Duché de Luxembourg, se trouvent sous l'administration allemande.

DE SCHOEN.

N° 134.

M. PALÉOLOGUE, Ambassadeur de France à Saint-Pétersbourg,

à M. René VIVIANI, Président du Conseil, Ministre des Affaires étrangères.

Pétersbourg, le 2 août 1914.

L'Ambassadeur d'Allemagne a remis à M. Sazonoff, hier, à 7 h. 10 du soir, la déclaration de guerre de son Gouvernement; il quittera Pétersbourg aujourd'hui.

L'Ambassadeur d'Autriche-Hongrie n'a reçu aucune instruction de son gouvernement pour la déclaration de guerre.

PALÉOLOGUE.

N° 135.

M. René VIVIANI, Président du Conseil, Ministre des Affaires étrangères.

à MM. les Représentants de la France à l'Étranger,

Paris, le 2 août 1914.

L'Ambassadeur de Russie me fait connaître que l'Allemagne vient de déclarer la guerre à la Russie, malgré les négociations en cours, et au moment où l'Autriche-Hongrie acceptait de discuter avec les puissances le fond même de son conflit avec la Serbie.

René VIVIANI.

N° 136

M. René VIVIANI, Président du Conseil, Ministre des Affaires étrangères,
à MM. les Ambassadeurs de France à Londres, Saint-Pétersbourg,
Berlin, Vienne, Rome, Madrid, Constantinople.

Paris, le 2 août 1914.

Le territoire français a été violé ce matin par les troupes allemandes à Cirey et près de Longwy. Elles marchent sur le fort qui porte ce dernier nom. D'autre part, le poste douanier de Delle a été assailli par une double fusillade. Enfin, les troupes allemandes ont violé ce matin aussi le territoire neutre du Luxembourg.

Vous utiliserez ces renseignements sans retard pour faire constater comment le Gouvernement allemand se livre contre la France à des actes de guerre sans provocation de notre part, ni déclaration de guerre préalable, alors que nous avons scrupuleusement respecté la zone de dix kilomètres que nous avons maintenue même depuis la mobilisation, entre nos troupes et la frontière.

René VIVIANI.

N° 137.

M. Paul CAMBON, Ambassadeur de France à Londres,
à M. René VIVIANI, Président du Conseil, Ministre des Affaire étrangères.

Londres, le 2 août 1914.

A l'issue du Conseil des Ministres tenu ce matin, Sir Edward Grey m'a fait la déclaration suivante :

« Je suis autorisé à donner l'assurance que si la flotte allemande pénètre dans la Manche ou traverse la mer du Nord afin d'entreprendre des opérations de guerre contre la côte française ou la marine marchande française, la flotte britannique donnera toute la protection en son pouvoir.

« Cette assurance est naturellement donnée sous la réserve que la politique du Gouvernement de Sa Majesté sera approuvée par le Parlement britannique et ne doit pas être considérée comme obligeant le Gouvernement de Sa Majesté à agir jusqu'à ce que l'éventualité ci-dessus mentionnée d'une action de la flotte allemande se soit produite ».

Me parlant ensuite de la neutralité de la Belgique et de celle du Luxembourg, le Principal Secrétaire d'État m'a rappelé que la Convention de 1867 relative au Grand-Duché différait du Traité relatif à la Belgique en ce sens que l'Angleterre était tenue de faire respecter cette dernière convention sans le concours des autres Puissances garantes, tandis que, pour le Luxembourg, toutes les Puissances garantes devaient agir de concert.

La sauvegarde de la neutralité belge est considérée ici comme si importante que l'Angleterre envisagerait sa violation par l'Allemagne comme un *casus belli*. C'est là un intérêt proprement anglais, et on ne peut douter que le Gouvernement britannique, fidèle aux traditions de sa politique, ne le fasse prévaloir, même si le monde des affaires, où l'influence allemande poursuit des efforts tenaces, prétendait exercer une pression pour empêcher le Gouvernement de s'engager contre l'Allemagne.

Paul CAMBON.

N° 138.

M. René VIVIANI, Président du Conseil, Ministre des Affaires étrangères, à M. Paul CAMBON, Ambassadeur de France à Londres.

Paris, le 2 août 1914.

Je prends note des indications contenues dans vos télégrammes des 27, 30, 31 juillet et 1er août et dans celui que vous m'avez adressé aujourd'hui.

En communiquant aux Chambres la déclaration même que vous a faite Sir Edward Grey et dont votre dernier télégramme me donne le texte, j'ajouterai que nous avons obtenu là de la Grande-Bretagne un premier concours dont la valeur nous est précieuse.

Je me propose, en outre, d'indiquer que l'assistance que la Grande-Bretagne a l'intention de donner à la France en vue de protéger les côtes de France ou la marine marchande française s'appliquerait de telle façon que notre marine de guerre fût également soutenue par la flotte anglaise, en cas de conflit franco-allemand, dans l'Atlantique, comme dans la mer du Nord et dans la Manche. Je noterais, en outre, que les ports anglais ne pourraient pas servir de points de ravitaillement à la flotte allemande.

René VIVIANI.

N° 139.

M. René Viviani, Président du Conseil, Ministre des Affaires étrangères,
à M. Jules Cambon, Ambassadeur de France à Berlin.

Paris, le 2 août 1914.

Les troupes allemandes ayant aujourd'hui violé la frontière de l'Est sur plusieurs points, je vous prie de protester sans retard par écrit auprès du Gouvernement allemand. Vous voudrez bien vous inspirer de la note suivante que, dans l'incertitude des communications entre Paris et Berlin, j'ai adressé directement à l'Ambassadeur d'Allemagne :

« Les autorités administratives et militaires françaises de la région de l'Est viennent de signaler plusieurs faits que j'ai chargé l'Ambassadeur de la République à Berlin de porter à la connaissance du Gouvernement Impérial.

« L'un s'est produit à Delle, dans la région de Belfort : à deux reprises, le poste de douaniers français stationné dans cette localité a été l'objet d'une fusillade de la part d'un détachement de soldats allemands. Au nord de Delle, deux patrouilles allemandes du 5e chasseurs à cheval ont franchi la frontière dans la matinée d'aujourd'hui et pénétré jusqu'aux villages de Joncherey et Baron, à plus de 10 kilomètres de la frontière. L'officier qui commandait la première a brûlé la cervelle à un soldat français. Les cavaliers allemands ont emmené des chevaux que le maire français de Suarce était en train de réunir et ont forcé les habitants de la commune à conduire les dits chevaux.

« L'Ambassadeur de la République à Berlin a été chargé de protester formellement auprès du Gouvernement Impérial contre des faits qui constituent une violation caractérisée de la frontière par des troupes allemandes en armes et que rien ne justifie dans l'état actuel. Le Gouvernement de la République ne peut que laisser au Gouvernement Impérial l'entière responsabilité de ces actes ».

René Viviani.

N° 140.

M. Marcelin Pellet, Ministre de France à La Haye,
à M. René Viviani, Président du Conseil, Ministre des Affaires étrangères.

La Haye, le 3 août 1914.

Le Ministre d'Allemagne s'est rendu hier chez le Ministre des Affaires étrangères pour lui expliquer la nécessité où s'était trouvée l'Allemagne, a-t-il dit, de violer la neutralité du Luxembourg, ajoutant qu'il aurait aujourd'hui une nouvelle communication à lui faire. En effet, ce matin, il a annoncé l'entrée de troupes allemandes en Belgique pour éviter, a-t-il déclaré, une occupation de ce pays par la France.

PELLET.

N° 141.

M. Klobukowski, Ministre de France à Bruxelles,
à M. René Viviani, Président du Conseil, Ministre des Affaires étrangères.

Bruxelles, le 3 août 1914.

Le Ministre d'Allemagne a remis hier soir au Gouvernement belge un ultimatum où il est dit que son Gouvernement, ayant appris que les Français se préparaient à des opérations dans les régions de Givet et de Namur, se voyait dans l'obligation de prendre des mesures dont la première était d'inviter le Gouvernement belge à lui faire savoir, dans les sept heures, s'il était disposé à lui faciliter en Belgique les opérations militaires contre la France. En cas de refus, le sort des armes déciderait.

Le Gouvernement du Roi a répondu que les renseignements sur les mouvements français lui paraissaient inexacts en raison des assurances formelles, toutes récentes encore, données par la France ; que la Belgique qui, depuis sa constitution, s'est préoccupée d'assurer la sauvegarde de sa dignité et de ses intérêts et a consacré tous ses efforts au développement pacifique du progrès, proteste hautement contre toute violation de son territoire, d'où qu'elle vienne, et que, dans cette éventualité, elle saura défendre énergiquement sa neutralité, garantie par les puissances et notamment par le Roi de Prusse.

KLOBUKOWSKI.

N° 142.

M. Klobukowski, Ministre de France à Bruxelles,
à M. René Viviani, Président du Conseil, Ministre des Affaires étrangères.

Bruxelles, le 3 août 1914.

A l'assurance que je lui donnais que, si la Belgique faisait appel à la garantie des Puissances, contre la violation de sa neutralité par l'Allemagne, la France répondrait immédiatement à son appel, le Ministre des Affaires étrangères m'a répondu :

« C'est bien sincèrement que nous remercions le Gouvernement de la République de l'appui éventuel qu'il pourrait nous offrir, mais dans la circonstance actuelle, nous ne faisons pas appel à la garantie des Puissances. Ultérieurement le Gouvernement du Roi appréciera ce qu'il y a lieu de faire ».

N° 143.

M. Paul CAMBON, Ambassadeur de France à Londres,
> à M. René VIVIANI, Président du Conseil, Ministre des Affaires étrangères.

Londres, le 3 août 1914.

Sir Ed. Grey m'a autorisé à vous faire savoir que vous pourriez déclarer au Parlement qu'il ferait aux Communes des déclarations sur l'attitude actuelle du Gouvernement Britannique et que la principale de ces déclarations serait la suivante :

« Dans le cas où l'escadre allemande franchirait le détroit ou remonterait la Mer du Nord pour doubler les îles britanniques dans le but d'attaquer les côtes françaises ou la marine de guerre française et d'inquiéter la marine marchande française, l'escadre anglaise interviendrait pour prêter à la marine française son entière protection, en sorte que dès ce moment l'Angleterre et l'Allemagne seraient en état de guerre. »

Sir Ed. Grey m'a fait observer que la mention d'une opération par la Mer du Nord impliquait la protection contre une démonstration dans l'Océan Atlantique.

La déclaration concernant l'intervention de la flotte anglaise doit être considérée comme liant le Gouvernement britannique. Sir E. Grey m'en a donné l'assurance et a ajouté que le Gouvernement français était par là même en mesure d'en donner connaissance aux Chambres.

A mon retour à l'Ambassade, j'ai eu connaissance de votre communication téléphonique relative à l'ultimatum allemand adressé à la Belgique. J'en ai fait part immédiatement à Sir Ed. Grey,

Paul CAMBON.

N° 144

M. Paul CAMBON, Ambassadeur de France à Londres,
> à M. René VIVIANI, Président du Conseil, Ministre des Affaires étrangères.

Londres, le 3 août 1914.

Au moment où Sir Ed. Grey partait ce matin pour le Conseil, mon collègue allemand, qui l'avait déjà vu hier, est venu le prier avec insistance de lui dire que la

19.

neutralité de l'Angleterre ne dépendait pas du respect de la neutralité belge. Sir Ed. Grey s'est refusé à toute conversation à ce sujet.

L'Ambassadeur d'Allemagne a adressé à la presse un communiqué disant que si l'Angleterre restait neutre, l'Allemagne renoncerait à toute opération navale et ne se servirait pas des côtes belges comme point d'appui. Je fais répondre que le respect des côtes n'est pas le respect de la neutralité du territoire, et que l'ultimatum allemand est déjà une violation de cette neutralité.

Paul CAMBON.

N° 145.

M. Paul CAMBON, Ambassadeur de France à Londres,
    à M. René VIVIANI, Président du Conseil, Ministre des Affaires
        étrangères.

Londres, le 3 août 1914.

Sir E. Grey a fait la déclaration relative à l'intervention de la flotte anglaise; il a précisé, en raison des événements, celle qu'il comptait faire au sujet de la neutralité belge; et la lecture d'une lettre du Roi Albert demandant l'appui de l'Angleterre a vivement ému l'Assemblée.

La Chambre votera ce soir les crédits demandés; dès à présent son appui est acquis à la politique du Gouvernement et elle suit l'opinion publique, qui se prononce de plus en plus en notre faveur.

Paul CAMBON.

N° 146.

M. René VIVIANI, Ministre des Affaires étrangères,
    à M. Paul CAMBON, Ambassadeur de France à Londres.

Paris, le 3 août 1914.

Il me revient que l'Ambassadeur d'Allemagne aurait déclaré au Foreign Office que hier matin quatre-vingts officiers français en uniforme prussien auraient essayé de traverser la frontière allemande dans douze automobiles à Walbeck, à l'ouest de Geldern, et que ceci constituait une très sérieuse violation de la neutralité de la part de la France.

Veuillez démentir d'urgence cette nouvelle de pure invention et attirer l'attention du Foreign Office sur la campagne allemande de fausses nouvelles qui commence.

René VIVIANI.

Nº 147.

LETTRE remise par l'Ambassadeur d'Allemagne à M. René VIVIANI, Président du Conseil, Ministre des Affaires étrangères, au cours de son audience de départ, le 3 août 1914, à 18 h. 45.

MONSIEUR LE PRÉSIDENT,

Les autorités administratives et militaires allemandes ont constaté un certain nombre d'actes d'hostilité caractérisée commis sur le territoire allemand par des aviateurs militaires français. Plusieurs de ces derniers ont manifestement violé la neutralité de la Belgique survolant le territoire de ce pays ; l'un a essayé de détruire des constructions près de Wesel, d'autres ont été aperçus sur la région de l'Eiffel, un autre a jeté des bombes sur le chemin de fer près de Karlsruhe et de Nuremberg.

Je suis chargé, et j'ai l'honneur de faire connaître à Votre Excellence qu'en présence de ces agressions, l'Empire allemand se considère en état de guerre avec la France, du fait de cette dernière Puissance.

J'ai en même temps l'honneur de porter à la connaissance de Votre Excellence que les autorités allemandes retiendront les navires marchands français dans les ports allemands, mais qu'elles les relâcheront si, dans les quarante-huit heures, la réciprocité complète est assurée.

Ma mission diplomatique ayant ainsi pris fin, il ne me reste plus qu'à prier Votre Excellence de vouloir bien me munir de mes passeports et de prendre les mesures qu'elle jugera utiles pour assurer mon retour en Allemagne avec le personnel de l'Ambassade, ainsi qu'avec le personnel de la Légation de Bavière et du Consulat général d'Allemagne à Paris.

Veuillez agréer, Monsieur le Président, l'expression de ma très haute considération.

Signé : SCHOEN.

Nº 148.

M. René VIVIANI, Président du Conseil, Ministre des Affaires étrangères, à MM. les Représentants de la France à l'étranger.

Paris, le 3 août 1914.

L'ambassadeur d'Allemagne a demandé ses passeports et part ce soir avec le personnel de l'Ambassade et du Consulat général d'Allemagne, et de la Légation de Bavière. Le Baron de Schoen a donné pour prétexte la constatation par les autorités administratives et militaires allemandes d'actes d'hostilité qui auraient été commis sur territoire allemand par des aviateurs militaires français accusés d'avoir survolé le territoire de l'empire et jeté des bombes ; l'ambassadeur ajoute que des aviateurs auraient également violé la neutralité de la Belgique en survolant son territoire. « En présence de ces agressions, dit la lettre de M. de Schoen, l'Empire allemand se considère en état de guerre avec la France du fait de cette dernière puissance ».

J'ai formellement contesté les allégations inexactes de l'ambassadeur et, de mon côté, j'ai rappelé que dès hier, je lui avais adressé une note protestant contre les violations caractérisées de la frontière française commises depuis deux jours par des détachements de troupes allemandes.

René VIVIANI.

N° 149.

M. René VIVIANI, Président du Conseil, Ministre des Affaires étrangères, à M. Jules CAMBON, Ambassadeur de France à Berlin.

(Télégramme communiqué aux Représentants de la France à l'étranger).

Paris, le 3 août 1914.

Je vous invite à demander vos passeports et à quitter immédiatement Berlin avec le personnel de l'ambassade en laissant la charge des intérêts français et la garde des archives à l'ambassadeur d'Espagne. Je vous prie de protester en même temps par écrit contre la violation de la neutralité du Luxembourg par les troupes allemandes signalée par le premier ministre luxembourgeois, contre l'ultimatum adressé au gouvernement belge par le Ministre d'Allemagne à Bruxelles pour lui imposer la violation de la neutralité de la Belgique et exiger de celle-ci qu'elle lui facilite sur territoire belge les opérations militaires contre la France ; enfin contre la fausse allégation d'un prétendu projet d'invasion de ces deux pays par les armées françaises, par lequel il a essayé de justifier l'état de guerre qu'il déclare exister désormais entre l'Allemagne et la France.

René VIVIANI.

N° 150

M. René VIVIANI, Président du Conseil, Ministre des Affaires étrangères, à M. ALLIZÉ, Ministre de France à Munich.

Paris, le 3 août 1914,

Veuillez faire connaître au Gouvernement royal bavarois que vous avez reçu pour instruction de conformer votre attitude à celle de l'Ambassadeur de la République à Berlin et de quitter Munich.

René VIVIANI.

N° 151.

M. René VIVIANI, Président du Conseil, Ministre des Affaires étrangères,
à MM. les Représentants de la France à Londres, Saint-Pétersbourg,
Vienne, Rome, Madrid, Berne, Constantinople, La Haye, Copenhague, Christiania, Stockholm, Bucarest, Athènes, Belgrade.

Paris, le 3 août 1914.

J'apprends de source officielle belge que les troupes allemandes ont violé le territoire belge à Gemmerich dans la région de Verviers.

René VIVIANI.

N° 152.

M. KLOBUKOWSKI, Ministre de France à Bruxelles,
à M. René VIVIANI, Président du Conseil, Ministre des Affaires étrangères.

Bruxelles, le 4 août 1914.

Le Chef de Cabinet du Ministère des Affaires étrangères me remet une lettre par
laquelle le « Gouvernement du Roi déclare être fermement décidé à résister par tous
les moyens en son pouvoir à l'agression de l'Allemagne. La Belgique fait appel à
l'Angleterre, la France et la Russie pour coopérer comme garantes à la défense de son
territoire.

« Il y aurait une action concertée et commune ayant pour but de résister aux mesures
de force, employées par l'Allemagne contre la Belgique, et en même temps de garantir
le maintien de l'indépendance et de l'intégrité de la Belgique dans l'avenir.

« La Belgique est heureuse de pouvoir déclarer qu'elle assurera la défense des
places fortes. »

KLOBUKOWSKI.

N° 153.

M. Paul CAMBON, Ambassadeur de France à Londres,

à M. René VIVIANI, Président du Conseil, Ministre des Affaires étrangères.

Londres, le 4 août 1914.

Sir Edw. Grey m'a prié de venir le voir à l'instant pour me dire que le premier
Ministre déclarerait aujourd'hui à la Chambre des Communes que l'Allemagne avait
été invitée à retirer son ultimatum à la Belgique et à donner sa réponse à l'Angleterre
ce soir avant minuit.

Paul CAMBON.

N° 154.

M. KLOBUKOWSKI, Ministre de France à Bruxelles,

à M. René VIVIANI, Président du Conseil, Ministre des Affaires étrangères.

Bruxelles, le 4 août 1914.

Le Ministre d'Allemagne informe ce matin le Ministère des Affaires étrangères belge
que par suite du refus du Gouvernement belge, le Gouvernement impérial se voit forcé
d'exécuter, par la force des armes, les mesures de sécurité indispensables vis-à-vis
des menaces françaises.

KLOBUKOWSKI,

N° 155.

M. BAPST, Ministre de France à Copenhague,

à M DOUMERGUE, Ministre des Affaires étrangères.

Copenhague, 5 août 1914.

L'Ambassadeur de France à Berlin me prie de communiquer à votre Excellence le
télégramme suivant :

J'ai été dirigé par le Gouvernement allemand sur le Danemark. Je viens d'arriver à
Copenhague. Tout le personnel de l'Ambassade et le Chargé d'affaires de Russie à
Darmstadt avec sa famille, m'accompagnaient. On a usé de tels procédés à notre égard
que je crois utile d'en faire le rapport complet à Votre Excellence par le télégraphe.

Lundi matin, 3 août, après que j'avais, conformément à vos instructions, adressé
à M. de Jagow une protestation contre les actes d'agression commis sur le territoire

français par les troupes allemandes, le Secrétaire d'État vint me voir. M. de Jagow venait se plaindre d'actes d'agression qu'il prétendait avoir été commis en Allemagne, à Nuremberg et à Coblentz notamment, par des aviateurs français qui, selon lui, « seraient venus de Belgique ».— Je répondis que je n'avais pas la moindre donnée sur les faits dont il voulait faire état et dont l'invraisemblance me paraissait évidente ; je lui demandai à mon tour s'il avait pris connaissance de la Note que je lui avais adressée au sujet de l'envahissement de notre territoire par des détachements de l'armée allemande. — Comme le Secrétaire d'État me disait n'avoir pas encore lu cette Note, je lui en donnai connaissance. J'appelai son attention sur l'acte commis par l'officier commandant un de ces détachements qui s'était avancé jusqu'au village français de Joncherey, à 10 kilomètres à l'intérieur de nos frontières, et avait brûlé la cervelle à un soldat français qu'il y avait rencontré. Après avoir qualifié cet acte, j'ajoutai : « Vous reconnaîtrez qu'en aucune hypothèse il ne saurait être comparé à un vol d'aéroplane sur territoire étranger, accompli par des particuliers animés de cet esprit d'audace individuelle qui distingue les aviateurs.

Un acte d'agression commis sur le territoire d'un voisin par des détachements de troupes régulières commandés par des officiers présente une gravité toute autre. »

M. de Jagow me déclara qu'il ignorait les faits dont je lui parlais et il conclut qu'il était difficile qu'il ne s'en produisît pas de cette nature lorsque deux armées, remplies des sentiments qui animaient nos troupes, se trouvaient face à face de chaque côté de la frontière.

A ce moment, les attroupements qui se trouvaient sur la Parèzer Platz, devant l'Ambassade et que nous apercevions à travers la fenêtre entr'ouverte de mon cabinet, poussèrent des cris contre la France. Je demandai au Secrétaire d'État quand tout cela finirait.

« Le Gouvernement n'a pas encore pris de décision, me répondit M. de Jagow. Il est probable que M. de Schoen recevra aujourd'hui l'ordre de demander ses passeports, et ensuite, vous recevrez les vôtres ».— Le Secrétaire d'État m'assura que du reste je n'avais aucune préoccupation à avoir au sujet de mon départ et que toutes les convenances seraient observées à mon égard ainsi qu'à l'égard de mon personnel. Nous ne devions plus nous voir et nous prîmes congé l'un de l'autre, après un entretien qui avait été courtois et qui ne pouvait me faire prévoir ce que l'on me réservait.

Avant de quitter M. de Jagow, je lui avais exprimé le désir de faire une visite personnelle au Chancelier, puisque ce serait la dernière fois que j'aurais l'occasion de le voir.

M. de Jagow me répondit qu'il ne m'engageait pas à donner suite à cette intention, car cette entrevue ne servirait à rien et ne pourrait être que pénible.

A 6 heures du soir, M. de Langwerth m'a apporté mes passeports. Il refusa, au nom de son Gouvernement, d'accéder au désir que je lui exprimais de me laisser partir par la Hollande ou la Belgique. Il me proposa de partir soit par Copenhague, bien qu'il ne pût m'assurer le libre passage de la mer, soit par la Suisse, via Constance.

J'acceptai cette dernière voie ; M. de Langwerth m'ayant demandé de partir le plus-tôt possible, il fut convenu, en raison de la nécessité où j'étais de m'entendre avec l'Ambassadeur d'Espagne, qui prend nos intérêts en main, que je quitterais l'Ambassade le lendemain mardi 4 août, à 10 heures du soir.

Une heure après le départ de M. Langwerth, à 7 heures, M. de Lanken, ancien Conseiller d'Ambassade à Paris, vint me dire de la part du Ministère des Affaires étrangères, d'inviter le personnel de mon Ambassade à ne plus prendre ses repas dans les restaurants. Cette consigne était si stricte que le lendemain mardi j'eus besoin de recourir à l'autorité de la Wilhelmstrasse pour que l'hôtel Bristol nous envoyât nos repas à l'Ambassade.

Le même soir, lundi à 11 heures, M. de Langwerth revint m'apprendre que son Gouvernement me refusait le retour par la Suisse sous le prétexte qu'il faudrait trois jours et trois nuits pour me conduire à Constance. Il m'annonça que je serais dirigé sur Vienne. Je ne consentis à ce changement que sous réserve et dans la nuit j'écrivis à M. de Langwerth la lettre suivante :

Berlin, le 3 août 1914.

M. LE BARON,

« Je réfléchis à la route dont vous êtes venu me parler ce soir pour me faire rentrer dans mon pays. Vous me proposez de passer par Vienne. Je suis exposé à me trouver retenu dans cette ville, sinon du fait du Gouvernement autrichien, moins du fait des circonstances de sa mobilisation, qui lui crée des difficultés analogues à celles de l'Allemagne pour la circonstance des trains.

« Dans ces conditions, je crois devoir réclamer du Gouvernement allemand l'engagement d'honneur que le Gouvernement autrichien me dirigera sur la Suisse et que le Gouvernement suisse ne fermera ni à moi, ni aux personnes qui m'accompagnent, sa frontière qu'on me dit justement fermée aux étrangers.

« Je ne puis donc accepter la proposition que vous m'avez faite que si j'ai les sûretés que je réclame et si je suis assuré de ne pas être retenu quelques mois hors de mon pays. »

Jules CAMBON.

En réponse à cette lettre, le lendemain matin, mardi 4 août, M. de Langwerth me donna par écrit l'assurance que les autorités autrichiennes et suisses avaient reçu les communications nécessaires.

En même temps, on arrêtait chez lui, dans son lit, M. Miladowski, attaché au Consulat de Berlin, ainsi que d'autres Français. M. Miladowski, pour qui un passeport diplomatique avait été demandé, put être relâché au bout de 4 heures.

Je me préparais à partir pour Vienne, quand, à 4 heures 45, M. Langwerth revint m'annoncer que je devrais partir avec les pesonnes m'accompagnant à 10 heures du soir, mais que je serais conduit en Danemark. Devant cette exigence nouvelle, je demandai si l'on me mettrait dans une forteresse, au cas où je ne l'accepterais pas. M. de Langwerth me répondit simplement qu'il reviendrait chercher la réponse dans une demi-heure. Je ne voulais pas donner au Gouvernement allemand le prétexte de dire que je m'étais refusé à sortir d'Allemagne. Je déclarai donc à M. de Langwerth, lorsqu'il revint, que je me soumettrais à l'ordre qui m'était donné, mais « que je protestais ».

J'écrivis aussitôt à M. de Jagow la lettre, dont la copie suit :

« Berlin, le 4 août 1914.

« Monsieur le Secrétaire d'État,

« Votre Excellence m'avait dit à plusieurs reprises que le Gouvernement impérial, conformément aux usages de la courtoisie internationale, me faciliterait mon retour dans mon pays et me donnerait tous moyens d'y rentrer rapidement.

« Cependant hier, après m'avoir refusé l'accès de la Belgique et de la Hollande, M. le baron de Langwerth m'a informé que je passerais par la Suisse via Constance. Dans la nuit, j'ai été avisé que je serais envoyé en Autriche, pays qui prend part du côté de l'Allemagne à la présente guerre. Comme j'ignorais les intentions de l'Autriche à mon égard, puisque sur son sol je ne suis qu'un simple particulier, j'ai écrit au baron de Langwerth que je demandais au Gouvernement impérial l'engagement que les autorités impériales et royales autrichiennes me donneraient toutes les facilités possibles pour continuer ma route, et que la Suisse ne se fermerait pas devant moi. M. de Langwerth a bien voulu me répondre par écrit que je pouvais être assuré d'un voyage facile et que les autorités autrichiennes feraient tout le nécessaire.

« Il est près de 5 heures et le baron de Langwerth vient de m'annoncer que je serai dirigé sur le Danemark. Étant donné les événements, je ne suis pas assuré de trouver un bâtiment pour me transporter en Angleterre, et c'est cette considération qui m'avait fait écarter cette proposition, d'accord avec M. de Langwerth.

« En réalité, on ne me laisse aucune liberté, et on me traite presque en prisonnier. Je suis obligé de me soumettre, n'ayant aucun moyen d'obtenir qu'il soit tenu compte des règles de la courtoisie internationale à mon égard, mais je tiens à protester entre les mains de Votre Excellence contre la façon dont je suis traité.

Jules Cambon.

Pendant qu'on portait ma lettre, j'étais avisé que le voyage ne s'effectuerait pas directement, mais par la voie du Schleswig. A 10 heures du soir, je quittais l'Ambassade, avec mon personnel, au milieu d'un grand concours de police à pied et à cheval.

A la gare, un employé inférieur du Ministère des Affaires étrangères représentait seul cette administration.

Le voyage s'est effectué avec une lenteur extrême. Nous avons mis plus de vingt-quatre heures pour gagner la frontière. Il a semblé qu'à chaque station on attendait des ordres pour repartir. J'étais accompagné du major von Rheimbaben, du régiment Alexandre de la Garde, et d'un fonctionnaire de la police. Aux environs du canal de Kiel, la troupe a envahi nos wagons. On a fait fermer les fenêtres et les rideaux des voitures ; chacun de nous a dû se tenir isolément dans son compartiment avec défense de se lever et de toucher à ses sacs de voyage. Dans le couloir des wagons, devant la porte de chacun de nos compartiments maintenue ouverte, se tenait un soldat, le revolver au poing et le doigt sur la gachette. Le chargé d'affaires de Russie, les femmes, les enfants, tout le monde a été soumis au même traitement.

A la dernière station allemande, vers 11 heures du soir, le major von Rheimbaben est venu prendre congé de moi. Je lui ai remis, pour M. de Jagow, la lettre qui suit :

« Mercredi soir, 5 août 1914.

Monsieur le Secrétaire d'État,

« Hier, avant de quitter Berlin, j'ai protesté par écrit auprès de Votre Excellence contre les changements successifs de direction qui m'ont été imposés par le Gouvernement impérial, pour sortir d'Allemagne.

« Aujourd'hui, lors du passage du train qui m'emportait au-dessus du canal de Kiel, on a voulu visiter tous nos bagages, comme si nous pouvions cacher quelque instrument de destruction. Grâce à l'intervention du major von Rheimbaben, cet affront nous a été épargné.

« Mais on a fait plus.

« On nous a obligé de rester chacun dans nos compartiments, dont les fenêtres et les rideaux étaient fermés. Pendant ce temps, dans le couloir des voitures, à la porte de chaque compartiment et faisant face à chacun de nous, se tenait un soldat, le revolver à la main, le doigt sur la gachette, durant près d'une demi-heure.

« Je crois devoir protester contre cette menace de violences à l'égard de l'Ambassadeur de la République et du personnel de son Ambassade, violences que rien n'avait pu seulement me faire pressentir. J'avais l'honneur d'écrire hier à Votre Excellence que j'étais traité presque en prisonnier. Aujourd'hui, c'est en prisonnier dangereux que j'ai été traité. Je dois noter que, dans le cours du voyage qui, depuis Berlin jusqu'au Danemark, a pris vingt-quatre heures, aucun repas n'a été préparé, ni fourni à moi, non plus qu'aux personnes reconduites avec moi jusqu'à la frontière.

Jules Cambon.

Je croyais tout terminé, lorsque peu après le major von Rheimbaben vint, un peu confus, m'annoncer que le train ne poursuivrait pas jusqu'à la frontière danoise si je ne payais pas le prix de ce train. Je m'étonnai qu'on ne me l'eut pas fait payer à Berlin et, qu'en tout cas, on ne m'eut pas prévenu. Je proposai de payer par un chèque sur une des plus grandes banques de Berlin ; cette facilité me fut refusée. Avec le concours de mes compagnons, je pus réunir en or la somme qui m'était demandée immédiatement et qui s'élevait à 3,611 marks 75, soit à environ 5,000 francs au taux actuel du change (1).

Après ce dernier incident, je crus devoir demander à M. de Rheimbaben sa parole d'officier et de gentilhomme qu'on allait me conduire jusqu'à la frontière danoise. Il me la donna et j'exigeai que l'homme de police qui était avec nous nous accompagnât.

Nous arrivâmes ainsi à la première station danoise où le Gouvernement danois avait fait préparer un train pour nous conduire à Copenhague.

On m'assure que mon collègue d'Angleterre et le Ministre de Belgique, bien qu'ils aient quitté Berlin après moi, sont partis directement pour la Hollande. Je suis frappé de cette différence de traitement. Et comme le Danemark et la Norvège sont remplis en ce moment d'espions, si je réussis à m'embarquer en Norvège, on craint que je ne sois arrêté en mer, avec les officiers qui m'accompagnent.

---

(1) Ultérieurement la somme ainsi demandée à M. Jules Cambon a été reversée à l'Ambassadeur d'Espagne à Berlin pour être remboursée à l'Ambassadeur de France.

Je ne veux pas terminer cette dépêche sans signaler à votre Excellence le dévouement et l'énergie dont tout le personnel de l'Ambassade n'a pas cessé de faire preuve pendant la durée de cette crise ; je serais heureux qu'il lui fût tenu compte des services rendus à cette occasion au Gouvernement de la République, en particulier par les Secrétaires de l'Ambassade ainsi que par l'Attaché militaire et l'Attaché naval.

Jules CAMBON.

N° 156.

M. MOLLARD, Ministre de France à Luxembourg,
    à M. DOUMERGUE, Ministre des Affaires étrangères.

Paris, le 4 août 1914.

Le Ministre d'État est venu mardi matin 4 août, vers huit heures et demie, à la Légation pour me notifier que les autorités militaires allemandes exigeaient mon départ. Sur ma réponse que je ne céderais que devant la force, M. Eyschen me dit qu'il connaissait mes sentiments à ce sujet et que c'était précisément pour cela qu'il était venu lui-même me faire cette communication qui lui coûtait beaucoup, car c'était effectivement devant la force qu'il me priait de partir. Il ajouta qu'il allait m'en apporter la preuve écrite.

Je ne cachai pas à M. Eyschen la tristesse et l'inquiétude que j'avais de laisser mes compatriotes sans défense et lui demandai de vouloir bien se charger de leur protection, ce qu'il accepta.

Au moment de partir, il me remit la lettre ci-jointe (annexe I), qui est la réponse du Gouvernement luxembourgeois à la déclaration que j'avais faite la veille au soir, selon les instructions télégraphiques de M. Viviani.

Vers dix heures, le Ministre d'État vint de nouveau à la Légation et me laissa, avec un mot de lui, une copie certifiée de la lettre que lui avait adressée le Ministre d'Allemagne au sujet de mon départ du Luxembourg (annexes II et III).

Il me dit également qu'il avait fait connaître à M. von Buch que le Gouvernement luxembourgeois serait chargé de la protection des Français et aurait la garde de la Légation et de la Chancellerie. Cette nouvelle ne parut pas plaire à mon collègue d'Allemagne, qui conseilla à M. Eyschen de m'inciter à confier ce soin au Ministre de Belgique. J'expliquai au Ministre d'État que la situation était particulière. Étant accrédité auprès de S. A. R. la Grande-Duchesse et mon pays n'étant pas en état de guerre avec le Luxembourg, il était, dans ces conditions, tout indiqué que ce fût le Gouvernement luxembourgeois qui assurât la sauvegarde de mes compatriotes. M. Eyschen n'insista pas et accepta de nouveau la mission que je lui confiai.

Le Ministre d'État me demanda alors de vouloir bien partir sans bruit, afin d'éviter des manifestations qui ne manqueraient pas, me dit-il, d'amener des représailles vis-à-vis des Français de la part des autorités militaires allemandes. Je lui répondis que j'attachais trop de prix à la sécurité de mes compatriotes pour la compromettre et qu'il n'avait rien à craindre.

Mon départ, qu'on exigeait le plus tôt possible, fut fixé à 2 heures, il fut également entendu que je partirais dans mon automobile. Pour le sauf-conduit, M. Eyschen me dit que le Ministre d'Allemagne était actuellement au quartier général allemand pour le demander et qu'il aurait soin de me le faire tenir en temps utile.

A 2 heures un quart, M. le Ministre d'État, accompagné de M. Henrion, Conseiller du Gouvernement, vint me faire ses adieux et recevoir les clefs de la Légation et celles de la Chancellerie.

Il me fit connaître que les ordres avaient été donnés pour mon libre passage et que je devais gagner Arlon par la route de Merle, la route de Mamers et la route d'Arlon. Il ajouta qu'un officier allemand m'attendrait route de Merle pour précéder ma voiture.

Je quittai alors la Légation et me rendis à Arlon par l'itinéraire fixé, mais je ne rencontrai personne.

Votre Excellence voudra bien trouver ci-contre (annexe IV) le texte de la lettre que j'ai remise à M. le Ministre d'État avant de quitter mon poste.

MOLLARD.

ANNEXE I.

M. Eyschen, Ministre d'État, Président du Gouvernement,
 à M. Mollard, Envoyé extraordinaire et Ministre plénipotentiaire de France à
 Luxembourg.

Luxembourg, le 4 août 1914.

Monsieur le Ministre,

Par sa communication verbale d'hier soir, Votre Excellence a eu la haute obligeance de porter à ma connaissance que, conformément au traité de Londres de 1867, le Gouvernement de la République entendait respecter la neutralité du Grand-Duché de Luxembourg, comme il l'avait montré par son attitude, mais que la violation de cette neutralité par l'Allemagne était toutefois de nature à obliger la France à s'inspirer désormais à cet égard du souci de sa défense et de ses intérêts.

Vous me permettrez de constater, Monsieur le Ministre, que la décision du Gouvernement de la République est uniquement basée sur le fait d'une tierce Puissance dont, certes, le Grand-Duché n'est pas responsable.

Les droits du Luxembourg doivent donc rester intacts.

L'Empire allemand a formellement déclaré que seule une occupation temporaire du Luxembourg entrait dans ses intentions.

J'aime à croire, Monsieur le Ministre, que le Gouvernement de la République n'aura pas de peine à constater avec moi que de tout temps et en toutes circonstances, le Grand-Duché a pleinement et loyalement rempli toutes les obligations généralement quelconques qui lui incombaient en vertu de traité de 1867.

Veuillez agréer, etc.

Le Ministre d'État,
Président du Gouvernement,
EYSCHEN.

Annexe II.

———

Lettre particulière adressée par M. Eyschen, Ministre d'État, Président du Gouvernement,

    à M. Mollard, Ministre de France à Luxembourg.

Monsieur le Ministre,

Tout à l'heure, j'ai eu le très vif regret de vous faire connaître les intentions du Général von Fuchs au sujet de votre séjour à Luxembourg.

Comme j'ai eu l'honneur de vous le dire, j'avais demandé une constatation par écrit de la décision prise à ce sujet par l'autorité militaire.

Ci-joint copie d'une lettre que je viens de recevoir à l'instant de la part du Ministre d'Allemagne.

Il m'a été assuré que, dans l'exécution de la mesure, on ne manquera d'avoir tous les égards dus à votre qualité et à votre personne.

Veuillez recevoir l'expression réitérée de tous mes regrets et de mes sentiments les meilleurs.

Eyschen.

———

Annexe III.

———

A Son Excellence le Ministre d'État, M. le Dr Eyschen.

Excellence,

J'ai l'honneur, conformément aux instructions de Son Excellence M. le général Fuchs, de vous prier de vouloir bien inviter le Ministre de France, M. Mollard, à quitter aussitôt que possible le Luxembourg et à se rendre en France ; autrement les autorités militaires allemandes se trouveraient dans la pénible obligation de placer M. Mollard sous la surveillance d'une escorte militaire et en cas extrême de procéder à son arrestation.

Je prie Votre Excellence de vouloir bien agréer, à cette occasion, l'assurance de ma considération la plus distinguée.

von Buch,

Annexe IV.

M. Mollard, Ministre de France à Luxembourg,

à Son Excellence M. Eyschen, Ministre d'État, Président du Gouvernement de Luxembourg.

Luxembourg, le 4 août 1914.

Monsieur le Ministre,

Je viens de recevoir votre communication et m'incline devant la force.

Avant de quitter le Luxembourg, j'ai le devoir de me préoccuper du sort et de la sécurité de mes compatriotes. Connaissant l'esprit de justice et d'équité du Gouvernement luxembourgeois, j'ai l'honneur de prier Votre Excellence de les prendre sous sa haute protection et de veiller à la sauvegarde de leur vie et de leurs biens.

Je demanderai également à Votre Excellence d'assurer la garde de l'hôtel de la Légation et des bureaux de la Chancellerie.

Je serais très obligé à Votre Excellence de vouloir bien faire agréer à S. A. R. Madame la Grande-Duchesse l'hommage de mon profond respect et toutes mes excuses de n'avoir pu aller le lui exprimer moi-même.

En vous remerciant, Monsieur le Ministre, de toutes les marques de sympathie que vous m'avez données, je vous prie d'agréer la nouvelle assurance de ma haute considération.

Armand Mollard.

N° 157.

Notification du Gouvernement français

aux Représentants des Puissances a Paris.

Le Gouvernement impérial allemand, après avoir laissé ses forces armées franchir la frontière et se livrer sur le territoire français à divers actes de meurtre et de pillage ; après avoir violé la neutralité du Grand-Duché de Luxembourg, au mépris des stipulations de la Convention de Londres du 11 mai 1867 et de la Convention V de la Haye du 18 octobre 1907, *sur les droits et devoirs des puissances et des personnes en cas de guerre sur terre* (articles I et II), conventions signées de lui ; après avoir adressé un ultimatum au Gouvernement royal de Belgique tendant à exiger le passage des forces allemandes par le territoire belge, en violation des Traités du 19 avril 1839, également signés de lui et de la susdite Convention de La Haye

A déclaré la guerre à la France le 3 août 1914, à 18 heures 45.

Le Gouvernement de la République se voit, dans ces conditions, obligé, de son côté, de recourir à la force des armes.

Il a, en conséquence, l'honneur de faire savoir, par la présente, au Gouvernement de. . . . . que l'état de guerre existe entre la France et l'Allemagne à dater du 3 août 1914, 18 h. 45.

Le Gouvernement de la République proteste auprès de toutes les nations civilisées et spécialement auprès des Gouvernements signataires des Conventions et Traités sus-rappelés, contre la violation par l'Empire allemand de ses engagements interna-tionaux ; il fait toutes réserves quant aux représailles qu'il pourrait se voir amener à exercer contre un ennemi aussi peu soucieux de la parole donnée.

Le Gouvernement de la République qui entend observer les principes du droit des gens, se conformera, durant les hostilités et sous réserve de réciprocité, aux disposi-tions des Conventions internationales signées par la France, concernant le droit de la guerre sur terre et sur mer.

La présente notification, faite en conformité de l'article 2 de la III° Convention de La Haye du 18 octobre 1907, relative à l'ouverture des hostilités, et remise à. . . . .

A Paris, le 4 août 1914, à 14 heures.

N° 158.

MESSAGE de M. POINCARÉ, Président de la République,

à la séance extraordinaire du Parlement, le 4 août 1914.

(*Journal officiel* du 5 août 1914.)

(*La Chambre écoute, debout, la lecture du message*).

MESSIEURS LES DÉPUTÉS,

« La France vient d'être l'objet d'une agression brutale et préméditée, qui est un insolent défi au droit des gens. Avant qu'une déclaration de guerre nous eût encore été adressée, avant même que l'Ambassadeur d'Allemagne eût demandé ses passe-ports, notre territoire a été violé. L'Empire d'Allemagne n'a fait hier soir que donner tardivement le nom véritable à un état de fait qu'il avait déjà créé.

« Depuis plus de quarante ans, les Français, dans un sincère amour de la paix, ont refoulé au fond de leur cœur le désir des réparations légitimes.

« Ils ont donné au monde l'exemple d'une grande nation qui, définitivement relevée de la défaite par la volonté, la patience et le travail, n'a usé de sa force re-nouvelée et rajeunie que dans l'intérêt du progrès et pour le bien de l'humanité.

« Depuis que l'ultimatum de l'Autriche a ouvert une crise menaçante pour l'Europe entière, la France s'est attachée à suivre et à recommander partout une politique de prudence, de sagesse et de modération.

« On ne peut lui imputer aucun acte, aucun geste, aucun mot qui n'ait été paci-fique et conciliant.

« A l'heure des premiers combats, elle a le droit de se rendre solennellement cette justice, qu'elle a fait, jusqu'au dernier moment, des efforts suprêmes pour conjurer la guerre qui vient d'éclater et dont l'Empire d'Allemagne supportera, devant l'histoire, l'écrasante responsabilité. *(Applaudissements unanimes et répétés.)*

« Au lendemain même du jour où nos alliés et nous, nous exprimions publiquement l'espérance de voir se poursuivre pacifiquement les négociations engagées sous les auspices du Cabinet de Londres, l'Allemagne a déclaré subitement la guerre à la Russie, elle a envahi le territoire du Luxembourg, elle a outrageusement insulté la noble nation belge *(Vifs applaudissements unanimes)*, notre voisine et notre amie, et elle a essayé de nous surprendre traîtreusement en pleine conversation diplomatique. *(Nouveaux applaudissements unanimes et répétés.)*

« Mais la France veillait. Aussi attentive que pacifique, elle s'était préparée ; et nos ennemis vont rencontrer sur leur chemin nos vaillantes troupes de couverture qui sont à leurs postes de bataille et à l'abri desquelles s'achèvera méthodiquement la mobilisation de toutes nos forces nationales.

« Notre belle et courageuse armée, que la France accompagne aujourd'hui de sa pensée maternelle *(Vifs applaudissements)*, s'est levée toute frémissante pour défendre l'honneur du drapeau et le sol de la patrie. *(Applaudissements unanimes et répétés.)*

« Le Président de la République, interprète de l'unanimité du pays, exprime à nos troupes de terre et de mer l'admiration et 'la confiance de tous les Français. *(Vifs applaudissements prolongés.)*

« Étroitement unie en un même sentiment, la Nation persévèrera dans le sang-froid dont elle a donné, depuis l'ouverture de la crise, la preuve quotidienne. Elle saura, comme toujours, concilier les plus généreux élans et les ardeurs les plus enthousiastes avec cette maîtrise de soi qui est le signe des énergies durables et la meilleure garantie de la victoire. *(Applaudissements.)*

« Dans la guerre qui s'engage, la France aura pour elle le Droit, dont les peuples, non plus que les individus, ne sauraient impunément méconnaître l'éternelle puissance morale. *(Vifs applaudissements unanimes.)*

Elle sera héroïquement défendue par tous ces fils, dont rien ne brisera devant l'ennemi l'union sacrée et qui sont aujourd'hui fraternellement assemblés dans une même indignation contre l'agresseur et dans une même foi patriotique. *(Vifs applaudissements prolongés et cris de : vive la France.)*

Elle est fidèlement secondée par la Russie, son alliée *(Vifs applaudissements unanimes)* ; elle est soutenue par la loyale amitié de l'Angleterre. *(Vifs applaudissements unanimes.)*

« Et déjà de tous les points du monde civilisé viennent à elle les sympathies et les vœux. Car elle représente aujourd'hui, une fois de plus, devant l'univers, la liberté, la justice et la raison. *(Vifs applaudissements répétés.)*

« Haut les cœurs et vive la France ! *(Applaudissements unanimes et prolongés.)* »

Raymond POINCARÉ.

N° 159.

Discours prononcé par M. René VIVIANI, Président du Conseil,

à la Chambre des Députés, le 4 août 1914.

(*Journal officiel* du 5 août 1914.)

M. René VIVIANI, *Président du Conseil.* — Messieurs, l'ambassadeur d'Allemagne a quitté hier Paris, après nous avoir notifié l'état de guerre.

Le Gouvernement doit au Parlement le récit véridique des événements qui, en moins de dix jours, ont déchaîné la guerre européenne et obligé la France pacifique et forte à défendre sa frontière contre une agression dont la soudaineté calculée souligne l'odieuse injustice.

Cette agression, que rien n'excuse et qui a commencé avant qu'aucune déclaration de guerre nous l'eût notifiée, est le dernier acte d'un plan dont j'entends affirmer, devant notre démocratie et devant l'opinion civilisée, l'origine et le but.

A la suite du crime abominable qui a coûté la vie à l'archiduc héritier d'Autriche-Hongrie et à la duchesse de Hohenberg, des difficultés se sont élevées entre le cabinet de Vienne et le cabinet de Belgrade.

La plupart des puissances n'en ont été qu'officieusement informées jusqu'au vendredi 24 juillet, date à laquelle les ambassadeurs d'Autriche-Hongrie leur ont remis une circulaire que la presse a publiée.

Cette circulaire avait pour objet d'expliquer et de justifier un ultimatum adressé la veille au soir à la Serbie par le Ministre d'Autriche-Hongrie à Belgrade.

Cet ultimatum, en affirmant la complicité de nombreux sujets et associations serbes dans le crime de Serajevo, insinuait que les autorités officielles serbes elles-mêmes n'y étaient pas étrangères. Il exigeait pour le samedi 25 juillet à six heures du soir, une réponse de la Serbie.

Les satisfactions exigées, ou du moins plusieurs d'entre elles, portaient indiscutablement atteinte aux droits d'un Etat souverain. Malgré leur caractère excessif, la Serbie, le 25 juillet, déclara s'y soumettre, presque sans aucune réserve.

A cette soumission, qui constituait pour l'Autriche-Hongrie un succès, pour la paix européenne une garantie, les conseils de la France, de la Russie et de la Grande-Bretagne, adressés à Belgrade, dès la première heure, n'étaient pas étrangers.

Ces conseils avaient d'autant plus de valeur que les exigences austro-hongroises avaient été dissimulées aux chancelleries de la Triple Entente à qui, dans les trois semaines précédentes, le Gouvernement austro-hongrois avait donné à plusieurs reprises l'assurance que ses revendications seraient extrêmement modérées.

C'est donc avec un juste étonnement que les cabinets de Paris, de Saint-Pétersbourg et de Londres apprirent le 26 juillet que le ministre d'Autriche à Belgrade, après un examen de quelques minutes, avait déclaré inacceptable la réponse serbe et rompu les relations diplomatiques.

Cet étonnement s'aggravait de ce fait que, dès le vendredi 24, l'ambassadeur d'Allemagne était venu lire au ministre français des Affaires étrangères une note verbale affirmant que le conflit austro-serbe devait demeurer localisé, sans intervention des grandes puissances, faute de quoi on en pouvait redouter des « conséquences incalculables ». Une démarche analogue fut faite le samedi 25 à Londres et à Saint-Pétersbourg.

Est-il besoin, messieurs, de vous signaler combien les termes menaçants employés par l'ambassadeur d'Allemagne à Paris contrastaient avec les sentiments conciliants dont les puissances de la Triple Entente venaient de fournir la preuve par les conseils de soumission qu'elles avaient donnés à la Serbie ?

Néanmoins, sans nous arrêter au caractère anormal de la démarche allemande, nous avons, d'accord avec nos alliés et nos amis, immédiatement engagé une action de conciliation en invitant l'Allemagne à s'y associer.

Nous avons eu, dès la première heure, le regret de constater que nos dispositions et nos efforts ne rencontraient à Berlin aucun écho.

Non seulement l'Allemagne ne paraissait nullement disposée à donner à l'Autriche-Hongrie les conseils amicaux que sa situation l'autorisait à formuler, mais, dès ce moment, et plus encore dans les jours suivants, elle semblait s'interposer entre le cabinet de Vienne et les propositions transactionnelles émanant des autres puissances.

Le mardi 28 juillet, l'Autriche-Hongrie déclara la guerre à la Serbie. Cette déclaration de guerre aggravant, à trois jours de distance, l'état de choses créé par la rupture des relations diplomatiques, permettait de croire à une volonté réfléchie de guerre, à un programme systématique tendant à l'asservissement de la Serbie.

Ainsi se trouvait mis en cause, non seulement l'indépendance d'un peuple vaillant, mais l'équilibre des Balkans, inscrit dans le traité de Bucarest de 1913, et consacré par l'adhésion morale de toutes les grandes puissances.

Cependant, à la suggestion du Gouvernement Britannique, toujours attaché de la façon la plus ferme au maintien de la paix européenne, les négociations se poursuivaient ou, plus exactement, les Puissances de la Triple Entente essayaient de les poursuivre.

De ce désir commun est sortie la proposition d'une action à quatre, Angleterre, France, Allemagne, Italie, destinée, en assurant à l'Autriche toutes les satisfactions légitimes, à ménager un règlement équitable du conflit.

Le mercredi 29, le Gouvernement Russe, constatant l'échec persistant de ces tentatives, et en présence de la mobilisation et de la déclaration de guerre autrichiennes, redoutant pour la Serbie un écrasement militaire, décida, à titre préventif, la mobilisation des troupes de quatre arrondissements militaires, c'est-à-dire des formations échelonnées le long de la frontière austro-hongroise exclusivement.

Ce faisant, il prenait soin d'aviser le Gouvernement allemand que cette mesure, limitée et sans caractère offensif à l'égard de l'Autriche, n'était, à aucun degré, dirigée contre l'Allemagne.

Dans une conversation avec l'ambassadeur de Russie, à Berlin, le Secrétaire d'État allemand aux Affaires étrangères ne faisait point difficulté de le reconnaître.

Par contre, tout ce que tentait la Grande-Bretagne, avec l'adhésion de la Russie et l'appui de la France, pour établir le contact entre l'Autriche et la Serbie sous le patronage moral de l'Europe, se heurtait, à Berlin, à un parti pris négatif dont les dépêches diplomatiques fournissent la preuve péremptoire.

C'était là une situation troublante et qui rendait vraisemblable l'existence à Berlin de certaines arrière-pensées. Quelques heures après, ces hypothèses et ces craintes devaient se transformer en certitudes.

En effet, l'attitude négative de l'Allemagne faisait place trente-six heures plus tard à des initiatives justement alarmantes : le 31 juillet, l'Allemagne, en proclamant l'état de « danger de guerre », coupait les communications entre elle et le reste de l'Europe et se donnait toute liberté de poursuivre contre la France, dans un secret absolu, des préparatifs militaires que rien, vous l'avez vu, ne pouvait justifier.

Depuis plusieurs jours déjà, et dans des conditions difficiles à expliquer, l'Allemagne avait préparé le passage de son armée du pied de paix au pied de guerre.

Dès le 25 juillet au matin, c'est-à-dire avant même l'expiration du délai assigné à la Serbie par l'Autriche, elle avait consigné les garnisons d'Alsace-Lorraine. Le même jour, elle avait mis en état d'armement les ouvrages proches de la frontière. Le 26, elle avait prescrit aux chemins de fer les mesures préparatoires de la concentration. Le 27, elle avait effectué les réquisitions et mis en place ses troupes de couverture. Le 28, les appels individuels de réservistes avaient commencé et les éléments éloignés de la frontière en avaient été rapprochés.

Toutes ces mesures, poursuivies avec une méthode implacable, pouvaient-elles nous laisser des doutes sur les intentions de l'Allemagne ?

Telle était la situation, lorsque, le 31 juillet au soir, le Gouvernement allemand, qui depuis le 24, n'avait participé par aucun acte positif aux efforts conciliants de la Triple Entente, adressa au Gouvernement russe un ultimatum, sous prétexte que la Russie avait ordonné la mobilisation générale de ses armées, il exigea dans un délai de douze heures l'arrêt de cette mobilisation.

Cette exigence, d'autant plus blessante dans la forme que, quelques heures plus tôt, l'empereur Nicolas II, dans un geste de confiance spontanée, avait demandé à l'empereur d'Allemagne sa médiation, se produisait au moment où, à la demande de l'Angleterre et au su de l'Allemagne, le Gouvernement russe acceptait une formule de nature à préparer un règlement amiable du conflit austro-serbe et des difficultés austro-russes par l'arrêt simultané des opérations et préparatifs militaires.

Le même jour, cette démarche inamicale à l'égard de la Russie se doublait d'actes nettement hostiles à l'égard de la France : rupture des communications par routes, voies ferrées, télégraphes et téléphones, saisie des locomotives françaises à leur arrivée à la frontière, placement de mitrailleuses au milieu de la voie ferrée qui avait été coupée, concentration de troupes à cette frontière.

Dès ce moment, il ne nous était plus permis de croire à la sincérité des déclarations pacifiques que le représentant de l'Allemagne continuait à nous prodiguer. (*Mouvement*).

Nous savions qu'à l'abri de l'état de « danger de guerre » proclamé, l'Allemagne mobilisait.

Nous apprenions que six classes de réservistes avaient été appelées et que les transports de concentration se poursuivaient pour des corps d'armée même stationnés à une notable distance de la frontière.

A mesure que ces événements se déroulaient, le Gouvernement, attentif et vigilant, prenait de jour en jour, et même d'heure en heure, les mesures de sauvegarde qu'imposait la situation ; la mobilisation générale de nos armées de terre et de mer était ordonnée.

Le même soir, à sept heures trente, l'Allemagne, sans s'arrêter à l'acceptation par le cabinet de Saint-Pétersbourg de la proposition anglaise que j'ai rappelée plus haut, déclarait la guerre à la Russie.

Le lendemain, dimanche 2 août, sans égard à l'extrême modération de la France, en contradiction avec les déclarations pacifiques de l'ambassadeur d'Allemagne à Paris, au mépris des règles du droit international, les troupes allemandes franchissaient en trois points différents notre frontière.

En même temps, en violation du traité de 1867, qui a garanti avec la signature de la Prusse la neutralité du Luxembourg, elles envahissaient le territoire du Grand-Duché, motivant ainsi la protestation du Gouvernement luxembourgeois.

Enfin la neutralité de la Belgique même était menacée : le ministre d'Allemagne remettait le 2 août au soir au Gouvernement belge un ultimatum l'invitant à faciliter en Belgique les opérations militaires contre la France, sous le prétexte mensonger que la neutralité belge était menacée par nous ; le Gouvernement belge s'y refusa, déclarant qu'il était résolu à défendre énergiquement sa neutralité, respectée par la France et garantie par les traités, en particulier par le roi de Prusse. (*Applaudissements unanimes et prolongés*).

Depuis lors, messieurs, les agressions se sont renouvelées, multipliées et accentuées. Sur plus de quinze points notre frontière a été violée. Des coups de fusil ont été tirés contre nos soldats et nos douaniers. Il y a eu des morts et des blessés. Hier, un aviateur militaire allemand a lancé trois bombes sur Lunéville.

L'ambassadeur d'Allemagne, à qui nous avons communiqué ces faits, ainsi qu'à toutes les grandes Puissances, ne les a pas démentis et n'en a pas exprimé de regrets. Par contre, il est venu hier soir me demander ses passeports et nous notifier l'état de guerre, en arguant, contre toute vérité, d'actes d'hostilité commis par des aviateurs français en territoire allemand dans la région de l'Eiffel et même sur le chemin de fer près de Carlsruhe et près de Nuremberg. Voici la lettre qu'il m'a remise à ce sujet :

« MONSIEUR LE PRÉSIDENT,

« Les autorités administratives et militaires allemandes ont constaté un certain nombre d'actes d'hostilité caractérisée commis sur territoire allemand par des aviateurs militaires français. Plusieurs de ces derniers ont manifestement violé la neutralité de la Belgique survolant le territoire de ce pays. L'un a essayé de détruire des constructions près de Wesel, d'autres ont été aperçus sur la région de l'Eiffel, un autre a jeté des bombes sur le chemin de fer près de Karlsruhe et de Nuremberg.

« Je suis chargé et j'ai l'honneur de faire connaître à Votre Excellence qu'en présence de ces agressions, l'Empire allemand se considère en état de guerre avec la France du fait de cette dernière puissance.

« J'ai en même temps l'honneur de porter à la connaissance de Votre Excellence que les autorités allemandes retiendront les navires marchands français dans des ports allemands, mais qu'elles les relâcheront si, dans les quarante-huit heures, la réciprocité complète est assurée.

« Ma mission diplomatique ayant ainsi pris fin, il ne me reste plus qu'à prier Votre Excellence de vouloir bien me munir de mes passeports et de prendre les mesures qu'elle jugerait utiles pour assurer mon retour en Allemagne avec le personnel de l'ambassade ainsi qu'avec le personnel de la Légation de Bavière et du Consulat général d'Allemagne à Paris.

« Veuillez agréer, monsieur le président, l'expression de ma très haute considération.

« Signé : Schoen. »

Ai-je besoin, messieurs, d'insister sur l'absurdité de ces prétextes que l'on voudrait présenter comme des griefs ? A aucun moment, aucun aviateur français n'a pénétré en Belgique, aucun aviateur français n'a commis, ni en Bavière, ni dans aucune autre partie de l'Allemagne, aucun acte d'hostilité. L'opinion européenne a déjà fait justice de ces inventions misérables. *(Vifs applaudissements unanimes.)*

Contre ces attaques qui violent toutes les lois de l'équité et toutes les règles du droit public, nous avons, dès maintenant, pris toutes les dispositions nécessaires ; l'exécution s'en poursuit avec une rigoureuse méthode et un absolu sang-froid.

La mobilisation de l'armée russe se continue également avec une énergie remarquable et un enthousiasme sans restriction. *(La Chambre entière se lève. — Applaudissements unanimes et prolongés.)*

L'armée belge, mobilisée à 250,000 hommes, se dispose à défendre avec une magnifique ardeur la neutralité et l'indépendance de son pays. *(Nouveaux applaudissements vifs et unanimes.)*

La flotte anglaise est mobilisée tout entière et l'ordre a été donné de mobiliser l'armée de terre. *(Tous les députés se lèvent et applaudissent longuement.)*

Dès 1912, des pourparlers avaient eu lieu entre les États-Majors anglais et français, terminés par un échange de lettres entre Sir Edward Grey et M. Paul Cambon. Le Secrétaire d'État aux Affaires étrangères a donné, hier soir, à la Chambre des communes, communication des lettres échangées, et je vais avoir l'honneur, d'accord avec le Gouvernement britannique, de porter à votre connaissance le contenu de ces deux documents :

Foreign Office.

Londres, le 22 novembre 1912.

« Mon cher Ambassadeur,

« A différentes reprises, au cours des dernières années, les États-Majors militaires et navals de la France et de la Grande-Bretagne ont échangé leurs vues. Il a toujours été entendu que ces échanges de vues ne portent pas atteinte à la liberté de l'un et l'autre Gouvernement de décider à n'importe quel moment dans l'avenir s'il doit ou non soutenir l'autre avec ses forces armées. Nous avons admis que des échanges de vues entre techniciens ne constituent pas et ne doivent pas être regardés comme constituant un engagement qui oblige l'un ou l'autre Gouvernement à intervenir dans une éventualité qui ne s'est pas encore présentée et qui peut ne jamais naître. Par exemple, la répartition actuelle des flottes françaises et anglaises ne repose pas sur un engagement de collaborer en temps de guerre.

« Vous avez cependant fait remarquer que si l'un ou l'autre Gouvernement avait de graves raisons de redouter une attaque de la part d'une tierce puissance sans aucune provocation, il pourrait être essentiel de savoir si, dans cette circonstance, il pourrait compter sur l'assistance militaire de l'autre puissance.

« J'accepte que si l'un ou l'autre gouvernement a de graves raisons de craindre une attaque sans provocation de la part d'une tierce puissance, ou tout autre événement menaçant pour la paix générale, ce gouvernement devrait examiner immédiatement avec l'autre s'ils ne doivent pas agir tous deux ensemble pour empêcher l'agression et maintenir la paix et, dans ce cas, rechercher les mesures qu'ils seraient disposés à prendre en commun. Si ces mesures comportaient une action militaire, les plans des Etats-Majors généraux seraient aussitôt pris en considération et les deux Gouvernements décideraient alors la suite qu'il conviendrait de leur donner.

« Sincèrement vôtre,

« Signé : E. GREY ».

A cette lettre, à la date du 23 novembre 1912, notre ambassadeur, M. Paul Cambon, répondait :

Londres, le 23 novembre 1912.

CHER SIR EDWARD,

« Par votre lettre en date d'hier, 22 novembre, vous m'avez rappelé que, dans ces dernières années, les autorités militaires et navales de la France et de la Grande-Bretagne s'étaient consultées de temps en temps ; qu'il avait toujours été entendu que ces consultations ne restreignaient pas la liberté, pour chaque Gouvernement, de décider dans l'avenir s'ils se prêteraient l'un l'autre le concours de leurs forces armées ; que, de part et d'autre, ces consultations entre spécialistes n'étaient et ne devaient pas être considérées comme des engagements obligeant nos Gouvernements à agir dans certains cas ; que cependant je vous avais fait observer que, si l'un ou l'autre des deux Gouvernements avait de graves raisons d'appréhender une attaque non provoquée de la part d'une tierce puissance, il deviendrait essentiel de savoir s'il pourrait compter sur l'assistance armée de l'autre.

« Votre lettre répond à cette observation et je suis autorisé à vous déclarer que, dans le cas où l'un de nos deux Gouvernements aurait un motif grave d'appréhender soit l'agression d'une tierce puissance, soit quelque événement menaçant pour la paix générale, ce Gouvernement examinerait immédiatement avec l'autre si les deux Gouvernements doivent agir de concert en vue de prévenir l'agression ou de sauvegarder la paix. Dans ce cas, les deux Gouvernements délibéreraient sur les mesures qu'ils seraient disposés à prendre en commun ; si ces mesures comportaient une action, les deux Gouvernements prendraient aussitôt en considération les plans de leurs états-majors et décideraient alors de la suite qui devrait être donnée à ces plans.

« Sincèrement à vous.

« Signé : P. Cambon. »

A la Chambre des Communes, le Secrétaire d'État aux Affaires étrangères a parlé de la France aux applaudissements des députés, dans des termes élevés et chaleureux, et son langage a déjà profondément retenti dans tous les cœurs français. (*Vifs applaudissements unanimes.*) Je tiens, au nom du Gouvernement de la République, à remercier, du haut de la tribune, le Gouvernement anglais de la cordialité de ses paroles et le Parlement français s'associera à ce sentiment. (*Nouveaux applaudissements prolongés et unanimes.*)

Le Secrétaire d'État aux Affaires étrangères a fait, notamment, la déclaration suivante :

« Dans le cas où l'escadre allemande franchirait le détroit ou remonterait la mer du Nord pour doubler les Iles-Britanniques dans le but d'attaquer les côtes françaises ou la marine de guerre française, et d'inquiéter la marine marchande française, l'escadre anglaise interviendrait pour prêter à la marine française son entière protection, de sorte que, dès ce moment, l'Angleterre et l'Allemagne seraient en état de guerre. » (*Applaudissements répétés et prolongés.*)

Dès maintenant, la flotte anglaise couvre donc nos côtes du Nord et de l'Ouest contre une agression allemande.

Messieurs, voilà les faits. Je crois que dans leur rigoureux enchaînement, ils suffisent à justifier les actes du Gouvernement de la République. Je veux cependant de ce récit dégager la conclusion, donner son véritable sens à l'agression inouïe dont la France est victime.

Les vainqueurs de 1870 ont eu, vous le savez, à diverses reprises, le désir de redoubler les coups qu'ils nous avaient portés. En 1875, la guerre destinée à achever la France vaincue n'a été empêchée que par l'intervention des deux Puissances à qui devaient nous unir plus tard les liens de l'alliance et de l'amitié (*Applaudissements unanimes*), par l'intervention de la Russie et par celle de la Grande-Bretagne. (*Tous les députés se lèvent et applaudissent longuement.*)

Depuis lors, la République française, par la restauration des forces nationales et la conclusion d'accords diplomatiques invariablement pratiqués, a réussi à se libérer du joug qu'au sein même de la paix, Bismarck avait su faire peser sur l'Europe.

Elle a rétabli l'équilibre européen, garant de la liberté et de la dignité de chacun.

Messieurs, je ne sais si je ne m'abuse, mais il m'apparaît que cette œuvre de réparation pacifique, d'affranchissement et de dignité définitivement scellée en 1904 et 1907 avec le concours génial du roi Édouard VII d'Angleterre et du gouvernement de la Couronne (*Vifs applaudissements*), c'est cela que l'empire allemand veut détruire aujourd'hui par un audacieux coup de force.

L'Allemagne n'a rien à nous reprocher.

Nous avons consenti à la paix un sacrifice sans précédent en portant un demi-siècle silencieux à nos flancs la blessure ouverte par elle. (*Vifs applaudissements unanimes.*)

Nous en avons consenti d'autres dans tous les débats que, depuis 1904, la diplomatie impériale a systématiquement provoqués soit au Maroc, soit ailleurs, aussi bien en 1905 qu'en 1906, en 1908 qu'en 1911.

La Russie, elle aussi, a fait preuve d'une grande modération lors des événements de 1908, comme dans la crise actuelle.

Elle a observé la même modération, et la Triple Entente avec elle quand, dans la crise orientale de 1912, l'Autriche et l'Allemagne ont formulé, soit contre la Serbie, soit contre la Grèce, des exigences, discutables pourtant, l'événement l'a prouvé.

Inutiles sacrifices, stériles transactions, vains efforts, puisqu'aujourd'hui, en pleine action de conciliation, nous sommes, nos alliés et nous, attaqués par surprise. (*Applaudissements prolongés.*)

Nul ne peut croire de bonne foi que nous sommes les agresseurs. Vainement l'on veut troubler les principes sacrés de droit et de liberté qui régissent les nations comme les individus : l'Italie, dans la claire conscience du génie latin, nous a notifié qu'elle entendait garder la neutralité. (*Tous les députés se lèvent et applaudissent longuement.*)

Cette décision a rencontré dans toute la Franc l'écho de la joie la plus sincère. Je m'en suis fait l'interprète auprès du chargé d'affaires d'Italie en lui disant combien je me félicitais que les deux sœurs latines, qui ont même origine et même idéal, un passé de gloire commun, ne se trouvent pas opposées. (*Nouveaux applaudissements.*)

Ce qu'on attaque, messieurs, nous le déclarons très haut, c'est cette indépendance, cette dignité, cette sécurité que la Triple Entente a reconquises dans l'équilibre au service de la paix.

Ce qu'on attaque, ce sont les libertés de l'Europe, dont la France, ses alliées et ses amis sont fiers d'être les défenseurs. (*Vifs applaudissements.*)

Ces libertés, nous allons les défendre, car se sont elles qui sont en cause et tout le reste n'a été que prétextes.

La France, injustement provoquée, n'a pas voulu la guerre, elle a tout fait pour la conjurer. Puisqu'on la lui impose, elle se défendra contre l'Allemagne et contre toute puissance qui, n'ayant pas encore fait connaître son sentiment, prendrait part aux côtés de cette dernière au conflit entre les deux pays. (*Tous les députés se lèvent et applaudissent.*)

Un peuple libre et fort qui soutient un idéal séculaire et s'unit tout entier pour la sauvegarde de son existence ; une démocratie qui a su discipliner son effort militaire et n'a pas craint, l'an passé, d'en alourdir le poids pour répondre aux armements voisins ; une nation armée luttant pour sa vie propre et pour l'indépendance de l'Europe, voilà le spectacle que nous nous honorons d'offrir aux témoins de cette lutte formidable qui, depuis quelques jours, se prépare dans le calme le plus méthodique. Nous sommes sans reproches. Nous serons sans peur. (*Tous les députés se lèvent et applaudissent longuement.*)

La France a prouvé, souvent dans des conditions moins favorables, qu'elle est le plus

plus redoutable adversaire quand elle se bat, comme c'est le cas aujourd'hui, pour la liberté et pour le droit. (*Applaudissements.*)

En vous soumettant nos actes, à vous, Messieurs, qui êtes nos juges, nous avons pour porter le poids de notre lourde responsabilité, le réconfort d'une conscience sans trouble et la certitude du devoir accompli. (*Tous les députés se lèvent et applaudissent longuement.*)

René VIVIANI.

CHAPITRE VII

DÉCLARATION DE LA TRIPLE ENTENTE

(4 SEPTEMBRE 1914)

DÉCLARATION.

M. Delcassé, Ministre des Affaires étrangères,
à MM. les Ambassadeurs et Ministres de France à l'étranger.

Paris, le 4 septembre 1914.

La déclaration suivante a été signée ce matin au Foreign Office, à Londres.

« Les soussignés, dûment autorisés par leurs gouvernements respectifs, font la déclaration suivante :

« Les Gouvernements britannique, français et russe s'engagent mutuellement à ne pas conclure de paix séparée au cours de la présente guerre.

« Les trois gouvernements conviennent que, lorsqu'il y aura lieu de discuter les termes de la paix, aucune des Puissances alliées ne pourra poser des conditions de paix sans accord préalable avec chacun des autres alliés. »

Signé : Paul Cambon.
Comte Benckendorff.
Edward Grey.

Cette déclaration sera publiée aujourd'hui.

Delcassé.

ANNEXES

EXTRAITS

DU " LIVRE BLEU " (ANGLAIS), DU " LIVRE GRIS " (BELGE),
DU " LIVRE BLANC " (ALLEMAND), DU " LIVRE ORANGE " (RUSSE)

ANNEXE I.

Extraits du « Livre bleu » relatifs à la position prise par le Gouvernement anglais à l'égard de la Russie, de l'Allemagne et de la France pendant les pourparlers qui ont précédé la guerre.

N° 6.

Sir G. Buchanan, Ambassadeur de Grande-Bretagne à Saint-Pétersbourg,
à Sir Edward Grey.

Saint-Pétersbourg, 24 juillet 1914.

J'ai reçu ce matin un message téléphonique de M. Sazonoff m'informant que le texte de l'ultimatum autrichien venait de lui parvenir.

Son Excellence ajouta qu'une réponse était exigée dans les quarante-huit heures et il me pria de venir le trouver à l'Ambassade de France pour discuter l'affaire, car la démarche autrichienne voulait dire clairement que la guerre était imminente.

Le ministre des Affaires étrangères dit que la conduite de l'Autriche était tout à la fois provocante et immorale ; elle n'aurait jamais agi ainsi à moins que l'Allemagne n'ait été préalablement consultée ; quelques-unes de ses demandes étaient tout à fait impossibles à accepter. Il espérait que le Gouvernement de Sa Majesté ne manquerait pas de proclamer sa solidarité avec la Russie et la France.

L'Ambassadeur de France me donna à entendre que la France remplirait, si cela devenait nécessaire, toute les obligations que lui imposait son alliance avec la Russie, outre qu'elle seconderait fortement la Russie dans toutes les négociations diplomatiques.

J'ai dit que je vous télégraphierais un rapport complet de ce que Leurs Excellences venaient de me dire. Je ne pouvais pas, naturellement, parler au nom du Gouvernement de Sa Majesté ; mais, personnellement, je ne voyais aucune raison de s'attendre à une déclaration de solidarité de la part du Gouvernement de Sa Majesté qui entraînerait un engagement absolu de sa part de soutenir la Russie et la France par la force des armes. Les intérêts directs de la Grande-Bretagne en Serbie étaient nuls, et une guerre en faveur de ce pays ne serait jamais sanctionnée par l'opinion publique de la Grande-Bretagne. A ceci, M. Sazonoff répondit qu'il ne fallait pas que nous oubliions que la question générale européenne était impliquée, la question de la Serbie n'en formant qu'une partie et que la Grande-Bretagne ne pourrait pas en fait se dégager des problèmes maintenant en jeu.

En réponse à ces remarques, j'ai fait observer que je comprenais, de ce qu'il disait, que Son Excellence proposait que la Grande-Bretagne se joignît à une communication qui serait faite à l'Autriche à l'effet qu'une intervention active par elle dans les affaires intérieures de la Serbie ne pourrait pas être tolérée. Mais supposant que l'Autriche, néanmoins, allait avoir recours à des mesures militaires contre la Serbie malgré nos représentations, était-ce l'intention du Gouvernement russe de déclarer de suite la guerre à l'Autriche ?

M. Sazonoff dit que lui-même pensait que tout au moins la mobilisation russe devait être faite, mais qu'il y avait un Conseil des Ministres cet après-midi pour examiner la question dans toute son étendue. Un autre Conseil, présidé par l'Empereur, serait tenu probablement demain, quand une décision serait prise.

23.

J'ai dit qu'il me paraissait que le point important était de persuader l'Autriche d'étendre la limite de temps, et que la première chose à faire était de faire peser sur l'Autriche une influence ayant ce but en vue. L'Ambassadeur de France, cependant, croyait que, ou l'Autriche avait décidé d'agir de suite ou elle bluffait. Dans n'importe quel cas, notre seule chance d'éviter la guerre était d'adopter une attitude ferme et unie. Il ne pensait pas qu'il y avait le temps de donner suite à ma proposition. Là-dessus, j'ai dit qu'il me semblait désirable pour nous de connaître exactement jusqu'à quel point la Serbie serait disposée à aller pour accepter les demandes formulées par l'Autriche dans sa note. M. Sazonoff répondit qu'il fallait d'abord qu'il consultât ses collègues à ce sujet, mais que, sans doute, quelques-unes des demandes de l'Autriche pourraient ère acceptées par la Serbie.

L'Ambassadeur de France et M. Sazonoff continuèrent tous deux à me presser pour une déclaration de solidarité complète du Gouvernement de Sa Majesté avec les Gouvernements français et russe, et j'ai, en conséquence, dit qu'il me semblait possible que vous voudriez, peut-être, consentir à faire de fortes représentations aux deux Gouvernements allemand et autrichien, faisant valoir auprès d'eux qu'une attaque sur la Serbie par l'Autriche mettrait en danger la paix entière de l'Europe. Peut-être pourriez-vous trouver moyen de leur dire qu'une telle action de la part de l'Autriche amènerait probablement une intervention russe, qui impliquerait la France et l'Allemagne, et qu'il serait difficile à la Grande-Bretagne de rester à l'écart si la guerre devenait générale. M. Sazonoff répondit que tôt ou tard nous serions entraînés à la guerre si elle éclatait ; nous aurions rendu la guerre plus probable si, dès le début, nous ne faisions pas cause commune avec son pays et avec la France ; en tout cas, il espérait que le Gouvernement de Sa Majesté exprimerait une forte réprobation de la décision prise par l'Autriche.

G. Buchanan.

N° 87.

Sir Edward Grey,
    à Sir F. Bertie, Ambassadeur de Grande-Bretagne à Paris

Foreign Office, 29 juillet 1914

Monsieur,

Après avoir exposé à M. Cambon aujourd'hui combien la situation me paraissait grave, je lui ai déclaré que j'avais l'intention de dire à l'Ambassadeur allemand aujourd'hui qu'il ne fallait pas qu'il se laissât aller, à raison du ton amical de nos conversations, à un sentiment de fausse certitude que nous resterions à l'écart si tous les efforts pour conserver la paix, que nous faisions actuellement en commun avec l'Allemagne, échouaient.

Mais j'ai continué en disant à M. Cambon que je trouvais nécessaire de lui dire aussi que l'opinion publique ici envisageait la difficulté actuelle d'un point de vue tout à fait différent de celui qu'on avait adopté pendant la difficulté au sujet du Maroc, il y a quelques années. Dans le cas du Maroc, il s'agissait d'un conflit dans lequel la France était la principale intéressée et où il paraissait que l'Allemagne, dans un effort pour écraser la France, lui cherchait querelle à l'occasion d'une question qui formait l'objet d'une convention spéciale entre la France et nous-mêmes. Dans le cas actuel, le différend entre l'Autriche et la Serbie n'était pas un cas où nous nous sentions appelés à jouer un rôle actif. Même si la question arrivait à se poser entre l'Autriche et la Russie, nous ne nous sentirions pas appelés à y jouer un rôle. Ce serait alors une question de suprématie entre le Teuton et le Slave dans les Balkans et notre idée avait toujours été d'éviter d'être entraînés dans une guerre pour une question balkanique.

Si l'Allemagne se trouvait entraînée dans la lutte et si par suite la France y était à son tour impliquée, nous n'avions pas décidé ce que nous ferions. Ce serait un cas que nous aurions à examiner. La France aurait été alors entraînée dans une querelle qui n'était pas la sienne, mais dans laquelle, par suite de son alliance, son honneur et ses intérêts l'obligeaient à s'engager. Nous étions libres d'engagements et nous aurions à décider ce que les intérêts britanniques exigeaient que nous fissions. J'estimais qu'il était nécessaire de dire cela, parce que, comme il le savait, nous prenions toutes les précautions au sujet de notre Flotte, et que j'étais sur le point d'avertir le Prince Lichnowski de ne pas compter que nous restions à l'écart; mais il ne serait pas juste que je laisse M. Cambon s'égarer jusqu'à supposer que ceci voulait dire que nous avions décidé ce que nous ferions dans une éventualité, qui comme je l'espérais encore, pouvait ne pas se présenter.

M. Cambon m'a dit que j'avais exposé la situation très clairement. Il comprenait que je voulais dire que dans une querelle balkanique et dans une lutte pour la suprématie entre le Teuton et le Slave, nous ne nous sentirions pas appelés à intervenir; mais que si d'autres questions surgissaient et si la France et l'Allemagne se trouvaient impliquées de telle sorte que la question de l'hégémonie en Europe se posât, nous déciderions alors ce qu'il nous serait nécessaire de faire. Il a paru tout à fait préparé à cette déclaration et n'y fit aucune objection.

L'Ambassadeur de France ajouta que l'opinion française était calme mais décidée. Il s'attendait à ce que l'Allemagne demandât que la France restât neutre pendant que l'Allemagne attaquerait la Russie. Cette assurance naturellement la France ne pouvait pas la donner; elle était obligée à aider la Russie si la Russie était attaquée.

E. GREY.

N° 88.

Sir Edward Grey,
à Sir E. Goschen, Ambassadeur de Grande-Bretagne à Berlin.

Foreign Office, 29 juillet 1914.

Monsieur,

Après avoir causé cet après-midi avec l'Ambassadeur allemand au sujet de la situation européenne, j'ai dit que je désirais lui dire, d'une façon tout à fait particulière et amicale, quelque chose que j'avais dans l'esprit. La situation était très grave. Tant qu'elle se limitait aux questions actuellement posées, nous n'avions aucune intention d'intervenir. Mais si l'Allemagne s'y trouvait engagée et ensuite la France, la question pourrait être si vaste qu'elle impliquerait tous les intérêts européens; et je ne voulais pas qu'il fût trompé par le ton amical de notre conversation — lequel persisterait, comme je l'espérais — jusqu'à croire que nous resterions à l'écart.

Il a dit qu'il comprenait parfaitement, mais il a demandé si je voulais dire que nous interviendrions dans certaines circonstances.

Je répondis que je ne désirais pas dire cela, ni quoi que ce fût qui ressemblât à une menace ou à un essai d'exercer une pression en déclarant que, si les choses allaient plus mal, nous interviendrions. Il ne serait pas question de notre intervention si l'Allemagne n'était pas impliquée, ou même si la France n'était pas impliquée ; mais nous savions fort bien que si la question devenait telle que nous croyions que les intérêts britanniques exigeaient notre intervention, il faudrait que nous intervenions immédiament, et que la décision fût très rapide, exactement comme les décisions des autres puissances auraient à l'être. J'espérais que le ton amical de nos conversations continuerait comme à présent, et que je pourrais conserver des rapports aussi étroits avec le Gouvernement allemand en travaillant pour la paix. Mais si nous échouions dans nos efforts pour conserver la paix, et si la question s'élargissait de façon à impliquer pour ainsi dire tous les intérêts européens, je ne voulais pas être exposé à aucun reproche de sa part, que le ton amical de toutes nos conversations l'avait égaré, lui ou son gouvernement, à supposer que nous n'agirions pas au reproche que s'il n'avait pas été ainsi égaré, le cours des événements aurait pu être différent.

L'Ambassadeur allemand n'a fait aucune objection à ce que j'ai dit, au contraire, il m'a dit que cela s'accordait avec ce qu'il avait déjà fait savoir à Berlin comme sa manière personnelle d'envisager la situation.

N° 99.

Sir F. Bertie, Ambassadeur de Grande-Bretagne, à Paris,

  à Sir Edward Grey.

Paris, 30 juillet 1914.

Le Président de la République me fait savoir que le Gouvernement russe a été informé par le Gouvernement allemand que l'Allemagne mobiliserait à moins que la Russie n'arrêtât sa mobilisation. Mais un rapport supplémentaire reçu depuis de Saint-Pétersbourg déclare que le communiqué allemand avait été modifié et prenait maintenant la forme d'une demande d'information à quelles conditions la Russie consentirait à démobiliser. La réponse donnée est qu'elle consent à le faire à la condition que l'Autriche-Hongrie donne l'assurance qu'elle respectera la souveraineté de la Serbie et soumettra certaines demandes formulées dans la note autrichienne, et non acceptées par la Serbie, à une discussion internationale.

Le Président est d'avis que ces conditions ne seront pas acceptées par l'Autriche ; il est convaincu que la paix entre les Puissances est entre les mains de la Grande-Bretagne. Si le Gouvernement de Sa Majesté annonçait que l'Angleterre viendrait en aide à la France, dans le cas d'un conflit entre la France et l'Allemagne, résultant des différences actuelles entre l'Autriche et la Serbie, il n'y aurait pas de guerre, car l'Allemagne modifierait aussitôt son attitude.

Je lui ai expliqué combien il serait difficile au Gouvernement de Sa Majesté de faire une telle déclaration, mais il m'a répondu qu'il maintenait que cela serait dans l'intérêt de la paix. La France, disait-il, est pacifique. Elle ne désire pas la guerre et tout ce qu'elle a fait jusqu'à présent est de se préparer pour une mobilisation afin de ne pas être prise au dépourvu. Le Gouvernement français tiendra le Gouvernement de

Sa Majesté au courant de tout ce qui se fera dans ce sens. On a des renseignements sérieux que les troupes allemandes sont concentrées dans les environs de Thionville et de Metz, prêtes à la guerre. S'il y avait une guerre générale sur le continent, l'Angleterre y serait entraînée pour la protection de ses intérêts vitaux. Une déclaration dès à présent de son intention de soutenir la France, dont c'est le désir que la paix soit maintenue, empêcherait presque certainement l'Allemagne de partir en guerre.

F. BERTIE.

———

N° 119.

Sir Ed. GREY,
> à Sir Francis BERTIE, Ambassadeur de Grande-Bretagne, à Paris.

Foreign-Office, 31 juillet 1914.

MONSIEUR,

M. Cambon s'est référé aujourd'hui à un télégramme qui avait été montré ce matin à Sir Arthur Nicolson qui provenait de l'Ambassadeur de France à Berlin et qui disait que l'incertitude concernant notre intervention était l'élément encourageant à Berlin et que, si nous voulions seulement nous déclarer définitivement du côté de la Russie et de la France, cela déciderait l'attitude allemande en faveur de la paix.

J'ai dit qu'il était tout à fait injuste de supposer que nous avions laissé l'Allemagne sous l'impression que nous n'interviendrons pas. J'avais refusé des ouvertures pour promettre que nous resterions neutres. Non seulement j'avais refusé de dire que nous resterions neutres, mais j'avais été ce matin jusqu'à dire à l'Ambassadeur d'Allemagne que, si la France et l'Allemagne se trouvaient engagées dans une guerre, nous y serions entraînés. Cela, bien entendu, n'était pas la même chose que de prendre un engagement avec la France, et j'ai dit cela à M. Cambon, seulement pour montrer que nous n'avions pas laissé l'Allemagne sous l'impression que nous resterions à l'écart.

M. Cambon m'a alors demandé ma réponse à ce qu'il avait dit hier.

J'ai dit que nous étions arrivés à la conclusion, dans le Cabinet d'aujourd'hui, que nous ne pouvions donner aucun gage en ce moment. Bien que nous ayions à exposer notre politique devant le Parlement, nous ne pouvions pas engager le Parlement d'avance. Jusqu'à présent, nous ne ressentions pas, et l'opinion publique ne ressentait pas, qu'aucun traité ni obligation de ce pays fussent engagés. Des développements ultérieurs pourraient modifier cette situation et obliger le Gouvernement et le Parlement à considérer qu'une intervention était justifiée. La protection de la neutralité de la Belgique pourrait être, je ne dirai pas un décisif, mais un important facteur, dans la détermination de notre attitude. Que nous proposions au Parlement d'intervenir ou de ne pas intervenir dans une guerre, le Parlement désirerait savoir comment nous étions placés à l'égard de la neutralité de la Belgique, et il se pourrait que je demande et à la France et à l'Allemagne si chacune était disposée à prendre l'engagement qu'elle ne serait pas la première à violer la neutralité de la Belgique.

M. Cambon a renouvelé la question pour savoir si nous seconderions la France au cas où l'Allemagne l'attaquerait.

J'ai dit que je pouvais seulement m'en tenir à la réponse et que, au point où les choses en sont en ce moment, nous ne pouvions prendre aucun engagement.

M. Cambon a fait valoir que l'Allemagne avait, depuis le commencement, rejeté les propositions qui auraient peut-être amené la paix. Il ne pouvait pas être dans l'intérêt de l'Angleterre que la France soit écrasée par l'Allemagne, nous serions alors dans une position très amoindrie vis-à-vis de l'Allemagne. En 1870, nous avions commis une grande faute en permettant un accroissement énorme de la force allemande, et nous répéterions maintenant cette faute. Il m'a demandé si je ne pouvais pas soumettre à nouveau cette question au Cabinet.

J'ai dit que le Cabinet serait certainement convoqué aussitôt qu'il y aurait de nouveaux développements, mais quant à présent, la seule réponse que je pouvais donner était que nous ne pouvions prendre aucun engagement définitif.

E. GREY.

N° 148.

Sir Edward GREY
à Sir F. BERTIE, Ambassadeur de Grande-Bretagne à Paris.

Foreign Office, 2 août 1914,

Après le Conseil de Cabinet de ce matin, j'ai remis à M. Cambon la note suivante :

« Je suis autorisé à donner l'assurance que si la flotte allemande pénètre dans le Pas-de-Calais ou dans la mer du Nord pour entreprendre des hostilités contre les côtes ou les bateaux français, la flotte anglaise donnera toute la protection en son pouvoir.

« Cette assurance est naturellement soumise à l'approbation du Parlement et ne doit pas être considérée comme engageant le Gouvernement de Sa Majesté jusqu'à ce qu'une telle action se produise de la part de la flotte allemande.

J'ai fait remarquer que nous avions des questions extrêmement graves et délicates à considérer et que le Gouvernement ne pouvait s'engager à déclarer la guerre à l'Allemagne si la guerre éclatait demain entre la France et l'Allemagne, mais qu'il était essentiel que le Gouvernement français, dont la flotte était depuis longtemps concentrée dans la Méditerranée, sût quelles dispositions prendre, la côte septentrionale étant entièrement sans défense. Il nous a donc paru nécessaire de lui donner cette assurance. Cela ne nous engage pas à déclarer la guerre à l'Allemagne, à moins que la flotte allemande n'agisse comme il est indiqué ci-dessus, mais cela donne à la France une sécurité qui lui permettra de régler la disposition de sa flotte méditerranéenne.

M. Cambon m'a interrogé au sujet de la violence du Luxembourg. Je lui ai fait part de la doctrine établie sur ce point en 1867 par lord Derby et lord Clarendon.

Il m'a demandé ce que nous dirions en cas de violation de la neutralité belge. J'ai répondu que c'était là une affaire beaucoup plus importante et que nous examinions quelle déclaration nous ferions demain à ce sujet au Parlement, c'est-à-dire si nous déclarerions que la violation de la neutralité belge est un *casus belli*. Je lui ai rapporté ce qui avait été dit sur ce point à l'Ambassadeur allemand.

E. GREY.

Extraits du « Livre bleu » relatifs aux propositions faites par le Gouvernement allemand au Gouvernement anglais pour obtenir la neutralité de l'Angleterre.

N° 85.

Sir E. Goschen, Ambassadeur de Grande-Bretagne à Berlin,
à Sir Edward Grey.

Berlin, 29 juillet 1914.

On m'a prié d'aller voir le Chancelier ce soir. Son Excellence venait de rentrer de Potsdam.

Il me dit que, si la Russie attaquait l'Autriche, il craignait qu'une conflagration européenne ne devînt inévitable, étant données les obligations qu'imposait à l'Allemagne son alliance avec l'Autriche, malgré les efforts qu'il ne cessait de faire pour le maintien de la paix.

Ceci dit, il continua la conversation en offrant une forte enchère pour s'assurer la neutralité britannique. Il me dit que, selon sa conception du principe essentiel de la politique britannique, la Grande-Bretagne ne consentirait jamais à se tenir à l'écart de façon à laisser écraser la France dans un conflit qui pourrait avoir lieu. Là, cependant, n'était pas le but de l'Allemagne. Si la neutralité de la Grande-Bretagne était assurée, son Gouvernement recevrait toutes les assurances que le Gouvernement impérial n'avait pour but aucune acquisition territoriale aux frais de la France, en supposant que la guerre s'ensuivît et qu'elle se terminât à l'avantage de l'Allemagne.

J'ai posé à Son Excellence une question au sujet des colonies françaises. Il me répondit qu'il ne pouvait s'engager d'une manière semblable à cet égard.

Pour la Hollande, Son Excellence me dit que, tant que les adversaires de l'Allemagne respecteraient l'intégrité et la neutralité des Pays-Bas, l'Allemagne serait prête à assurer le Gouvernement de Sa Majesté qu'elle en ferait autant.

Les opérations que l'Allemagne pourrait se trouver dans la nécessité d'entreprendre en Belgique dépendraient de ce que ferait la France ; après la guerre, l'intégrité de la Belgique serait respectée, si ce pays ne se rangeait pas contre l'Allemagne.

En terminant, Son Excellence me déclara que, depuis le jour où il devint Chancelier, il avait eu pour but, ainsi que vous le saviez, d'arriver à une entente avec l'Angleterre ; il espérait que ces assurances pourraient devenir la base de l'entente qui lui tenait tant à cœur. Il pensait à une entente générale de neutralité entre l'Allemagne et l'Angleterre ; et, quoi qu'il fût encore trop tôt pour en discuter les détails, l'assurance de la neutralité britannique dans le conflit que pourrait peut-être provoquer la crise actuelle lui permettrait d'entrevoir la réalisation de son désir.

Son Excellence m'ayant demandé mon opinion en ce qui concerne la manière dont vous envisageriez sa demande, je lui répondis qu'à mon avis il était peu probable que, dans les circonstances actuelles, vous fussiez disposé à vous engager d'une façon quelconque et que vous désireriez garder une entière liberté d'action..

E. GOSCHEN.

N° 101.

Sir Edward GREY,
à Sir E. GOSCHEN, Ambassadeur de Grande-Bretagne à Berlin.

Foreign Office, 30 juillet 1914.

Le Gouvernement de Sa Majesté ne peut pas accueillir un seul instant la proposition du Chancelier de s'engager à rester neutre dans de telles conditions. Ce qu'il nous demande, en effet, c'est de nous engager à rester à l'écart, en attendant qu'on saisît des colonies françaises et que la France fût battue, pourvu que l'Allemagne ne prenne pas de territoire français, exception faite des colonies.

Au point de vue matériel, une telle proposition est inacceptable, car la France, sans qu'on lui enlevât de territoire en Europe, pourrait être écrasée au point de perdre sa position de grande puissance et de se trouver désormais subordonnée à la politique allemande. En général, tout ceci à part, ce serait une honte pour nous que de passer ce marché avec l'Allemagne aux dépens de la France, une honte de laquelle la bonne renommée de ce pays ne se remettrait jamais.

Le Chancelier nous demande en outre de marchander toutes les obligations ou intérêts que nous pouvons avoir dans la neutralité de la Belgique. Nous ne saurions en aucune façon, accueillir ce marché non plus.

Ceci dit, il n'est pas nécessaire d'examiner si la perspective d'une convention générale de neutralité dans l'avenir entre l'Angleterre et l'Allemagne offrirait des avantages positifs suffisants pour nous dédommager de nous être lié les mains aujourd'hui. Nous devons conserver notre entière liberté d'agir comme les circonstances nous paraîtront l'exiger en cas d'un développement défavorable et regrettable de la crise actuelle, tel que le Chancelier le prévoit.

Je vous prie de parler au Chancelier dans le sens susindiqué et d'ajouter très sérieusement que la seule façon de maintenir les bonnes relations entre l'Angleterre et l'Allemagne est qu'elles continuent à coopérer au maintien de la paix de l'Europe. Si nous obtenons ce résultat, les relations mutuelles de l'Allemagne et de l'Angleterre seront, j'en suis convaincu, améliorées et renforcées *ipso facto*. A cet effet, le Gouvernement de Sa Majesté travaillera dans ce sens avec un bon vouloir et une sincérité entiers.

Et j'ajouterai ceci : Si l'on peut conserver la paix de l'Europe et traverser sans accident la crise actuelle, mon effort personnel sera de prendre l'initiative d'un arrangement auquel l'Allemagne puisse souscrire et par lequel elle pourra être assurée qu'aucune politique agressive ou hostile ne sera poursuivie contre elle ou ses alliés par la France, la Russie et nous-mêmes, soit ensemble, soit séparément. J'ai désiré ceci et travaillé dans ce sens autant que je l'ai pu pendant la dernière crise balkanique, et comme l'Allemagne avait un but semblable, nos relations se sont sensiblement améliorées. Cette idée a été jusqu'aujourd'hui trop utopique pour faire l'objet de propositions définies, mais si la crise actuelle, beaucoup plus aiguë que toutes celles par lesquelles l'Europe a passé depuis plusieurs générations, est traversée sans accident, j'ai l'espoir que le soulagement et la réaction qui suivront rendront possible un rapprochement plus précis entre les Puissances qu'il n'a été possible jusqu'aujourd'hui.

E. GREY.

N° 123.

Sir Edward GREY,
à Sir GOSCHEN, Ambassadeur de Grande-Bretagne à Berlin.

Foreign Office, 1er août 1914.

MONSIEUR,

J'ai dit à l'Ambassadeur allemand aujourd'hui que la réponse du Gouvernement allemand au sujet de la neutralité de la Belgique était très regrettable, car cette neutralité affecte l'opinion publique en Angleterre. Si l'Allemagne pouvait donner les mêmes assurances que la France, cela contribuerait d'une manière appréciable à diminuer ici l'inquiétude et la tension générales. D'autre part, si l'un des Belligérants violait la neutralité de la Belgique pendant que l'autre la respectait, il serait très difficile de contenir le sentiment public en Angleterre. J'ai dit que nous avions discuté cette question au Conseil de Cabinet et que, étant autorisé à faire cette déclaration, je lui remettais une note à cet effet.

Il me demanda si, au cas où l'Allemagne promettrait de ne pas violer la neutralité belge, nous nous engagerions à rester neutres.

J'ai répondu que je ne pouvais pas faire de promesses, que nos mains étaient encore libres et que nous étions en voie de considérer quelle serait notre attitude. Tout ce que je pouvais dire, c'est que notre attitude serait en grande partie dictée par l'opinion publique en Angleterre, pour qui la neutralité belge avait une grande importance. Je ne pensais pas pouvoir donner une assurance de neutralité sous cette seule condition.

L'Ambassadeur me pressa de formuler les conditions moyennant lesquelles nous garderions la neutralité. Il suggéra même que l'Allemagne pourrait garantir l'intégrité de la France et de ses colonies.

J'ai répondu que j'étais obligé de refuser définitivement toute promesse de rester neutre dans de telles conditions et que je ne pouvais que répéter qu'il nous fallait garder les mains libres.

E. GREY.

Annexe n° II *BIS*

Tentatives allemandes pour obtenir, sous le couvert d'un « malentendu », la garantie par l'Angleterre de la neutralité de la France dans une guerre germano-russe.
(Publication officieuse de la *Gazette de l'Allemagne du Nord*, 20 août 1914.)

N° 1.

Le Prince Lichnowsky, Ambassadeur d'Allemagne à Londres,
à M. de Bethmann-Hollweg, Chancelier de l'Empire d'Allemagne.

Londres, 31 juillet 1914.

Sir Edward Grey vient de m'appeler au téléphone et m'a demandé si je pensais pouvoir déclarer que nous n'attaquerions pas la France si la France restait neutre dans une guerre germano-russe. J'ai dit que je pensais pouvoir assumer la responsabilité de cette déclaration.

Lichnowsky.

N° 2.

TÉLÉGRAMME de l'Empereur Guillaume au Roi George V.

Berlin, 1er août 1914.

Je viens de recevoir la communication de votre Gouvernement m'offrant la neutralité de la France avec la garantie de la Grande-Bretagne. A cette offre était liée la question de savoir si, à cette condition, l'Allemagne n'attaquerait pas la France. Pour des raisons techniques, ma mobilisation, qui a été ordonnée cet après-midi sur les deux fronts, Est et Ouest, doit s'accomplir selon les préparatifs commencés.

Des contre-ordres ne peuvent être donnés et votre télégramme est malheureusement venu trop tard. Mais si la France offre sa neutralité, qui sera alors garantie par la flotte et l'armée anglaises, je m'abstiendrai d'attaquer la France et j'emploierai mes troupes ailleurs. Je souhaite que la France ne montre aucune nervosité. Les troupes, sur ma frontière, sont en ce moment arrêtées par ordres télégraphiques et téléphoniques, dans leur marche en avant au delà de la frontière française.

Guillaume.

N° 3.

M. de BETHMANN-HOLLWEG, Chancelier de l'Empire,
à M. le Prince LICHNOWSKY, Ambassadeur d'Allemagne à Londres.

Berlin, 1er août 1914.

L'Allemagne est prête à acquiescer aux propositions anglaises si l'Angleterre garantit avec ses forces militaires et navales la neutralité française dans le conflit russo-allemand. La mobilisation allemande s'est effectuée aujourd'hui, en réponse aux provocations russes, et avant l'arrivée des propositions anglaises. Par conséquent, notre concentration à la frontière française ne peut être modifiée. Nous garantissons d'ailleurs que, d'ici au lundi 3 août, à sept heures du soir, la frontière française ne sera pas franchie si l'assentiment de l'Angleterre nous est parvenu à ce moment.

BETHMANN-HOLLWEG.

N° 4.

TÉLÉGRAMME du Roi George V à l'Empereur Guillaume.

Londres, 1er août 1914.

En réponse à votre télégramme qui vient de me parvenir, je pense qu'il s'est produit un malentendu à propos de la suggestion qui aurait été faite au cours d'une conversation amicale entre le prince Lichnowsky et Sir Edward Grey, où ils discutaient comment un conflit armé entre l'Allemagne et la France pourrait être retardé jusqu'à ce qu'on ait trouvé un moyen d'entente entre l'Autriche-Hongrie et la Russie. Sir Edward Grey verra le prince Lichnowsky demain matin pour déterminer qu'il y a bien eu malentendu de la part de ce dernier.

GEORGE.

N° 5.

Le Prince LICHNOWSKI, Ambassadeur d'Allemagne à Londres,
à M. de BETHMANN-HOLLWEG, Chancelier de l'Empire d'Allemagne.

Londres, 2 août 1914.

Les suggestions de Sir Edward Grey, basées sur le désir de garder la neutralité, de la part de l'Angleterre, ont été faites sans accord préalable avec la France et ont été, depuis, abandonnées comme futiles.

LICHNOWSKI.

Annexe III.

Extraits du « Livre Bleu » relatifs au refus de l'Angleterre d'admettre le point de vue allemand dans la question de la violation de la neutralité belge.

N° 153.

Sir Edward Grey,
> à Sir E. Goschen, Ambassadeur de Grande-Bretagne à Berlin.

Foreign Office, 4 août 1914.

Le Roi des Belges a adressé un appel à S. M. le Roi en vue d'une intervention diplomatique en faveur de la Belgique dans les termes suivants :

« Me rappelant les nombreuses preuves d'amitié de Votre Majesté et de son prédécesseur, ainsi que l'attitude amicale de l'Angleterre en 1870 et le témoignage d'amitié que vous venez de nous donner encore, je fais un suprême appel à l'intervention diplomatique du Gouvernement de Votre Majesté pour la sauvegarde de l'intégrité de la Belgique. »

Le Gouvernement de Sa Majesté est également informé que le Gouvernement allemand a remis au Gouvernement belge une note proposant une neutralité amicale permettant le libre passage en territoire belge et s'engageant à maintenir l'indépendance du royaume et de ses possessions à la conclusion de la paix ; au cas contraire, la Belgique serait traitée en ennemie. Une réponse est exigée dans un délai maximum de douze heures.

Nous apprenons aussi que la Belgique a opposé un refus formel à ce qu'elle considère comme une violation flagrante de la loi des nations.

Le Gouvernement de Sa Majesté est obligé de protester contre cette violation d'un traité que l'Allemagne a signé aussi bien que nous-mêmes ; il lui faut des assurances que la demande faite à la Belgique ne sera pas suivie d'effet et que sa neutralité sera respectée par l'Allemagne. Vous demanderez une réponse immédiate.

E. Grey.

N° 155.

Sir Edward Grey,
> à Sir F. Villiers, Ministre de Grande-Bretagne à Bruxelles.

Foreign Office, 4 août 1914.

Informez le Gouvernement belge que, si l'Allemagne exerce une pression sur lui pour le faire se départir de la neutralité, le Gouvernement de Sa Majesté s'attendra à ce que la Belgique résiste par tous les moyens en son pouvoir ; que le Gouvernement de Sa Majesté l'aidera à résister ; que, dans ce cas, le Gouvernement de Sa Majesté est prêt à s'unir à la Russie et à la France, s'il y a lieu, pour offrir immédiatement au Gouvernement belge une action commune pour résister à l'emploi par l'Allemagne de la force contre la Belgique et une garantie pour le maintien de son intégrité et de son indépendance dans l'avenir.

E. Grey.

N° 157.

Le Secrétaire d'État aux Affaires étrangères d'Allemagne,
au Prince Lichnowsky, Ambassadeur d'Allemagne à Londres (communiqué par
l'Ambassade allemande, 4 août).

Berlin, 4 août 1914.

Prière de dissiper tout soupçon qui pourrait subsister dans l'esprit du Gouvernement britannique au sujet de nos intentions.

Répétez positivement l'assurance formelle que, même en cas de conflit armé avec la Belgique, l'Allemagne ne s'annexera du territoire belge sous aucun prétexte.

La sincérité de cette déclaration est prouvée par notre engagement solennel à l'égard de la Hollande de respecter strictement sa neutralité. Il est évident *que nous ne pourrions annexer profitablement du territoire belge sans nous agrandir en même temps aux dépens de la Hollande.*

Faites bien comprendre à Sir Edward Grey que l'armée allemande ne saurait s'exposer à une attaque française par la Belgique, attaque qui a été envisagée selon des informations absolument sûres.

L'Allemagne est donc obligée de ne pas tenir compte de la neutralité belge : c'est pour elle une question de vie ou de mort de prévenir l'avance de l'armée française.

Jagow.

N° 159.

Sir Edward Grey,
à Sir E. Goschen, Ambassadeur de Grande-Bretagne à Berlin.

Foreign Office, août 1914.

Nous apprenons que l'Allemagne a adressé une note au Ministre des Affaires étrangères belge, déclarant que le Gouvernement allemand serait obligé de mettre à exécution, au besoin par la force des armes, des mesures considérées comme indispensables.

Nous sommes également informés que le territoire belge a été violé à Gemmerich.

Dans ces conditions, et étant donné que l'Allemagne a refusé de nous donner au sujet de la Belgique les mêmes assurances que celles que nous a données la France la semaine dernière, en réponse à notre demande faite simultanément à Berlin et à Paris, il nous faut réitérer cette demande et exiger une réponse satisfaisante, ainsi qu'à mon télégramme de ce matin, qui devra être reçue avant minuit ce soir.

Sinon, vous demanderez vos passeports et vous déclarerez que le Gouvernement de Sa Majesté se voit obligé de prendre toutes les mesures en son pouvoir pour maintenir la neutralité de la Belgique et le respect d'un traité auquel l'Allemagne a souscrit autant que nous-mêmes.

E. Grey.

.N° 160

Sir E. Goschen,
à Sir Edward Grey.

Londres, 8 août 1914.

Monsieur,

Conformément aux instructions contenues dans votre télégramme du 4 courant, je suis allé voir cet après-midi le Secrétaire d'État et lui ai demandé, au nom du Gouvernement de Sa Majesté britannique, si le Gouvernement impérial s'abstiendrait de violer la neutralité de la Belgique.

M. de Jagow a répliqué tout de suite qu'il était fâché d'avoir à dire que sa réponse devait être : « Non », étant donné que, puisque les troupes allemandes avaient franchi la frontière ce matin, la neutralité de la Belgique se trouvait d'ores et déjà violée.

M. de Jagow s'est étendu à nouveau sur les raisons qui avaient obligé le Gouvernement impérial à prendre cette mesure: c'est à savoir qu'il leur fallait pénétrer en France par la voie la plus rapide et la plus facile, de manière à prendre une bonne avance dans leurs opérations et s'efforcer de frapper quelque coup décisif le plus tôt possible. C'est pour nous, a-t-il dit, une question de vie ou de mort, car, si nous avions passé par la route plus au Sud, nous n'aurions pu, vu le petit nombre de chemins et la force des forteresses, espérer passer sans rencontrer une opposition formidable, impliquant une grosse perte de temps. Cette perte de temps aurait été autant de temps gagné par les Russes pour amener leurs troupes sur la frontière allemande. Agir avec rapidité, voilà, a-t-il ajouté, le maître-atout de l'Allemagne; celui de la Russie est d'avoir d'inépuisables ressources en soldats.

J'ai fait remarquer à M. de Jagow que ce fait accompli, la violation de la frontière belge rendait, comme il le comprenait facilement, la situation excessivement grave, et je lui ai demandé s'il n'était pas temps encore de faire un pas en arrière et d'éviter la possibilité de conséquences que lui et moi déplorerions. Il a répondu que, pour les raisons qu'il m'avait données, il était maintenant impossible au Gouvernement allemand de faire un pas en arrière.

Au cours de l'après-midi, j'ai reçu votre nouveau télégramme de la même date, et, obéissant aux instructions y contenues, me suis rendu à nouveau au Ministère impérial des Affaires étrangères, où j'ai informé le Secrétaire d'État qu'à moins que le Gouvernement impérial pût donner ce soir avant minuit l'assurance de ne pas pousser plus loin sa violation de la frontière belge et d'arrêter sa marche, j'avais reçu des instructions pour demander mes passeports et pour informer le Gouvernement impérial que le Gouvernement de Sa Majesté britannique prendrait toutes les mesures en son pouvoir pour maintenir la neutralité de la Belgique et l'observation d'un traité auquel l'Allemagne était autant partie que lui-même.

M. de Jagow a répondu qu'à son grand regret il ne pouvait donner aucune réponse autre que celle qu'il m'avait donnée plus tôt dans la journée, c'est à savoir que la sécurité de l'Empire rendait absolument nécessaire la marche des troupes impériales à travers la Belgique. J'ai remis à Son Excellence un résumé écrit de votre télégramme et, en faisant remarquer que vous indiquiez minuit comme l'heure à laquelle le Gouvernement de Sa Majesté britannique s'attendrait à une réponse, lui ai demandé si, vu les conséquences terribles qui suivraient nécessairement, il ne serait pas possible, même au dernier moment, au Gouvernement impérial de reviser sa réponse. Il m'a répondu que quand bien même le temps accordé serait de vingt-quatre heures ou davantage, il fallait que sa réponse restât la même. J'ai dit que dans ce cas j'aurais à demander mes passeports.

L'entrevue dont il s'agit a eu lieu vers sept heures. Au cours d'un bref entretien qui la suivit, M. de Jagow a exprimé son poignant regret de voir s'écrouler toute sa politique et celle du Chancelier, qui a été de devenir amis avec la Grande-Bretagne et ensuite, par elle, de se rapprocher de la France. Je lui ai dit que cette terminaison soudaine de mon travail à Berlin était pour moi aussi une cause de profond regret et de déconvenue ; mais qu'il lui fallait bien comprendre que dans les circonstances et vu nos engagements, il eût été tout à fait impossible au Gouvernement de Sa Majesté britannique d'agir autrement qu'il n'avait fait.

J'ai dit ensuite que j'étais désireux d'aller faire visite au Chancelier, car ce serait peut-être la dernière fois que j'aurais l'occasion de le voir. Il m'a prié de le faire. J'ai trouvé le Chancelier très agité. Son Excellence a commencé tout de suite une harangue qui a duré environ vingt minutes. Il a dit que la mesure prise par le Gouvernement de Sa Majesté britannique était terrible au dernier point ; juste pour un mot — « neutralité », un mot dont en temps de guerre on n'a si souvent tenu aucun compte, — juste pour un chiffon de papier la Grande-Bretagne allait faire la guerre à une nation à elle apparentée, qui ne désirait rien tant que d'être son amie. Tous ses efforts en ce sens ont, a-t-il continué, été rendus inutiles par cette dernière et terrible mesure ; la politique à laquelle, comme je le savais, il s'était voué depuis son arrivée au pouvoir, était tombée comme un château de cartes. Il s'est écrié que ce que nous avons fait est inconcevable ; c'est comme frapper par derrière un homme au moment où il défend sa vie contre deux assaillants. Il tient la Grande-Bretagne pour responsable de tous les terribles événements qui pourront se produire.

J'ai protesté avec force contre cette déclaration et ai dit que, de même que lui-même et M. de Jagow désiraient me faire comprendre que pour des raisons stratégiques, c'était pour l'Allemagne une affaire de vie ou de mort d'avancer à travers la Belgique et de violer la neutralité de cette dernière, de même je désirais qu'il comprît que c'était pour ainsi dire une affaire de « vie ou de mort » pour l'honneur de la Grande-Bretagne que de tenir l'engagement solennel pris par elle de faire, en cas d'attaque, tout son possible pour défendre la neutralité de la Belgique. Il est, ai-je insisté, tout simplement nécessaire de tenir ce pacte solennel, sans quoi quelle confiance n'importe qui pourrait-il avoir à l'avenir dans les engagements pris par la Grande-Bretagne ?

Le Chancelier a repris : « Mais à quel prix ce pacte aura-t-il été tenu ? Le Gouvernement britannique y a-t-il songé ? » J'ai insinué à Son Excellence, avec toute la clarté qui me fut possible, que la crainte des conséquences ne pouvait guère être considérée comme une excuse pour la rupture d'engagements solennels ; mais Son Excellence était dans un tel état d'excitation, il était si évidemment démonté par la nouvelle de notre action et si peu disposé à entendre raison que je m'abstins de jeter de l'huile sur le feu en argumentant davantage. Comme je prenais congé de lui, il a dit que le coup que la Grande-Bretagne portait à l'Allemagne en s'unissant à ses ennemis était d'autant plus violent que presque jusqu'au dernier moment lui et son Gouvernement avaient travaillé avec nous et appuyé nos efforts en vue du maintien de la paix entre l'Autriche et la Russie. Je répondis que c'était bien ce qu'il y avait de tragique que de voir deux nations tomber en garde précisément au moment où les rapports entre elles se trouvaient plus amicaux et plus cordiaux qu'ils ne l'avaient été depuis des années. J'ai ajouté que, par malheur, nonobstant nos efforts pour sauvegarder la paix entre la Russie et l'Autriche, la guerre s'était propagée et nous avait mis face à face avec une position qu'il nous était impossible d'esquiver si nous tenions nos engagements, situation qui malheureusement impliquait séparation d'avec nos anciens collaborateurs. J'ai terminé en disant qu'il n'aurait point de difficulté à comprendre que personne le regrettait plus que moi-même.

Après cette entrevue plutôt pénible, je suis rentré à l'Ambassade et ai rédigé un compte rendu télégraphique de ce qui s'était passé. Ce télégramme a été remis au bureau de télégraphe central de Berlin, un peu avant 9 heures du soir. Il a été accepté par ledit bureau, mais semble n'avoir jamais été transmis.

Vers 9 heures et demie du soir, le Sous-Secrétaire d'Etat, M. de Zimmermann, est venu me voir. Après avoir exprimé son profond regret que les rapports officiels et personnels, si cordiaux entre nous, fussent sur le point de cesser, il me demanda incidemment si la demande de mes passeports équivaudrait à une déclaration de guerre. Je lui ai dit qu'une personne faisant aussi notoirement que lui autorité en matière de droit international devait savoir aussi bien ou mieux que moi quelle était la coutume en pareil cas. J'ai ajouté qu'il y avait des exemples nombreux où la rupture des rapports diplomatiques n'avait point été suivie de guerre ; mais que dans le cas actuel il avait sans doute vu d'après mes instructions, dont j'avais donné un résumé par écrit à M. de Jagow, que le Gouvernement de Sa Majesté britannique s'attendait à une question définie ce soir avant minuit et qu'à défaut de réponse satisfaisante ledit Gouvernement se verrait forcé de prendre les mesures nécessitées par ses engagements. M. de Zimmermann déclara que cela était, de fait, une déclaration de guerre, étant donné qu'il était de toute impossibilité pour le Gouvernement Impérial de donner les assurances requises ni ce soir, ni aucun autre soir.

E. GOSCHEN.

Annexe IV.

**Extraits du « Livre Gris » indiquant les conditions dans lesquelles l'Allemagne
a violé la neutralité belge.**

———

N° 2.

*LETTRE adressée par M. Davignon, Ministre des Affaires Étrangères,
aux Ministres du Roi à Paris, Berlin, Vienne, Londres et Saint-Pétersbourg.*

Bruxelles, le 24 juillet 1914.

Monsieur le Ministre,

Le Gouvernement du Roi s'est demandé si, dans les circonstances actuelles, il n'y
aurait pas lieu d'adresser aux Puissances qui ont garanti son indépendance et sa
neutralité, une communication destinée à leur confirmer sa résolution de remplir
les devoirs internationaux que lui imposent les traités au cas où une guerre viendrait
à éclater aux frontières de la Belgique.

Il a été amené à la conclusion qu'une telle communication serait prématurée à
l'heure présente mais que les événements pourraient se précipiter et ne point lui laisser
le temps de faire parvenir, au moment voulu, les instructions opportunes à ses
représentants à l'étranger.

Dans cette situation, j'ai proposé au Roi et à mes collègues du Cabinet, qui se sont
ralliés à ma manière de voir, de vous donner, dès à présent, des indications précises
sur la démarche que vous auriez à faire si l'éventualité d'une guerre franco-allemande
devenait plus menaçante.

Vous trouverez, sous ce pli, une lettre signée, mais non datée dont vous aurez à
donner lecture et à laisser copie au Ministre des Affaires Étrangères si les circonstances exigent cette communication.

Je vous indiquerai par télégramme le moment d'agir.

Le télégramme vous sera adressé à l'heure où la mobilisation de l'armée belge sera
décrétée, si, contrairement à notre sincère espoir, et aux apparences de solution pacifique, nos renseignements nous amenaient à prendre cette mesure extrême de
précaution.

Veuillez agréer, etc.

Davignon.

———

Annexe au n° 2.

Monsieur le Ministre,

La situation internationale est grave ; l'éventualité d'un conflit entre plusieurs
Puissances ne peut être écartée des préoccupations du Gouvernement du Roi.

La Belgique a observé avec la plus scrupuleuse exactitude les devoirs d'État neutre

25

que lui imposent les traités du 19 avril 1839. Ces devoirs, elle s'attachera inébranla-
blement à les remplir, quelles que soient les circonstances.

Les dispositions amicales des Puissances à son égard ont été affirmées si souvent
que la Belgique a la confiance de voir son territoire demeurer hors de toute atteinte
si des hostilités venaient à se produire à ses frontières.

Toutes les mesures nécessaires pour assurer l'observation de sa neutralité n'en ont
pas moins été prises par le Gouvernement du Roi. L'armée belge est mobilisée et se
porte sur les positions stratégiques choisies pour assurer la défense du pays et le respect
de sa neutralité. Les forts d'Anvers et de la Meuse sont en état de défense.

Il est à peine nécessaire, Monsieur le Ministre, d'insister sur le caractère de ces
mesures. Elles n'ont d'autre but que de mettre la Belgique en situation de remplir ses
obligations internationales ; elles ne sont et n'ont pu être inspirées, cela va de soi, ni
par le dessein de prendre part à une lutte armée des Puissances, ni par un sentiment
de défiance envers aucune d'elles.

Me conformant aux ordres reçus, j'ai l'honneur de remettre à Votre Excellence
une copie de la déclaration du Gouvernement du Roi et de la prier de bien vouloir en
prendre acte.

Une communication identique a été faite aux autres Puissances garantes de la neutralité belge.

Je saisis, etc.

N' 8.

*LETTRE adressée par M. Davignon, Ministre des Affaires étrangères, aux Ministres du
Roi à Berlin, Paris, Londres, Vienne, Saint-Pétersbourg, Rome, La Haye,
Luxembourg.*

Bruxelles, le 29 juillet 1914.

MONSIEUR LE MINISTRE,

Le Gouvernement du Roi a décidé de mettre l'armée sur le pied de paix renforcé.
Cette mesure ne doit être, en aucune façon, confondue avec la mobilisation.

A cause du peu d'étendue de son territoire, la Belgique tout entière constitue en
quelque sorte une zone frontière. Son armée, sur le pied de paix ordinaire, ne comporte
qu'une classe de milice sous les armes. Sur le pied de paix renforcé, ses divisions d'armée et sa division de cavalerie, grâce au rappel de trois classes, ont des effectifs analogues à ceux des corps entretenus en permanence dans les zones frontières des
Puissances voisines.

Ces renseignements vous permettraient de répondre aux questions qui pourraient
vous être posées.

Veuillez agréer, etc.

DAVIGNON.

N° 9

*LETTRE adressée par M. Davignon, Ministre des Affaires étrangères, aux Ministres du
Roi à Berlin, Paris et Londres.*

Bruxelles, le 31 juillet 1914.

MONSIEUR LE MINISTRE,

M. le Ministre de France étant venu me montrer un télégramme de l'Agence Havas,
décrétant l'état de guerre en Allemagne, m'a dit : « Je profite de cette occasion pour

vous déclarer qu'aucune incursion des troupes françaises n'aura lieu en Belgique même si des forces importantes étaient massées sur les frontières de votre pays. La France ne veut pas avoir la responsabilité d'accomplir, vis-à-vis de la Belgique, le premier acte d'hostilité. Des instructions dans ce sens seront données aux autorités françaises. »

J'ai remercié M. Klobukowski de sa communication et j'ai cru devoir lui faire remarquer que nous avions toujours eu la plus grande confiance dans la loyauté que nos deux États voisins mettraient à tenir leurs engagements à notre égard. Nous avons aussi tout lieu de croire que l'attitude du Gouvernement allemand sera identique à celle du Gouvernement de la République française.

Veuillez agréer, etc.

DAVIGNON.

N° 11.

LETTRE adressée par M. Davignon, Ministre des Affaires étrangères, aux Ministres du Roi à Berlin, Londres et Paris.

Bruxelles, le 31 juillet 1914.

MONSIEUR LE MINISTRE,

Le Ministre d'Angleterre a demandé à me voir d'urgence et m'a fait la communication suivante, qu'il souhaitait être à même de m'exposer depuis plusieurs jours. En raison de la possibilité d'une guerre européenne, sir Edward Grey a demandé aux Gouvernements français et allemand, séparément, si chacun d'eux était prêt à respecter la neutralité de la Belgique pourvu qu'aucune Puissance ne la viole.

« Vu les traités qui existent, je suis chargé d'informer le Ministre des Affaires étrangères de Belgique de ce qui précède et de dire que Sir Edward Grey présume que la Belgique fera tout son possible pour maintenir sa neutralité et qu'elle désire et s'attend à ce que les autres Puissances l'observent et la maintiennent. »

Je me suis empressé de remercier Sir Francis Villiers de cette communication que le Gouvernement belge apprécie particulièrement et j'ai ajouté que la Grande-Bretagne et les autres nations garantes de notre indépendance pouvaient être assurées que nous ne négligerions aucun effort pour maintenir notre neutralité, et que nous étions convaincus que les autres Puissances, vu les excellents rapports d'amitié et de confiance, que nous avions toujours entretenus avec elles, observeraient et maintiendraient cette neutralité.

Au cours de la conversation qui a suivi, Sir Francis m'a paru un peu surpris de la rapidité avec laquelle nous avions décidé la mobilisation de notre armée. J'ai fait remarquer que les Pays-Bas avaient pris une résolution identique avant nous et que d'autre part la date récente de notre nouveau régime militaire et les mesures transitoires que nous avions dû décider à cette occasion nous imposaient des mesures urgentes et complètes. Nos voisins et garants devaient voir dans cette résolution le désir de manifester notre profonde volonté de maintenir nous-mêmes notre neutralité.

Sir Francis m'a paru satisfait de ma réponse et m'a annoncé que son Gouvernement attendait cette réponse pour continuer les négociations avec la France et l'Allemagne, négociations dont la conclusion me serait communiquée.

Veuillez agréer, etc.

DAVIGNON.

N° 12.

LETTRE adressée par M. Davignon, Ministre des Affaires étrangères, aux Ministres du Roi à Berlin, Londres et Paris.

Bruxelles, le 31 juillet 1914.

Monsieur le Ministre,

Ce matin, au cours d'une conversation que le Secrétaire général de mon département a eue avec M. de Bulow, il a expliqué au Ministre d'Allemagne la portée des mesures militaires que nous avons prises et lui a dit qu'elles étaient une conséquence de notre volonté d'accomplir nos obligations internationales, qu'elles n'impliquaient en aucune façon une attitude de défiance envers nos voisins.

Le Secrétaire général a demandé ensuite au Ministre d'Allemagne s'il avait connaissance de la conversation qu'il avait eue avec son prédécesseur, M. de Flotow, et de la réponse que le Chancelier de l'Empire avait chargé celui-ci de lui faire.

Au cours de la polémique soulevée en 1911 par le dépôt du projet hollandais concernant les fortifications de Flessingue, certains journaux avaient affirmé qu'en cas de guerre franco-allemande, notre neutralité serait violée par l'Allemagne.

Le département des Affaires étrangères avait suggéré l'idée qu'une déclaration faite au Parlement allemand à l'occasion d'un débat sur la politique étrangère serait de nature à apaiser l'opinion publique et à calmer ses défiances, si regrettables au point de vue des relations des deux pays.

M. de Bethmann-Hollweg fit répondre qu'il avait été très sensible aux sentiments qui avaient inspiré notre démarche. Il déclarait que l'Allemagne n'avait pas l'intention de violer notre neutralité, mais il estimait qu'en faisant publiquement une déclaration, l'Allemagne affaiblirait sa situation militaire vis-à-vis de la France qui, rassurée du côté du Nord, porterait toutes ses forces du côté de l'Est.

Le baron von der Der Elst, poursuivant, dit qu'il comprenait parfaitement les objections qu'avaient faites M. de Bethmann-Hollweg à la déclaration publique suggérée et il rappela que depuis lors en 1913, M. de Jagow avait fait, à la Commission du budget du Reichstag, des déclarations rassurantes quant au respect de la neutralité de la Belgique.

M. de Bulow répondit qu'il était au courant de la conversation avec M. de Flotow et qu'il était certain que les sentiments exprimés à cette époque n'avaient pas changé.

Veuillez agréer, etc.

DAVIGNON.

Annexe au N° 12

LETTRE adressée par le Ministre du Roi à Berlin à M. Davignon, Ministre des Affaires étrangères.

Berlin, le 2 mai 1913.

Monsieur le Ministre,

J'ai l'honneur de vous faire connaître, d'après l'officieuse *Norddeutsche Allgemeine Zeitung*, les déclarations faites au cours de la séance du 29 avril de la Commission du budget du Reichstag, par le Secrétaire d'État aux Affaires Étrangères et le Ministre de la Guerre, relativement à la neutralité de la Belgique.

« Un membre du parti social-démocrate dit : « En Belgique on voit avec appréhension « s'approcher une guerre franco-allemande, car on craint que l'Allemagne ne respec-« tera pas la neutralité de la Belgique ».

« M. de Jagow, Secrétaire d'État aux Affaires étrangères répondit : la neutralité de « la Belgique est déterminée par des conventions internationales et l'Allemagne est « décidée à respecter ces conventions.

« Cette déclaration ne satisfit pas un autre membre du parti social-démocrate, M. de « Jagow observa qu'il n'avait rien à ajouter aux paroles claires qu'il avait prononcées « relativement aux relations de l'Allemagne avec la Belgique.

« A de nouvelles interrogations d'un membre du parti social-démocrate, M. de « Heeringen, Ministre de la Guerre, répondit ; la Belgique ne joue aucun rôle dans la « justification du projet de réorganisation militaire allemand ; celui-ci se trouve justifié « par la situation en Orient. L'Allemagne ne perdra pas de vue que la neutralité belge est garantie par les traités internationaux ».

« Un membre du parti progressiste ayant encore parlé de la Belgique, M. de Jagow fit remarquer à nouveau que sa déclaration concernant la Belgique était suffisamment claire ».

Baron Beyens.

N° 13

TÉLÉGRAMME adressé par le Comte de Lalaing, Ministre du Roi à Londres, à M. Davignon, Ministre des Affaires étrangères.

Londres, le 1er août 1914.

L'Angleterre a demandé à la France et à l'Allemagne si elles respecteraient le terri-toire de la Belgique dans le cas où leur adversaire ne la violerait pas. On attend la réponse allemande. La France a accepté.

N° 14.

TÉLÉGRAMME adressé par le Baron Beyens, Ministre du Roi à Berlin, à M. Davignon, Ministre des Affaires étrangères.

Berlin, le 1er août 1914.

L'ambassadeur d'Angleterre a été chargé de demander au Ministre des Affaires étran-gères si, en cas de guerre, l'Allemagne respecterait la neutralité de la Belgique et le Ministre aurait dit qu'il ne peut pas répondre à cette question.

N° 15.

LETTRE adressée par M. Davignon, Ministre des Affaires étrangères, aux Ministres du Roi à Berlin, Paris et Londres.

Bruxelles, le 1er août 1914.

MONSIEUR LE MINISTRE,

J'ai l'honneur de vous faire savoir que le Ministre de France m'a fait verbalement la communication suivante :

« Je suis autorisé à déclarer qu'en cas de conflit international, le Gouvernement de la République, ainsi qu'il l'a toujours déclaré, respectera la neutralité de la Belgique. Dans l'hypothèse où cette neutralité ne serait pas respectée par une autre puissance, le Gouvernement français, pour assurer sa propre défense, pourrait être amené à modifier son attitude ».

J'ai remercié Son Excellence et ai ajouté que, de notre côté, nous avions pris sans aucun retard toutes les mesures voulues pour faire respecter notre indépendance et nos frontières.

Veuillez agréer, etc. . .

DAVIGNON.

N° 19.

LETTRE adressée par M. Davignon, Ministre des Affaires étrangères, aux Ministres du Roi à Paris, Berlin, Londres, Vienne et Saint-Pétersbourg.

Bruxelles, le 2 août 1914.

MONSIEUR LE MINISTRE,

J'avais eu soin de faire avertir par M. de Bassompierre le Ministre d'Allemagne, qu'un communiqué de M. Klobukowski, Ministre de France, à la presse bruxelloise, annoncerait la déclaration formelle que ce dernier m'avait faite le 1er août. Rencontrant M. de Bulow, ce dernier m'a remercié de cette attention et a ajouté que, jusqu'à présent, il n'avait pas été chargé de nous faire une communication officielle, mais que nous connaissions son opinion personnelle sur la sécurité avec laquelle nous avions le droit de considérer nos voisins de l'Est. J'ai immédiatement répondu que tout ce que nous connaissions des intentions de ceux-ci, intentions indiquées dans les multiples entretiens antérieurs, ne nous permettait pas de douter de leur parfaite correction vis-à-vis de la Belgique ; je tenais cependant à ajouter que nous attacherions le plus grand prix à être en possession d'une déclaration formelle dont la nation prendrait connaissance avec joie et reconnaissance.

Veuillez agréer, etc...

DAVIGNON.

N° 20.

NOTE remise le 2 août, à 19 heures, par M. de Below Saleske, Ministre d'Allemagne, à M. Davignon, Ministre des Affaires étrangères.

Bruxelles, 2 août 1914.

Le Gouvernement allemand a reçu des nouvelles sûres d'après lesquelles les forces françaises auraient l'intention de marcher sur la Meuse par Givet et Namur. Ces nouvelles ne laissent aucun doute sur l'intention de la France de marcher sur l'Allemagne par le territoire belge. Le Gouvernement impérial allemand ne peut s'empêcher de craindre que la Belgique, malgré sa meilleure volonté, ne sera pas en mesure de repousser sans secours une marche française d'un si grand développement. Dans ce fait, on trouve une certitude suffisante d'une menace dirigée contre l'Allemagne.

C'est un devoir impérieux de conservation pour l'Allemagne de prévenir cette attaque de l'ennemi.

Le Gouvernement allemand regretterait très vivement que la Belgique regardât comme un acte d'hostilité contre elle le fait que les mesures des ennemis de l'Allemagne l'obligent de violer de son côté le territoire belge.

Afin de dissiper tout malententdu, le Gouvernement allemand déclare ce qui suit :

I. L'Allemagne n'a en vue aucun acte d'hostilité contre la Belgique. Si la Belgique consent, dans la guerre qui va commencer, à prendre une attitude de neutralité amicale vis-à-vis de l'Allemagne, le Gouvernement allemand de son côté s'engage, au moment de la paix, à garantir le royaume et ses possessions dans toute leur étendue.

II. L'Allemagne s'engage, sous la condition énoncée, à évacuer le territoire belge aussitôt la paix conclue.

III. Si la Belgique osberve une attitude amicale, l'Allemagne est prête, d'accord avec les autorités du Gouvernement belge, à acheter contre argent comptant tout ce qui est nécessaire à ses troupes et à indemniser pour les dommages causés en Belgique.

IV. Si la Belgique se comporte d'une façon hostile contre les troupes allemandes et particulièrement fait des difficultés à leur marche en avant par une opposition de fortifications de la Meuse ou par des destructions de routes, de chemins de fer, tunnels ou autres ouvrages d'art, l'Allemagne sera obligée de considérer la Belgique en ennemie.

Dans ce cas, l'Allemagne ne prendra aucun engagement vis-à-vis du royaume, mais elle laissera le règlement ultérieur des rapports des deux États l'un vis-à-vis de l'autre à la décision des armes. Le Gouvernement allemand a l'espoir justifié que cette éventualité ne se produira pas et que le Gouvernement belge saura prendre les mesures appropriées pour l'empêcher de se produire. Dans ce cas, les relations d'amitié qui unissent les deux États voisins deviendront plus étroites et durables.

N° 22.

Note remise par M. Davignon, Ministre des Affaires étrangères, à M. Below Saleske,
Ministre d'Allemagne.

Bruxelles, le 3 août 1914 (7 heures du matin).

Par sa note du 2 août 1914, le Gouvernement allemand a fait connaître que d'après des nouvelles sûres, les forces françaises auraient l'intention de marcher sur la Meuse par Givet et Namur, et que la Belgique, malgré sa meilleure volonté, ne serait pas en état de repousser sans secours une marche en avant des troupes françaises.

Le Gouvernement allemand s'estimerait dans l'obligation de prévenir cette attaque et de violer le territoire belge. Dans ces conditions, l'Allemagne propose au Gouvernement du Roi de prendre vis-à-vis d'elle une attitude amicale et s'engage au moment de la paix à garantir l'intégrité du Royaume et de ses possessions dans toute leur étendue. La note ajoute que si la Belgique fait des difficultés à la marche en avant des troupes allemandes, l'Allemagne sera obligée de la considérer comme ennemie et de laisser le règlement ultérieur des deux États l'un vis-à-vis de l'autre à la décision des armes.

Cette note a provoqué chez le Gouvernement du Roi un profond et douloureux étonnement.

Les intentions qu'elle attribue à la France sont en contradiction avec les déclarations formelles qui nous ont été faites le 1er août, au nom du Gouvernement de la République.

D'ailleurs si, contrairement à notre attente, une violation de la neutralité belge venait à être commise par la France, la Belgique remplirait tous ses devoirs internationaux et son armée opposerait à l'envahisseur la plus vigoureuse résistance.

Les traités de 1839 confirmés par les traités de 1870 consacrent l'indépendance et la neutralité de la Belgique sous la garantie des Puissances et notamment du Gouvernement de Sa Majesté le Roi de Prusse.

La Belgique a toujours été fidèle à ses obligations internationales ; elle a accompli ses devoirs dans un esprit de loyale impartialité ; elle n'a négligé aucun effort pour maintenir ou faire respecter sa neutralité.

L'atteinte à son indépendance dont la menace du Gouvernement constituerait une flagrante violation du droit des gens. Aucun intérêt stratégique ne justifie la violation du droit.

Le Gouvernement belge en acceptant les propositions qui lui sont notifiées sacrifierait l'honneur de la nation en même temps qu'il trahirait ses devoirs vis-à-vis de l'Europe.

Conscient du rôle que la Belgique joue depuis plus de quatre-vingts ans dans la civilisation du monde, il se refuse à croire que l'indépendance de la Belgique ne puisse être conservée qu'au prix de la violation de sa neutralité.

Si cet espoir était déçu, le Gouvernement belge est fermement décidé à repousser par tous les moyens en son pouvoir toute atteinte à son droit.

Davignon.

N° 27

LETTRE adressée par M. Below Saleske, Ministre d'Allemagne, à M. Davignon, Ministre des Affaires étrangères. (L'original est en français).

Bruxelles, le 4 août 1914 (6 heures du matin).

MONSIEUR LE MINISTRE,

J'ai été chargé et j'ai l'honneur d'informer Votre Excellence que par suite du refus opposé par le Gouvernement de Sa Majesté le Roi aux propositions bien intentionnées que lui avait soumises le Gouvernement impérial, celui-ci se verra, à son plus vif regret, forcé d'exécuter — au besoin par la force des armes — les mesures de sécurité exposées comme indispensables vis-à-vis des menaces françaises.

Veuillez agréer, Monsieur le Ministre, les assurances de ma haute considération.

von BELOW.

N° 28

NOTE remise par Sir Francis H. Villiers, Ministre d'Angleterre, à M. Davignon, Ministre des Affaires étrangères.

Bruxelles, le 4 août 1914.

Je suis chargé d'informer le Gouvernement belge que si l'Allemagne exerce une pression dans le but d'obliger la Belgique à abandonner son rôle de pays neutre, le Gouvernement de Sa Majesté britannique s'attend à ce que la Belgique résiste par tous les moyens possibles.

Le Gouvernement de Sa Majesté britannique, dans ce cas, est prêt à se joindre à la Russie et à la France, si la Belgique le désire, pour offrir au Gouvernement belge, sans délai, une action commune, qui aurait comme but de résister aux mesures de force employées par l'Allemagne contre la Belgique et en même temps d'offrir une garantie pour maintenir l'indépendance et l'intégrité de la Belgique dans l'avenir.

Sir Francis H. VILLIERS.

N° 30

TÉLÉGRAMME adressé par M. Davignon, Ministre des Affaires étrangères, aux Ministres du Roi à Londres et à Paris.

Bruxelles, le 4 août 1914.

L'État-Major fait savoir que le territoire national a été violé à Gemmenich.

DAVIGNON.

N° 31

LETTRE adressée par M. Davignon, Ministre des Affaires étrangères, à M. de Below Saleske, Ministre d'Allemagne.

Bruxelles, le 4 août 1914.

Monsieur le Ministre,

J'ai l'honneur de faire savoir à Votre Excellence que dès aujourd'hui le Gouvernement du Roi ne saurait plus Lui reconnaître de caractère diplomatique et cesse d'avoir des relations officielles avec Elle. Votre Excellence trouvera sous ce pli les passeports qui sont nécessaires à son départ et à celui du personnel de la Légation.

Je saisis, etc.

Davignon.

N° 35

LETTRE adressée par le Ministre de Belgique à Berlin, à M. Davignon, Ministre des Affaires étrangères.

Berlin, 4 août 1914.

Monsieur le Ministre,

J'ai l'honneur de vous faire parvenir, ci-après en traduction, la partie du discours prononcé aujourd'hui à la tribune du Reichstag par le Chancelier de l'Empire et relative à l'odieuse violation de notre neutralité :

« Nous nous trouvons en état de légitime défense et la nécessité ne connaît pas de lois.

« Nos troupes ont occupé Luxembourg et ont, peut-être, déjà pénétré en Belgique. Cela est en contradiction avec les prescriptions du droit des gens. La France a, il est vrai, déclaré à Bruxelles qu'elle était résolue à respecter la neutralité de la Belgique aussi longtemps que l'adversaire la respecterait. Mais nous savions que la France se tenait prête pour envahir la Belgique. La France pouvait attendre. Nous, pas. Une attaque française sur notre flanc dans la région du Rhin inférieur aurait pu devenir fatale. C'est ainsi que nous avons été forcés de passer outre aux protestations justifiées des Gouvernements Luxembourgeois et Belge. L'injustice que nous commettons de cette façon, nous la réparerons dès que notre but militaire sera atteint.

« A celui qui est menacé au point où nous le sommes et qui lutte pour son bien suprême, il n'est permis que de songer au moyen de se dégager ; nous nous trouvons côte à côte avec l'Autriche. »

Il est à remarquer que M. de Bethmann-Hollweg reconnaît, sans le moindre détour, que l'Allemagne viole le droit international en envahissant le territoire belge et qu'elle commet une injustice à notre égard.

Veuillez agréer, etc.

Baron Beyens.

N° 39.

TÉLÉGRAMME adressé par le Ministre du Roi à Londres à M. Davignon, Ministre des Affaires étrangères.

Londres, le 4 août 1914.

L'Angleterre a sommé ce matin l'Allemagne de respecter la neutralité belge. L'ultimatum dit que, vu la note adressée par l'Allemagne à la Belgique, menaçant cette dernière de la force des armes si elle s'oppose au passage de ses troupes ; vu la violation du territoire belge à Gemmenich ; vu le fait que l'Allemagne a refusé de donner à l'Angleterre la même assurance que celle donnée la semaine dernière par la France, l'Angleterre doit demander à nouveau une réponse satisfaisante au sujet du respect de la neutralité belge et d'un traité dont l'Allemagne est signataire aussi bien qu'elle-même. L'ultimatum expire à minuit.

En conséquence de l'ultimatum de l'Angleterre à l'Allemagne, la proposition anglaise que je vous ai transmise par télégramme est annulée pour le moment.

Comte DE LALAING.

N° 40.

LETTRE adressée par M. Davignon, Ministre des Affaires étrangères, aux Ministres de Grande-Bretagne, de France et de Russie.

Bruxelles, le 4 août 1914.

MONSIEUR LE MINISTRE,

Le Gouvernement Belge a le regret de devoir annoncer à Votre Excellence que, ce matin, les forces armées de l'Allemagne ont pénétré sur le territoire belge, en violation des engagements qui ont été pris par traité.

Le Gouvernement du Roi est fermement décidé à résister par tous les moyens en son pouvoir.

La Belgique fait appel à l'Angleterre, à la France et à la Russie pour coopérer, comme garantes, à la défense de son territoire.

Il y aurait une action concertée et commune ayant pour but de résister aux mesures de force employées par l'Allemagne contre la Belgique et en même temps de garantir le maintien de l'indépendance et de l'intégrité de la Belgique dans l'avenir.

La Belgique est heureuse de pouvoir déclarer qu'elle assumera la défense des places fortes.

Je saisis, etc.

DAVIGNON.

N° 41.

TÉLÉGRAMME adressé par le Ministre du Roi à Londres, à M. Davignon, Ministre des Affaires étrangères.

Londres, le 5 août 1914.

L'Allemagne ayant rejeté les propositions anglaises, l'Angleterre lui a déclaré que l'état de guerre existait entre les deux pays, à partir de onze heures.

Comte DE LALAING.

N° 44.

LETTRE adressée par M. Davignon, Ministre des Affaires étrangères, aux Chefs de mission dans tous les pays entretenant avec la Belgique des rapports diplomatiques.

Bruxelles, le 5 août 1914.

MONSIEUR LE MINISTRE,

Par le traité du 18 avril 1839, la Prusse, la France, l'Angleterre, l'Autriche et la Russie se sont déclarées garantes du traité conclu le même jour entre S. M. le roi des Belges et S. M. le roi des Pays-Bas. Ce traité porte : « La Belgique formera un État indépendant et perpétuellement neutre ». La Belgique a rempli toutes ses obligations internationales, elle a accompli ses devoirs dans un esprit de loyale impartialité, elle n'a négligé aucun effort pour maintenir et faire respecter sa neutralité.

Aussi est-ce avec une pénible émotion que le Gouvernement du Roi a appris que les forces armées de l'Allemagne, puissance garante de notre neutralité, ont pénétré sur le territoire de la Belgique en violation des engagements qui ont été pris par traité.

Il est de notre devoir de protester avec indignation contre un attentat au droit des gens qu'aucun acte de notre part n'a pu provoquer.

Le Gouvernement du Roi est fermement décidé à repousser par tous les moyens en son pouvoir l'atteinte portée à sa neutralité et il rappelle qu'en vertu de l'article 10 de la Convention de La Haye de 1907 concernant les droits et les devoirs des Puissances et des personnes neutres en cas de guerre sur terre ne peut être considéré comme un acte hostile le fait, par une puissance neutre, de repousser même par la force les atteintes à sa neutralité.

Vous voudrez bien demander d'urgence audience au Ministre des Affaires étrangères et donner lecture à son Excellence de la présente lettre dont vous lui laisserez copie. Si l'audience ne pouvait vous être immédiatement accordée, vous ferez par écrit la communication dont il s'agit.

Veuillez agréer, etc.

DAVIGNON.

N° 48

COMMUNICATION faite le 5 août par Sir Francis Villiers, Ministre d'Angleterre, à M. Davignon, Ministre des Affaires étrangères.

Je suis chargé d'informer le Gouvernement Belge que le Gouvernement de Sa Majesté britannique considère l'action commune dans le but de résister à l'Allemagne comme étant en vigueur et justifiée par le traité de 1839.

N° 52

LETTRE adressée par M. Davignon, Ministre des Affaires étrangères, aux Ministres du Roi à Paris, Londres et Saint-Pétersbourg.

Bruxelles, le 5 août 1914.

MONSIEUR LE MINISTRE,

J'ai l'honneur de vous faire savoir que les Ministres de France et de Russie ont fait ce matin une démarche auprès de moi pour me faire connaître la volonté de leurs Gouvernements de répondre à notre appel et de coopérer avec l'Angleterre à la défense de notre territoire.

Veuillez agréer, etc.

DAVIGNON.

N° 60

TÉLÉGRAMME adressé par le Ministre du Roi à La Haye, à M. Davignon, Ministre des Affaires étrangères.

La Haye, le 9 août 1914.

Le Ministre des Affaires étrangères m'a prié de vous transmettre les informations suivantes parce que le Ministre d'Amérique à Bruxelles s'y refuse.

La forteresse de Liége a été prise d'assaut après une défense courageuse. Le Gouvernement Allemand regrette très profondément, que par suite de l'attitude du Gouvernement Belge contre l'Allemagne, on en est arrivé à des rencontres sanglantes. L'Allemagne ne vient pas en ennemie en Belgique, c'est seulement par la force des événements qu'elle a dû, à cause des mesures militaires de la France, prendre la grave détermination d'entrer en Belgique et d'occuper Liége comme point d'appui pour ses opérations militaires ultérieures. Après que l'armée belge a, par sa résistance héroïque contre une grande supériorité, maintenu l'honneur de ses armes, le Gouvernement Allemand prie le Roi des Belges et le Gouvernement Belge d'éviter à la Belgique les horreurs de la guerre. La Gouvernement est prêt à tous accords avec la Belgique qui peuvent se concilier avec son conflit avec la France. L'Allemagne assure encore solennellement qu'elle n'a pas l'intention de s'approprier le territoire belge et que cette intention est loin d'elle. L'Allemagne est toujours prête à évacuer la Belgique aussitôt que l'état de guerre le lui permettra.

L'Ambassadeur des États-Unis avait prié son collègue de se charger de cette tentative de médiation. Le Ministre des Affaires étrangères a accepté sans enthousiasme cette mission. Je m'en suis chargé pour lui faire plaisir.

Baron Fallon.

* * *

N° 71.

TÉLÉGRAMME adressé par M. Davignon, Ministre des Affaires étrangères, à M. le Baron Fallon, Ministre du Roi à La Haye.

Bruxelles, le 12 août 1914.

Prière de remettre le télégramme suivant au Ministre des Affaires étrangères : « La proposition que nous fait le Gouvernement Allemand reproduit la proposition qui avait été formulée dans l'ultimatum du 2 août. Fidèle à ses devoirs internationaux, la Belgique ne peut que réitérer sa réponse à cet ultimatum, d'autant plus que depuis le 3 août sa neutralité a été violée, qu'une guerre douloureuse a été portée sur son territoire et que les garants de sa neutralité ont loyalement et immédiatement répondu à son appel. »

Davignon.

Annexe V.

Télégrammes échangés entre l'Empereur Guillaume II et l'Empereur Nicolas II.
(Extraits du Livre Blanc allemand)

I

L'Empereur Guillaume
    à l'Empereur Nicolas.   28 juillet 1914 (10 h. 45 du soir).

C'est avec la plus vive inquiétude que j'ai appris l'impression qu'a produite dans ton Empire, la marche en avant de l'Autriche-Hongrie contre la Serbie. L'agitation sans scrupule qui se poursuit depuis des années en Serbie, a conduit au monstrueux attentat dont l'Archiduc François-Ferdinand a été la victime. L'état d'esprit qui 'a amené les Serbes à assassiner leur propre roi et son épouse règne encore dans ce pays. Sans doute conviendras-tu avec moi que tous deux, toi aussi bien que moi, nous avons, comme tous les souverains, un intérêt commun à insister pour que ceux qui sont moralement responsables de ce terrible meurtre reçoivent le châtiment qu'ils méritent.

D'autre part, je ne me dissimule aucunement combien il est difficile pour toi et ton Gouvernement de résister aux manifestations de l'opinion publique. En souvenir de la cordiale amitié qui nous lie tous deux étroitement depuis longtemps, j'use de toute mon influence pour décider l'Autriche-Hongrie à en venir à une entente loyale et satisfaisante avec la Russie. Je compte bien que tu me secourras dans mes efforts tendant à écarter toutes les difficultés qui pourraient encore s'élever.

Ton ami et cousin très sincère et dévoué.

Guillaume.

II

L'Empereur Nicolas
    à l'Empereur Guillaume.

(Palais de Péterhof, le 29 juillet 1914 (1 heure après-midi.)

Je suis heureux que tu sois rentré en Allemagne. En ce moment si grave, je te prie instamment de venir à mon aide. Une guerre honteuse a été déclarée à une faible nation; je partage entièrement l'indignation, qui est immense en Russie.

Je prévois que très prochainement je ne pourrai plus longtemps résister à la pression qui est exercée sur moi et que je serai forcé de prendre des mesures qui conduiront à la guerre.

Pour prévenir le malheur que serait une guerre européenne, je te prie, au nom de notre vieille amitié, de faire tout ce qui te sera possible pour empêcher ton alliée d'aller trop loin.

Nicolas.

III

L'Empereur GUILLAUME,
à l'Empereur NICOLAS.

29 juillet 1914 (6 h. 30 du soir).

J'ai reçu ton télégramme et partage ton désir de maintenir la paix.

Cependant, je ne puis, ainsi que je le disais dans mon premier télégramme, considérer la marche en avant de l'Autriche-Hongrie comme « une guerre honteuse ». L'Autriche-Hongrie sait par expérience qu'on ne peut absolument pas se fier aux promesses de la Serbie tant qu'elles n'existent que sur le papier.

Au mon avis, la conduite de l'Autriche-Hongrie doit être considérée comme une tentative d'obtenir toute garantie que les promesses de la Serbie seront exécutées aussi en fait. La déclaration du cabinet autrichien me fortifie dans mon opinion que l'Autriche-Hongrie ne vise à aucune acquisition territoriale au détriment de la Serbie.

Je pense donc qu'il est très possible à la Russie de persévérer, en présence de la guerre austro-serbe, dans son rôle de spectatrice, sans entraîner l'Europe dans la guerre la plus effroyable qu'elle ait jamais vue.

Je crois qu'une entente directe entre ton Gouvernement et Vienne est possible et désirable attendu que, comme je te l'ai déjà télégraphié, mon Gouvernement essaie de toutes ses forces de la favoriser.

Naturellement des mesures militaires de la Russie, que l'Autriche-Hongrie pourrait considérer comme une menace, hâteraient une calamité que tous deux nous cherchons à éviter, et rendrait également impossible ma mission de médiateur que j'ai acceptée avec empressement lorsque tu as fait appel à mon amitié et à mon aide.

GUILLAUME.

IV

L'Empereur GUILLAUME
à l'Empereur NICOLAS.

30 juillet, 1914 (1 heure du matin).

Mon Ambassadeur a été chargé d'appeler l'attention de ton Gouvernement sur les dangers et les graves conséquences d'une mobilisation ; c'est ce que je t'avais dit dans mon dernier télégramme.

L'Autriche-Hongrie n'a mobilisé que contre la Serbie et seulement une partie de son armée. Si la Russie, comme c'est le cas d'après ton télégramme et la communication de ton Gouvernement, mobilise contre l'Autriche-Hongrie, la mission de médiateur que tu m'as amicalement confiée et que j'ai acceptée sur ton instante prière, sera compromise sinon rendue impossible.

Tout le poids de la décision à prendre pèse actuellement sur tes épaules, qui auront à supporter la responsabilité de la guerre ou de la paix.

GUILLAUME.

V

L'Empereur Nicolas
à l'Empereur Guillaume.

Péterhof, le 30 juillet 1914 (1 h. 20 après-midi.)

Je te remercie cordialement de ta prompte réponse. J'envoie aujourd'hui soir Taticheff avec mes instructions. Les décisions militaires qui sont mises maintenant en vigueur, ont déjà été prises il y a cinq jours à titre de défense contre les préparatifs de l'Autriche.

J'espère de tout mon cœur que ces mesures n'influeront en rien sur ton rôle de médiateur que j'apprécie grandement. Nous avons besoin de ton intervention énergique auprès de l'Autriche, afin qu'elle arrive à une entente avec nous.

NICOLAS.

VI

L'Empereur Nicolas
à l'Empereur Guillaume.

31 juillet 1914.

Je te remercie de tout cœur de ton intention, qui laisse percer une lueur d'espoir que tout se terminera encore à l'amiable. Techniquement, il est impossible de suspendre nos préparatifs militaires qui ont été nécessités par la mobilisation de l'Autriche.

Nous sommes loin de désirer la guerre; aussi longtemps que dureront les pourparlers avec l'Autriche, au sujet de la Serbie, mes troupes ne se livreront à aucun acte de provocation. Je t'en donne ma parole d'honneur.

J'ai confiance absolue dans la grâce divine et souhaite la réussite de ton intervention à Vienne pour le bien de nos pays et la paix de l'Europe.

Bien cordialement à toi.

NICOLAS.

VII

L'Empereur Guillaume
à l'Empereur Nicolas.

31 juillet 1914 (2 heures après-midi).

Sur ton appel à mon amitié et ta prière de te venir en aide, j'ai entrepris une action médiatrice entre ton Gouvernement et le Gouvernement austro-hongrois.

Pendant que cette action était encore en cours, tes troupes ont été mobilisées contre mon alliée l'Autriche-Hongrie ; à la suite de quoi, ainsi que je te l'ai déjà fait savoir, mon intervention est devenue presque illusoire. Malgré cela, je l'ai continuée.

Je reçois à l'instant des nouvelles dignes de foi touchant de sérieux préparatifs de guerre également sur ma frontière orientale. Ayant à répondre de la sécurité de mon Empire, je me vois forcé de prendre les mêmes mesures défensives.

27.

Je suis allé jusqu'à l'extrême limite du possible dans mes efforts pour maintenir la paix. Ce n'est pas moi qui supporterai la responsabilité de l'affreux désastre qui menace maintenant tout le monde civilisé.

En ce moment encore il ne tient qu'à toi de l'empêcher. Personne ne menace l'honneur et la puissance de la Russie, qui eût bien pu attendre le résultat de mon intervention. L'amitié pour toi et ton royaume, qui m'a été transmise par mon Grand-Père à son lit de mort, est toujours sacrée pour moi, et j'ai été fidèle à la Russie lorsqu'elle s'est trouvée dans le malheur, notamment dans la dernière guerre. Maintenant encore la paix de l'Europe peut être maintenue par toi, si la Russie se décide à suspendre ses mesures militaires qui menacent l'Allemagne et l'Autriche.

GUILLAUME.

VIII

L'Empereur NICOLAS
    à l'Empereur GUILLAUME.

1er août (2 heures après-midi).

J'ai reçu ton télégramme, je comprends que tu sois obligé de mobiliser, mais je voudrais avoir de toi la même garantie que je t'ai donnée, à savoir que ces mesures ne signifient pas la guerre et que nous poursuivrons nos négociations pour le bien de nos deux pays et la paix générale si chère à nos cœurs.

Notre longue amitié éprouvée doit, avec l'aide de Dieu, réussir à empêcher ces effusions de sang. J'attends avec confiance une réponse de toi.

NICOLAS.

IX

L'Empereur GUILLAUME
    à l'Empereur NICOLAS.

Berlin, le 1er août 1914.

Je te remercie de ton télégramme; j'ai indiqué hier à ton Gouvernement le seul moyen par lequel la guerre pouvait encore être évitée.

Bien que j'eusse demandé une réponse pour midi, aucun télégramme de mon Ambassadeur contenant une réponse de ton Gouvernement ne m'est encore parvenu. J'ai donc été contraint de mobiliser mon armée.

Une réponse immédiate, claire et non équivoque, de ton Gouvernement est le seul moyen de conjurer une calamité incommensurable. Jusqu'à ce que je reçoive cette réponse, il m'est impossible, à mon vif regret, d'aborder le sujet de ton télégramme. Je dois te demander catégoriquement de donner sans retard l'ordre à tes troupes de ne porter en aucun cas la moindre atteinte à nos frontières.

GUILLAUME.

Annexe VI

Extraits du « Livre orange » relatifs à la déclaration de guerre de l'Allemagne à la Russie.

N° 76.

NOTE remise par l'Ambassadeur d'Allemagne à Saint-Pétersbourg, le 1er août 1914, à 7 h. 10 du soir.

Le Gouvernement impérial s'est efforcé dès les débuts de la crise de la mener à une solution pacifique. Se rendant à un désir qui lui en avait été exprimé par Sa Majesté l'Empereur de Russie, Sa Majesté l'Empereur d'Allemagne, d'accord avec l'Angleterre, s'était appliqué à accomplir un rôle médiateur auprès des Cabinets de Vienne et de Saint-Pétersbourg, lorsque la Russie, sans en attendre le résultat, procéda à la mobilisation de la totalité de ses forces de terre et de mer. A la suite de cette mesure menaçante motivée par aucun présage militaire de la part de l'Allemagne, l'Empire allemand s'est trouvé vis-à-vis d'un danger grave et imminent. Si le Gouvernement impérial eût manqué de parer à ce péril, il aurait compromis la sécurité et l'existence même de l'Allemagne. Par conséquent le Gouvernement allemand se vit forcé de s'adresser au Gouvernement de Sa Majesté l'Empereur de Toutes les Russies en insistant sur la cessation desdits actes militaires. La Russie ayant refusé de faire droit à (n'ayant pas cru devoir répondre à) [1] cette demande et ayant manifesté par ce refus (cette attitude) que son action était dirigée contre l'Allemagne, j'ai l'honneur, d'ordre de mon Gouvernement, de faire savoir à Votre Excellence ce qui suit :

Sa Majesté l'Empereur Mon Auguste Souverain au nom de l'Empire, relevant le défi, se considère en état de guerre avec la Russie.

Saint-Pétersbourg, le 19 juillet /1er août 1914.

F. Pourtalès.

N° 77.

COMMUNIQUÉ du Ministre des Affaires étrangères concernant les événements des derniers jours.

Le 2 août 1914.

Un exposé défigurant les événements des derniers jours ayant paru dans la presse étrangère, le Ministère des Affaires étrangères croit de son devoir de publier l'aperçu suivant des pourparlers diplomatiques pendant le temps susvisé.

---

[1] Les mots placés entre parenthèses se trouvent dans l'original. Il faut supposer que deux variantes avaient été préparées d'avance et que par erreur elles ont été insérées toutes les deux dans la note.

Le 10-23 juillet a. c. le Ministre d'Autriche-Hongrie à Belgrade présenta au Ministre Président serbe une note où le Gouvernement serbe était accusé d'avoir favorisé le mouvement panserbe qui avait abouti à l'assassinat de l'héritier du trône austro-hongrois. En conséquence l'Autriche-Hongrie demandait au Gouvernement serbe non seulement de condamner sous une forme solennelle la susdite propagande, mais aussi de prendre, sous le contrôle de l'Autriche-Hongrie, une série de mesures tendant à la découverte du complot, à la punition des sujets serbes y ayant participé et à la prévention dans l'avenir de tout attentat sur le sol du Royaume. Un délai de quarante-huit heures fut fixé au Gouvernement serbe pour la réponse à la susdite note.

Le Gouvernement impérial, auquel l'Ambassadeur d'Autriche-Hongrie à Saint-Pétersbourg avait communiqué le texte de la note dix-sept heures après sa remise à Belgrade, ayant pris connaissance des demandes y contenues, dut s'apercevoir que quelques-unes parmi elles étaient inexécutables quant au fond, tandis que d'autres étaient présentées sous une forme incompatible avec la dignité d'un état indépendant. Trouvant inadmissibles la diminution de la dignité de la Serbie, contenue dans ces demandes, ainsi que la tendance de l'Autriche-Hongrie d'assurer sa prépondérance dans les Balkans démontrée par ces mêmes exigences, le Gouvernement russe fit observer dans la forme la plus amicale à l'Autriche-Hongrie qu'il serait désirable de soumettre à un nouvel examen les points contenus dans la note austro-hongroise. Le Gouvernement autro-hongrois ne crut pas possible de consentir à une discussion de la note. L'action modératrice des autres Puissances à Vienne ne fut non plus couronnée de succès.

Malgré que la Serbie eût réprouvé le crime et se fût montrée prête à donner satisfaction à l'Autriche dans une mesure qui dépassât les prévisions non seulement de la Russie, mais aussi des autres Puissances, le Ministre d'Autriche-Hongrie à Belgrade jugea la réponse serbe insuffisante et quitta cette ville.

Reconnaissant le caractère exagéré des demandes présentées par l'Autriche, la Russie avait déclaré encore auparavant qu'il lui serait impossible de rester indifférente, sans se refuser toutefois à employer tous ses efforts pour trouver une issue pacifique qui fût acceptable pour l'Autriche et ménageât son amour-propre de grande puissance. En même temps la Russie établit fermement qu'elle admettait une solution pacifique de la question seulement dans une mesure qui n'impliquerait pas la diminution de la dignité de la Serbie comme État indépendant. Malheureusement tous les efforts déployés par le Gouvernement impérial dans cette direction restèrent sans effet. Le Gouvernement austro-hongrois, après s'être dérobé à toute intervention conciliatrice des Puissances dans son conflit avec la Serbie, procéda à la mobilisation, déclara officiellement la guerre à la Serbie, et le jour suivant, Belgrade fut bombardée. Le manifeste qui a accompagné la déclaration de guerre accuse ouvertement la Serbie d'avoir préparé et exécuté le crime de Sarajevo. Une pareille accusation d'un crime de droit commun lancée contre tout un peuple et tout un État attira à la Serbie par son inanité évidente les larges sympathies des cercles de la société européenne.

A la suite de cette manière d'agir du Gouvernement austro-hongrois, malgré la déclaration de la Russie qu'elle ne pourrait rester indifférente au sort de la Serbie, le Gouvernement impérial jugea nécessaire d'ordonner la mobilisation des circonscriptions militaires de Kiew, d'Odessa, de Moscou et de Kazan. Une telle décision s'imposait parce que depuis la date de la remise de la note austro-hongroise au Gouvernement serbe et les premières démarches de la Russie cinq jours s'étaient écoulés, et cependant le Cabinet de Vienne n'avait fait aucun pas pour aller au-devant de nos efforts pacifiques ; au contraire la mobilisation de la moitié de l'armée austro-hongroise avait été décrétée.

Le Gouvernement allemand fut mis au courant des mesures prises par la Russie ; il lui fut en même temps expliqué qu'elles n'étaient que la conséquence des armements autrichiens et nullement dirigées contre l'Allemagne. En même temps, le Gouvernement impérial déclara que la Russie était prête à continuer les pourparlers en vue d'une solution pacifique du conflit, soit par la voie de négociations directes avec le Cabinet de Vienne, soit, en suivant la proposition de la Grande-Bretagne, par la voie d'une Conférence des quatre grandes Puissances non intéressées directement, voir l'Angleterre, la France, l'Allemagne et l'Italie.

Cependant cette tentative de la Russie échoua également. L'Autriche-Hongrie déclina un échange de vues ultérieur avec nous, et le Cabinet de Vienne se déroba à la participation à la Conférence des Puissances projetée.

Néanmoins, la Russie ne discontinua pas ses efforts en faveur de la paix. Répondant à la question de l'Allemagne, à quelles conditions nous consentirions encore à suspendre nos armements, le Ministre des Affaires étrangères déclara que ces conditions seraient la reconnaissance par l'Autriche-Hongrie que la question austro-serbe avait revêtu le caractère d'une question européenne, et la déclaration de cette même Puissance qu'elle consentait à ne pas insister sur des demandes incompatibles avec les droits souverains de la Serbie.

La proposition de la Russie fut jugée par l'Allemagne inacceptable pour l'Autriche-Hongrie. Simultanément on reçut à Saint-Pétersbourg la nouvelle de la proclamation de la mobilisation générale par l'Autriche-Hongrie.

En même temps les hostilités continuaient sur le territoire serbe et Belgrade fut bombardée derechef.

L'insuccès de nos propositions nous obligea d'élargir les mesures de précautions militaires.

Le Cabinet de Berlin nous ayant adressé une question à ce sujet, il lui fut répondu que la Russie était forcée de commencer ses armements pour se prémunir contre toutes éventualités.

Tout en prenant cette mesure de précaution, la Russie n'en discontinuait pas moins de rechercher de toutes ses forces une issue de cette situation et déclara être prête à accepter tout moyen de solution du conflit qui comporterait l'observation des condi_ tions posées par nous.

Malgré cette communication conciliante, le Gouvernement allemand, le 18/31 juillet, adressa au Gouvernement russe la demande d'avoir à suspendre ses mesures militaires à midi du 19 juillet/1ᵉʳ août, en menaçant, dans le cas contraire, de procéder à une mobilisation générale.

Le lendemain, 19 juillet/1ᵉʳ août, l'Ambassadeur d'Allemagne transmit au Ministre des Affaires étrangères, au nom de son Gouvernement, la déclaration de guerre.

SAZONOFF.

Nº 78

Le Ministre des Affaires étrangères

aux Représentants de S. M. l'Empereur à l'étranger.

(*TÉLÉGRAMME*.)

Saint-Pétersbourg, le 20 juillet/2 août 1914

Il est absolument clair que l'Allemagne s'efforce dès à présent de rejeter sur nous la responsabilité de la rupture. Notre mobilisation a été provoquée par l'énorme responsabilité que nous aurions assumée, si nous n'avions pas pris toutes les mesures de précaution à un moment où l'Autriche, se bornant à des pourparlers d'un caractère dilatoire, bombardait Belgrade et procédait à une mobilisation générale.

Sa Majesté l'Empereur s'était engagée vis-à-vis de l'Empereur d'Allemagne par sa parole à n'entreprendre aucun acte agressif tant que dureraient les pourparlers avec l'Autriche. Après une telle garantie et après toutes les preuves de l'amour de la Russie pour la paix, l'Allemagne ne pouvait ni n'avait le droit de douter de notre déclaration, que nous accepterions avec joie toute issue pacifique compatible avec la dignité et l'indépendance de la Serbie. Une autre issue, tout en étant complètement incompatible avec notre propre dignité aurait certainement ébranlé l'équilibre européen, en assurant l'hégémonie de l'Allemagne. Ce caractère européen, voire mondial, du conflit est infiniment plus important que le prétexte qui l'a créé. Par sa décision de nous déclarer la guerre à un moment où se poursuivaient les négociations entre les Puissances l'Allemagne a assumé une lourde responsabilité.

Sazonoff.